L'INSOUMIS

DE LA MÊME AUTRICE

MAUVAIS GÉNIE, *avec Marianne Denicourt*, Stock, 2005.
C'ÉTAIT MON FRÈRE, L'iconoclaste, 2006 ; Folio/Gallimard.
LA NUIT DU FOUQUET'S, *avec Ariane Chemin*, Fayard, 2007.
LETTRE À UNE MÈRE et LES SECRETS DES MÈRES, *avec le professeur René Frydman*, L'Iconoclaste, 2008.
L'INTRANQUILLE, AUTOPORTRAIT D'UN FILS, D'UN PEINTRE, D'UN FOU, *avec Gérard Garouste*, L'Iconoclaste, 2009.
LES CHAGRINS, Stock, 2010.
LES YEUX DE LIRA, *avec Eva Joly*, Les Arènes, 2011.
N'OUBLIEZ PAS QUE JE JOUE, *avec Sonia Rykiel*, L'Iconoclaste, 2012.
LES FAIBLES ET LES FORTS, Stock, 2013.
ET TU N'ES PAS REVENU, *avec Marceline Loridan-Ivens*, Grasset, 2015.
VICTOR HUGO VIENT DE MOURIR, L'Iconoclaste, 2015.
FRENCH URANIUM, *avec Eva Joly*, Les Arènes, 2017.
L'AMOUR APRÈS, *avec Marceline Loridan-Ivens*, Grasset, 2018.

JUDITH PERRIGNON

L'INSOUMIS

L'Amérique de Mohamed Ali

BERNARD GRASSET

france culture

Photo de la bande : © Thomas Hoepker / Magnum Photos.

ISBN 978-2-246-82089-5

I

Je bossais pour le *New York Times*. Tout le monde pensait que Cassius Clay se ferait étendre tellement vite que ça ne valait pas la peine d'envoyer un vrai reporter. Alors ils ont fait appel au petit stagiaire, c'est-à-dire moi, un des réviseurs de l'équipe de nuit. Mes instructions étaient très simples. En arrivant à Miami, je devais louer une voiture et repérer le trajet entre la salle où avait lieu le combat et l'hôpital le plus proche de façon à précéder Cassius Clay aux urgences. Tout le monde pensait qu'il perdrait par K.-O. dès la première reprise. J'ai fait ce qu'on m'avait dit et ensuite je suis allé à la salle de sport où il s'entraînait. Je ne l'avais encore jamais rencontré. Il n'était pas arrivé, mais il y avait là quatre gringalets âgés d'une vingtaine d'années, comme moi. Ils portaient tous la même veste de plage en tissu-éponge blanc. Je ne savais pas qui c'étaient, juste qu'ils faisaient un sacré raffut. En découvrant que Cassius Clay n'était pas là, ils ont voulu partir, mais on les a poussés sans ménagement à l'étage, dans un vestiaire vide. Je les ai suivis pour les interviewer en attendant Cassius Clay. C'étaient les Beatles, mais je n'en savais rien, ils faisaient leur première tournée en Amérique et ils étaient à Miami pour une séance photos avec le champion Sonny Liston. Sauf que Liston leur a jeté un regard et qu'il a dit : « Je pose pas avec ces tapettes. » Alors on les a remis dans leur limousine et ils se sont rabattus sur une photo avec Cassius Clay. Et voilà qu'il n'était pas là. Ils étaient furieux de se retrouver enfermés dans ce vestiaire. Ils cognaient sur la porte en hurlant. Le staff de Cassius Clay voulait cette photo – il faut croire qu'ils connaissaient les Beatles, eux. Je me suis présenté très solennellement : « Robert Lipsyte, du *New York Times.* » Comme je l'ai découvert plus tard, John a dit : « Salut, je suis Ringo » et Ringo a dit : « Et moi, Paul. » Je leur ai demandé leur pronostic pour le match et ils ont répondu : « Ce petit branleur va se faire étendre direct. » J'ai noté ça dans mon carnet. Soudain, la porte s'est ouverte et il est entré. Aucun de nous n'avait rencontré Cassius Clay auparavant et c'était certainement la plus belle créature qu'on avait jamais vue. Il rayonnait avec son sourire. Quand on le voyait en photo, il n'avait pas l'air si grand parce qu'il était très bien proportionné. Il remplissait l'encadrure de la porte. Il s'est écrié : « Allez les Beatles, venez faire du fric ! » Ils l'ont suivi jusque dans la salle et ils sont montés sur le ring avec lui. On aurait dit qu'ils avaient répété la scène à l'avance. Ils se sont alignés, il a fait semblant de frapper le premier et ils se sont effondrés comme des dominos. Ensuite, ils ont fait une pyramide avec Ringo en haut qui essayait de lui mettre une droite. On peut voir la vidéo sur YouTube. C'était formidable. Et puis, ça a été fini. Les Beatles sont repartis et Cassius Clay a commencé à s'entraîner. Plus tard, il est revenu dans le vestiaire pour se faire masser, il m'a fait signe d'approcher et il m'a dit : « C'était qui ces petites tapettes ? » C'était la première fois que je le voyais et c'était sensationnel. Je crois que c'est à ce moment-là que les années 60 ont vraiment commencé, en Amérique : les Beatles et Cassius Clay. Et les troubles qu'ils ont causés, chacun de leur côté. Je ne m'en doutais pas, sur le coup. Rétrospectivement, ça paraît être un moment charnière. Mais à l'époque, je me suis juste dit : « Ça fera un bon papier ! »

Et nous, on se dit que ça commence bien. Robert Lipsyte a 80 ans, le regard d'un homme qui s'est beaucoup amusé. Si on lui demandait à quelle période il aurait voulu vivre, ou quelle vie il aurait voulu vivre, il répondrait probablement : Celle que j'ai vécue. Notre triple micro posé devant lui sur la table de la salle à manger semble le minimum requis pour tout absorber, l'écho et la moiteur d'un gymnase de Miami, ce temps prometteur où l'on croisait John Lennon, Paul McCartney, Ringo Starr, George Harrison sans les reconnaître. Et sa joie, intacte si longtemps après, qui nous contamine, nous enveloppe, Benjamin, Gaël et moi. Nous faisons de la radio. Nous créons des images et des visages avec des sons et des mots.

Penchée dans un vase sans eau, une poupée de Mohamed Ali au format Barbie, nous regarde depuis le centre de la table. Vieux produit dérivé d'un mythe que nous sommes venus raconter. Lipsyte l'a installée là juste avant notre arrivée en rigolant, en écoutant dégringoler la pluie, et en se disant que ce n'était franchement pas le bon jour pour venir jusqu'ici. Il vit là où Long Island s'effiloche sur l'Atlantique, là où les intellos et les riches New-Yorkais prennent une douce retraite. Les Hamptons. Shelter Island. Nous avons roulé trois bonnes heures sous des trombes d'eau, sur des autoroutes et des routes que nous ne connaissions pas.

— Tout s'est bien passé ? a-t-il demandé à notre arrivée.

— Oui, ai-je répondu mécaniquement, tellement habituée à cet usage américain de dire bonjour tout en faisant semblant de s'intéresser à comment vous allez.

— Mon œil ! a-t-il rigolé en indiquant la météo.

Mais la pluie, c'était déjà du son, du grain. Le micro fut ouvert en voiture. Puis sur le ferry. La pluie serait notre alliée sonore. Une musique, un repère. Elle se fondrait ensuite en studio avec la ligne de basse qui ouvre le morceau de Miles Davis intitulé *Ali*, avec le bruit d'un combat, le claquement des frappes, les envolées d'un commentateur, les grondements de la foule et les coups victorieux de Cassius Clay. Elle serait le présent, l'air et l'humidité qui nous cernaient ce 23 janvier 2018 alors que nous partions vers le passé, plus d'un demi-siècle en arrière : Miami, le soir du 25 février 1964. Mohamed Ali est sur le point de naître. Il s'appelle encore Cassius Clay. Il a 22 ans et défie le champion du monde Sonny Liston. Il est une anomalie. Pas un hasard. Kennedy vient d'être assassiné. Le Vietnam étend l'ombre de son linceul. Les marcheurs des droits civiques ont convergé vers Washington derrière Martin Luther King. L'Amérique déborde. Cassius Clay aussi. Robert Lipsyte est alors à peine plus vieux que lui, il a 26 ans. C'est important, leur âge. C'est à cette époque que se dessine la grande fracture des générations, le tournant du siècle. À cette époque que naît la jeunesse.

Cassius Clay dit qu'il est beau. Répète qu'il est le plus beau. Le plus fort. Le plus drôle. Des mois qu'il harcèle Liston, qu'il cherche le duel. Il est parfois venu à l'aube sonner à la porte de sa villa des quartiers blancs de Cleveland pour le traiter de traître à sa race, il s'est arrangé pour le croiser et le défier en public, dans les aéroports, les casinos, et même sur les rings où il n'était pas invité. T'es le champion gros ours, mais plus pour longtemps ! gueulait-il à chaque fois. Sale gosse, ce Cassius Clay qui voyage dans un bus à son nom car il a peur de l'avion. Il a tout fait pour forcer l'équipe de Liston à programmer ce combat contre lui. Il en a besoin puisque personne ne prend sa boxe au sérieux. Personne ne voit qu'à coups de poing et de mots, il va réanimer le noble art – comme on l'appelle.

Le show business en revanche a flairé le bon client. Le jeune boxeur a déjà eu les honneurs du « Ed Sullivan show » un an plus tôt sur CBS. Le 3 février 1963, il est là où Elvis Presley est apparu la première fois au grand public américain, et ce, sans même avoir remporté un grand titre. Le célèbre présentateur serre les poings, se met en garde, Si je voulais boxer contre toi, combien de temps je tiendrais ?

— Suffirait d'un coup, rigole Cassius flegmatique dans son costume. Tellement à l'aise déjà.

Il n'est pas ouvertement question – pas encore – de race ou de politique, mais d'orgueil, de fierté. Une force de vie d'une rare intensité, d'une rare assurance, émerge. Son corps danse sur le ring. Sa bouche déborde de mots. On l'appelle Louisville Lip, la grande gueule de Louisville, où il est né. Un surnom en forme de pressentiment : il parle trop. Ses poèmes sont déjà gravés chez Columbia. Un diamant sur le vinyle laisse monter sa voix qui déclame sans l'ombre d'un doute…

Je suis le plus grand,
par Cassius Clay

C'est la légende de Cassius Clay
Le plus beau des combattants au monde d'aujourd'hui
Il parle beaucoup et se vante même
De son coup de poing puissant et incroyablement rapide
Le monde des cogneurs était terne, fatigué
Avec un champion comme Liston
Tout est forcément morne
Puis quelqu'un de couleur, quelqu'un avec du style
Débarque avec des fans derrière lui
Le jeune boxeur impétueux, il faut le voir
Champion du monde poids lourd, c'est son destin

Le môme se bat bien
Il est rapide et endurant
Si tu dois le combattre
Souscris une bonne assurance

Le môme a une gauche
Le môme a une droite
S'il te frappe une seule fois
Tu tombes pour la nuit
Et tant que t'es au tapis et que l'arbitre compte jusqu'à 10
Tu pries pour ne plus avoir à m'affronter
Je suis l'homme de ce poème
Le futur champion du monde
Il n'y a aucun doute
Je le prédis et je sais le score
Je serai champion du monde en 1964
Quand j'ai dit trois, ça s'est passé en trois rounds
Alors ne pariez pas contre moi, je tiens parole

Si Cassius dit qu'une vache peut pondre un œuf
Ne demande pas comment, et graisse la poêle
Il est le plus grand
Je suis l'homme de ce poème
Je serai champion du monde
Il n'y a aucun doute
Ici je prédis le démembrement de Mr Liston
Je vais le frapper si fort, qu'il se demandera où sont passés
Octobre et novembre
Quand je dis deux rounds, il n'y en a pas trois

Parier contre moi est complètement absurde
Si Cassius dit qu'une souris peut battre un cheval
Ne demande pas comment
Mise tout sur la souris
Je suis le plus grand !

Il vient de loin le goût de la rime, le claquement des mots, des colères, qui forgent depuis toujours toasts, poèmes et blues chez les Afro-Américains. Un vieil antidote. Une façon de parler de soi, des autres, sans directement se confronter à eux, puisque la confrontation est interdite. Cassius Clay s'inscrit dans la tradition, soucieux de faire grimper sa valeur marchande. Les quartiers noirs tendent l'oreille aux provocations arrogantes de ce jeune frère sans peur. La jeunesse blanche tendance hippie aussi. Au même moment, Bob Dylan, le barde blanc, demande *Qui a tué Davey Moore ?*,
Pas moi dit l'arbitre, j'aurais pu arrêter le match au huitième round mais la foule m'aurait sifflé, chante-t-il
Pas nous dit la foule, ce n'était qu'un combat qu'on réclamait
Pas moi dit le manager j'ai toujours pensé qu'il allait bien
Pas moi dit le parieur, je l'ai pas touché
Pas moi dit le journaliste, y a pas plus de danger qu'au football
Pas moi dit l'adversaire, je l'ai cogné oui mais je suis payé pour ça.

Davey Moore, champion du monde poids plume 1959, est mort le 23 mars 1963. Au dixième round, il a reçu un violent crochet du droit, il est tombé, sa tête a heurté la corde basse du ring. Il n'a perdu conscience qu'après le match, il succombera deux jours plus tard. Deux ans auparavant, il y avait eu Benny Paret contre Emile Griffith au Madison Square Garden. Les coups pleuvaient en direct à l'heure de grande écoute, parmi les plus violents dans l'histoire de la boxe. Au douzième round, Griffith redoubla, il lâchait ses poings colériques sur Paret qui l'avait traité publiquement de pédé, révélant et méprisant son secret, sa bisexualité que la boxe tout en muscles maquillait. Paret gondolait contre les cordes. Il quitta le ring dans le coma et mourut dix jours plus tard. Alors subitement, dans l'un de ces accès d'introspection et de morale dont ils sont coutumiers, les États-Unis firent mine de découvrir la mort, le sang, la brutalité et l'argent sale de la boxe. Officiellement le pays n'aimait plus les pugilats. La presse, les politiques et les publicitaires prenaient des airs dégoûtés. Un puissant lobby de l'État de New York voulait même la faire interdire. Les télévisions annulèrent beaucoup de leurs programmes. En 1964, il n'y a plus guère qu'ABC pour diffuser « Fight of the Week ».

Mais les plus vieux, prolos et vétérans en redemandent. Dylan continue de la chanter. Et les jeunes Noirs d'en rêver. Qu'ont-ils à perdre ? La boxe tue moins que la rue, que les flics, elle est un sanctuaire, un théâtre plus protecteur que la vie, elle offre des bonheurs de quelques minutes, des titres de gloire de quelques mois, des dollars comme s'il en pleuvait. Et la sensation d'un combat pour une fois à armes égales. Alors les soirs de combat, les postes de radio sont allumés presque partout dans les villes américaines, ils grésillent sous les porches, dans les cuisines comme dans les bars, que le quartier soit noir ou blanc. Les uns y puisent revanche et fierté, les autres spectacle et défoulement. La boxe reste un concentré de ce maudit et violent pays.

Et nous faisons de la radio, à l'autre bout du temps, dans le salon du jeune reporter désormais à la retraite. Il s'est retiré en pleine nature avec sa femme Lois B. Morris, également journaliste et écrivaine. Ils ont tous deux longtemps vécu dans le rythme effréné du cœur de Manhattan, entre les murs d'un appartement plein de livres, où le cliquetis de leurs machines à écrire semblait coudre d'autres livres. Puis ils ont quitté la ville, se sont installés dans cette maison entourée d'eau où ils ne venaient que pour le week-end et les vacances. Elle est pleine de fenêtres qui laissent, ce jour-là, voir la brume et les arbres onduler. Le chien Milo est calme, vieux peut-être, ou respectueux des souvenirs. Nous faisons de la radio à l'autre bout des États-Unis, des gymnases crasseux de Miami, à l'autre bout des quartiers noirs : Shelter Island est cossue et blanche. Nous visitons la tête d'un homme, nous creusons ses souvenirs. Non, creuser n'est pas le verbe, les galeries de sa mémoire sont nettes, éclairées, comme s'il les visitait souvent, même seul.

— Dans les années 60, la boxe était encore un sport

prestigieux, en Amérique. Aujourd'hui, elle est presque inexistante, mais à l'époque, le champion du monde des poids lourds était le boss. Ce combat de Miami suscitait énormément de débats sociaux et politiques. L'aspect racial, en particulier, était important. Sonny Liston n'était pas un « bon champion » pour les militants des droits civiques. Par contre, il convenait parfaitement aux gangsters qui contrôlaient le milieu de la boxe. Au départ, tout le monde a pensé – sans doute à juste titre – qu'on sacrifiait Cassius Clay sur l'autel des recettes. Il n'y avait aucune raison de le choisir, lui. Il n'avait battu personne d'important. Mais Sonny Liston n'avait pas d'adversaire et ils avaient besoin d'un match commercial qui fasse recette. Alors, ils ont pris ce boxeur à moitié célèbre dont la photo était parue quelques mois plus tôt dans le *Time Magazine*, qui était encore une revue influente à l'époque. Mais c'était pour parler de ses poèmes, pas de ses talents de boxeur. En tout cas, il faisait vendre. C'était un des premiers matchs retransmis en circuit fermé, c'est-à-dire que les gens payaient pour aller le voir au cinéma. Il fallait donc une affiche vraiment excitante. C'était un match difficile à vendre parce que tout le monde savait qu'il se ferait étendre dès le premier round. Qui, en ce temps-là, aurait voulu payer 25 ou 100 dollars pour voir un K.-O. à la première reprise ?

À quelques jours du combat, seulement la moitié des places du Convention Hall de Miami sont vendues. Mais dans le circuit des salles de cinéma qui vont le diffuser,

700 000 tickets ont été écoulés. Il sera également visible en Europe par des millions de personnes grâce à un satellite de la Nasa. Étrange avec le recul, tout s'échauffe mais personne ne prédit l'événement, juste le spectacle.

Il faut le voir, Cassius Clay, pendant ces jours qui précèdent, donnant audience sur la table de massage à des journalistes en imperméable qui s'agglutinent dans son petit vestiaire. Il est là, allongé, à demi nu,

— Je pense à plein de trucs, dit-il offert aux mains puissantes du soigneur, comme aux questions et aux regards de la presse,

Il n'arrête pas de parler,

— Je veux mettre 500 000 dollars de côté pour acheter une maison. Je viens de créer officiellement Cassius Clay entreprise.

Il mélange des phrases toutes simples à des vers, des murmures à des déclarations, comme s'il était déjà le vainqueur, le roi.

— Danser. Décocher des jabs. Crocheter du gauche. Oui je suis un beau combattant. Je ne suis pas marqué. Vous voyez, j'ai la peau lisse. Pas de cicatrices, pas de marques. Je suis tout neuf. Les jeux sont ouverts. Tout serait mort sans moi. Les journalistes ont de quoi écrire. Le vendeur de cacahuètes va se faire du fric. Le vendeur de pop-corn va se faire du fric. Le vendeur de bière va se faire du fric. La ville est en ébullition. C'est le plus grand sport. Je participe au plus grand sport que le monde ait connu. Rien n'est plus grand que moi. Je ne vais pas être un champion poids lourd ordinaire, je vais être le plus grand de tous les temps.

Les vieux chroniqueurs de la boxe ne l'aiment pas. C'est le cinquième Beatles… dit l'un d'eux. Quoique non, les Beatles ne racontent pas autant de salades, ajoute-t-il. Sans compter ceux qui murmurent qu'il doit être pédé, avec sa belle petite gueule, ses peignoirs en satin et la vaseline dont il s'enduit le corps. La médaille d'or décrochée aux Jeux olympiques de Rome quatre ans plus tôt ne les impressionne pas, c'était du semi-lourd. Pas davantage que les combats victorieux alignés depuis, ses adversaires n'étaient pas de réelles menaces. Eux ont débuté avec le sacre de Joe Louis qui enflamma les États-Unis d'avant guerre, ils ont connu l'ascension et le départ en retraite de Rocky Marciano, bref l'âge d'or de la boxe, l'enfance de la télévision qui pouvait retransmettre, au gré des chaînes nationales ou locales, un combat par jour. Dans les chaumières de l'Amérique moyenne, on les écoute, on pense comme eux, on le trouve prétentieux le challenger, on lui préfère les champions noirs, taiseux et balafrés, dont les muscles et les coups tanguent entre force et violence.

J'imagine Bob Lipsyte, silhouette débutante, jeune, un peu timide parmi eux, arrivée par accident dans cet épicentre qu'est devenu Miami. Ce n'est jamais facile, quelle que soit la rubrique, de débarquer jeune journaliste, parmi les anciens, les installés qui rivalisent de formules, de contacts, de certitudes. Qu'un débutant traite du même sujet qu'eux les agace, leur enlève une bonne couche d'importance, leur rappelle que nul n'est éternel. Lipsyte a, d'après quelques photos d'alors, le cheveu très noir, les sourcils épais et un chapeau feutre aux bords fins. Une semaine qu'il rôde, observe, va d'un camp d'entraînement à l'autre, côté Liston qui tape dans sa poire de vitesse en écoutant Bill Doggett chanter *Night Train*, puis côté Cassius Clay sur la 5e Rue. Là, c'est fou, beaucoup plus fou. Un certain Drew Bundini, poète shaman voyou venu de Harlem, dont les connaisseurs disent qu'il pourrait détrousser un cadavre et mourir pour un ami, souffle des mots, des histoires de papillon et d'abeille à Cassius. Tout ça sous l'œil inquiet de l'entraîneur Angelo Dundee, qui a autorité sur ce gymnase un peu miteux mais réputé. C'est à lui qu'a échu la tâche de faire du jeune médaillé olympique un boxeur professionnel. Ceux qui ont déjà croisé Clay l'ont prévenu, Si t'entraînes le môme, tu mérites la plus haute distinction, parce qu'il est usant ! Dundee le suivra jusqu'à son ultime combat. Il s'habituera, finira par comprendre que le verbe fait partie de l'alchimie, que Cassius parle à lui-même autant qu'aux autres.

Il doit sourire Lipsyte, tout en prenant des notes, se laisser absorber, porter par cette atmosphère unique. Il n'a jamais voulu être journaliste sportif, il rêve d'être écrivain et scénariste. C'est fréquent qu'on finisse dans un journal, avec des illusions pareilles. Au pire, on les oublie, au mieux on y revient plus tard. On peut en tout cas étancher son goût du récit et des personnages en fréquentant les salles de boxe de Miami en février 1964. D'ailleurs, William Klein est là avec sa caméra. C'est déjà un photographe prestigieux, une signature de *Vogue* et de l'époque, il tourne *The Greatest*, comme s'il avait pris au mot ce boxeur sans palmarès. Il croit en Cassius Clay, il le filme sans le lâcher d'une semelle.

— Vous savez, j'étais peut-être la seule personne qui pensait qu'Ali avait une chance.

J'étais allée l'interviewer avant de partir pour les États-Unis. Il vit depuis plus d'un demi-siècle à Paris en face du jardin du Luxembourg, dans un bel appartement qui aurait pu être banalement bourgeois, s'il ne s'était laissé manger par les livres, les voyages, les curiosités, les photos de celui qui l'habite. William Klein est l'un des derniers Américains à Paris de cette époque. Il a 91 ans. Il se déplace difficilement. Il entend mal. J'ai dû crier mes questions. Mais ensuite d'une voix faible, ses souvenirs m'arrivaient intacts. Indélébiles.

— Quand j'ai filmé aux guichets du stade des courses de chiens, la totalité des guichetiers prévoyaient la victoire de Liston en deux ou trois rounds. Et c'était l'avis général, et même l'avis de boxeurs très futés. Il y en avait un qui travaillait dans la cuisine de l'hôtel Fontainebleau, il s'appelait Beau Jack, un grand champion, qui avait été champion du monde de trois catégories, moyen, léger, welter, il disait qu'Ali ne frappait pas réellement, qu'il chassait les mouches, et que Liston allait le démolir. Tout le monde disait qu'Ali ne tiendrait pas trente secondes. Mais moi, je le filmais, il trouvait ça un bel hommage, normal. Je ne l'ai jamais vu douter, j'ai toujours été épaté par sa confiance. J'ai trouvé risqué de sa part d'insulter ses adversaires à ce point, les types étaient redoutables, et il les traînait dans la boue. Dans la boxe, ça n'existait pas les gens qui insultent leur adversaire, c'est le genre de chose qui peut vexer le type en face mais il s'en foutait. C'est ce qui m'attirait le plus chez lui, cette indépendance, ce refus de l'autorité... Ce qu'il faisait était du jamais vu.

Nous avons ouvert l'ordinateur et lancé le combat disponible sur YouTube. Générique suranné. Puis trois lettres apparaissent, TNT, Theatre Network Television. Plan large sur la salle.

— Où êtes-vous assis ? je lui demande en m'approchant de l'écran.

Lipsyte ne me répond pas. Ne m'entend pas. Il est subitement aspiré par le grain flou d'un vieux combat de boxe en noir et blanc. Il est évident qu'il n'a pas revu ce moment depuis longtemps. Ses yeux se plissent derrière ses lunettes. Ils nous oublient. Il est là-bas, tout près du ring du temps passé. Sa femme est sortie acheter des sandwichs, pressentant que tout ça va durer. Zoom de la caméra. Cassius Clay est déjà là, il sautille, s'échauffe dans un peignoir court, effectivement efféminé, tandis que Liston, le tenant du titre, escorté de son équipe et de policiers, se fraie un chemin parmi la foule, massif et impressionnant, roulant des épaules dans son peignoir dont la capuche le cache encore. Il rejoint son coin sur le ring.

Alors, comme le veut la tradition, le speaker annonce

la présence des anciens champions du monde. Ils sont en costume de ville, il s'avancent sur le ring et saluent. Quand vient le tour de Sugar Ray Robinson, Cassius Clay s'incline deux fois. Deux révérences. Il choisit ses idoles. Mais la voix du speaker annonce déjà « le plus aimé des boxeurs ». C'en est un qui ne montera pas sur le ring puisqu'il est installé derrière la table des commentateurs du combat pour la retransmission dans les cinémas. Gros plan sur lui : Joe Louis. « The Brown Bomber ! » crie le speaker.

— Le « Bombardier noir » ! rigole Robert Lipsyte qui sort de son silence et crie aussi. Ça en dit long sur le rapport à la race en Amérique et dans le sport. La femme de Joe Louis était l'avocate de Sonny Liston, il avait donc une bonne raison de se trouver là. Joe Louis lui-même était en train de sombrer dans la démence et la drogue, ce n'était pas le plus fiable des narrateurs. Mais c'était un grand héros américain, il avait battu Max Schmeling à une époque où il était important pour l'Amérique de battre un Allemand. Là encore, il faut remettre les choses dans le contexte historique. Joe Louis était une figure des années 30, en particulier pour les Noirs américains confrontés aux lois Jim Crow et à la ségrégation. Il leur donnait de l'espoir. Ce qui n'était pas encore le cas de Mohamed Ali.

Le speaker égrène maintenant des noms de sponsors et de notables locaux.

— Je suis probablement là, derrière le ring announcer, lâche finalement Lipsyte.

On ne voit donc pas le jeune reporter du *New York Times*. Dommage. La mise en abyme eût été parfaite.

Nous penchés sur ce ring d'antan, nos micros par-dessus les micros d'alors, son commentaire par-dessus les commentaires. Sa voix pleine des détails et des vérités que les mythes et le temps effacent. Lipsyte n'ignore pas les lois du spectacle, encore moins la fierté dont la communauté noire avait besoin, mais c'est un journaliste, au meilleur sens du terme, il s'en tient aux faits et aux hommes, ce qui ne rétrécit pas l'événement, bien au contraire. Le speaker présente enfin les deux adversaires qui s'avancent, se serrent la main en se toisant du regard.

— Regardez, les voilà ! Ils sont côte à côte pour la première fois. Et que voit-on ? Ali est plus grand, plus massif. Ça nous a stupéfiés, on s'attendait à un petit format, un David. C'est mon deuxième grand souvenir, ça, quelques secondes avant le début du match. Les deux hommes se serrent la main, et là, pour la première fois, je vois à quel point Cassius Clay est grand par rapport à Sonny Liston ! On nous annonçait David contre Goliath et David faisait une tête de plus que Goliath ! Ça m'a fait réfléchir… C'était un moment formidable, parce que j'étais là depuis une semaine et que la plupart des reporters du monde entier – tous plus âgés et plus expérimentés que moi – gravitaient autour de Sonny Liston. C'est lui qu'ils allaient voir s'entraîner. Dans l'entourage de Sonny Liston, on trouvait Joe Louis, le grand champion américain. Ceux d'entre nous qui traînaient avec Cassius Clay étaient plutôt des outsiders, des types plus jeunes, moins en place. Et on se marrait, il était drôle. Mais les reporters plus âgés avaient pour lui une profonde aversion. Il leur manquait de respect et son style n'était pas du tout conformiste. À l'époque, un bon boxeur utilisait l'esquive rotative, c'est-à-dire qu'il déplaçait la tête latéralement pour faire passer les coups par-dessus son épaule sans être touché. Boxer en reculant ? Voilà qui n'était pas très orthodoxe. Il n'y avait rien qui allait, chez lui. Il était impertinent, il ne prenait rien au sérieux et il ne boxait pas comme il fallait. Mais pour nous qui n'avions pas encore percé, tout ça était merveilleux, c'était parfait. Alors quand on a découvert qu'il était plus grand que Liston, ça nous a mis en joie. Jusque-là, on s'était contentés d'espérer qu'il ne serait pas amoché au point de perdre connaissance et qu'il survivrait à ce combat pour qu'on puisse peut-être l'interviewer à nouveau un jour. Ensuite le match a commencé et… nous voilà !

Sonny Liston : suspecté d'être plus vieux que les 32 ans qu'il annonce. 98 kilos et 800 grammes. « Né avec le regard d'un homme mort », écrira Nick Tosches qui lui a consacré une biographie. Aucune mention de sa naissance sur le registre d'état civil de l'Arkansas. Il est l'un des derniers des douze enfants d'un famille noire passée de l'esclavage au métayage, c'est-à-dire de la misère à la misère. Un jour, la mère s'en va avec sa portée, laissant derrière elle Sonny, 13 ans, deux jeunes bras qu'elle abandonne au père qui le bat, et laisse sur son dos d'indélébiles cicatrices. Quand l'âne meurt d'épuisement, le père dit à son fils : tu seras l'âne. Il s'enfuit. Vit d'errance, de délits. La prison l'attend avec ses trois repas assurés chaque jour. Puis la boxe. Un coup droit puissant comme une masse vengeresse. La protection et les contrats de la mafia. Le parfait stéréotype de la brute noire.

Cassius Clay. 22 ans. 95 kilos et 500 grammes. Il y a dans ses yeux, ses élans, son assurance la marque d'un enfant aimé. Il y a en lui la protection et la douceur d'une mère qui ne tarit pas de détails sur ses premiers cris, ses premières syllabes tellement prémonitoires, GG, comme Golden Gloves, gants d'or. En lui aussi les agitations et les frustrations d'un père. Mais le confort des quartiers de la middle class noire de Louisville. À Miami, Cassius Clay a confié au journaliste Dick Schaap : « Il m'arrive de rêver que je cours sur Broadway, c'est la rue principale de Louisville. Soudain un camion me fonce dessus. Je continue à courir vers lui en battant des bras et je m'envole. Je m'élève, les gens m'acclament, je fais ce rêve tout le temps. »

Liston rêve-t-il lui ? Il dit des marcheurs derrière Luther King que ça ne sert à rien d'aller se faire bouffer le cul par les chiens. Et au sujet de Clay, il lâche simplement,

— Ma seule préoccupation est de savoir comment extraire mon poing de sa grande gueule une fois que je serai face à lui sur le ring. Je vais le lui enfoncer tellement profond dans la gorge qu'il me faudra une semaine pour le retirer. Sa grande gueule, c'est mon seul souci.

Il faut dire qu'il l'a ouverte dès le matin, à 11 heures précisément. C'est le moment de la pesée. La salle est pleine de reporters en costard cravate. Ça sent la cigarette et l'after-shave. Les habitudes. Les deux boxeurs tombent le peignoir pour monter sur la balance. Cassius Clay est déchaîné.

— Je vais te battre ! Quelqu'un va mourir sur le ring ce soir. Je vais te bouffer tout cru ! crie-t-il bien que ses amis tentent de le calmer.

Flegmatique sur sa balance, Sonny Liston lève deux doigts, ça veut dire deux rounds, je t'écrase en deux rounds. Huit font les doigts de Clay. Huit. Il n'a pas encore le pied sur la balance qu'il enchaîne avec des vers en forme de prédictions : « Au cours des cinq premiers rounds, je tournerai autour de ce gros ours hideux pour l'obliger à se déplacer. À chaque fois qu'il tentera un jab, il se retrouvera déstabilisé. Je le contrerai à tous les coups. »

C'est un festival. Une indescriptible cohue. À deux voix, avec le comparse Bundini, Cassius Clay lance ces mots pour la première fois : « Float like a butterfly, sting like a bee. » Vole comme le papillon. Pique comme l'abeille. Il est condamné à une amende de 25 000 dollars. Tout ce qui est devenu légendaire passe alors pour de la panique ou de la démence. La faiblesse et les délires d'un homme qui va perdre. Lipsyte est là parmi les autres, il prend des notes. Quoique tout ça sera sûrement obsolète, effacé par le combat du soir. C'est l'époque où l'on écrit pour être lu le lendemain, pas dans l'heure qui suit. Lipsyte en rigole encore.

— C'est un rituel qui aurait pu se dérouler en privé, mais tout ce qui était diffusé à la radio et à la télévision avant le match contribuait à stimuler les ventes dans les cinémas du pays. Alors il a mis en scène ce pétage de plombs pendant la pesée. Il a commencé à vociférer comme un fou, son pouls est monté en flèche. On a dit ensuite qu'il avait tellement peur qu'il allait s'enfuir. Il y a même un reporter qui a annoncé qu'il avait été vu à l'aéroport en train d'essayer d'embarquer sur un vol pour Cuba ou je ne sais où ! J'étais avec lui juste avant qu'il s'habille pour le match. On regardait le premier combat de son frère Rudy, Rahman Ali, qui a gagné et Cassius était satisfait. Il est allé s'habiller. Il semblait très calme. Quelques semaines plus tard, je l'ai interviewé à New York avec deux de ses entraîneurs, et ils sont revenus sur le moment où il avait pété les plombs. Ils savaient ce qu'ils faisaient. Tout avait été préparé à l'avance, s'emporter, laisser son pouls s'envoler, ça faisait partie du spectacle. Cassius Clay, c'était le spectacle. Il voulait ajouter à l'excitation du moment, installer l'idée que tout pouvait arriver. Jusque-là, on se disait que Sonny Liston, ce monstre monolithique, ce dragon, allait piétiner le ring de son pas lourd, comme dans tous ses précédents matchs, et écrabouiller Cassius. Ce n'était pas un boxeur très subtil, c'était un truand. Il n'y a pas d'autre mot ! Sonny Liston était un truand et il se battait comme un truand. Tout le monde s'attendait à le voir gagner, comme d'habitude. Le dernier grand boxeur noir qu'il avait affronté était un certain Floyd Patterson. La principale association noire de défense des droits civiques, la NAACP, avait supplié Patterson de ne pas se battre parce qu'il était un modèle pour les jeunes Afro-Américains et qu'ils seraient démoralisés s'il se faisait massacrer. Bien sûr, il a combattu, s'est fait massacrer et ça a été démoralisant. Mais les gens ne tenaient pas autant à Cassius Clay. À cette époque-là, il n'avait rien d'une figure idéologique. C'était un clown. Un très joli garçon qui écrivait de mauvais poèmes – et, comme on l'a appris plus tard, lisait de mauvais poèmes que d'autres avaient écrits pour lui. Il était charmant, il faisait recette, il était rentable et il allait permettre à Sonny Liston de toucher un autre gros chèque. C'est seulement le lendemain du match qu'on a soudain compris qu'on tenait là quelque chose d'intéressant. On tenait un sujet !

Il pleut, il y a du vent sur Miami ce 25 février 1964. Comme aujourd'hui sur la petite île de Lipsyte plongé dans ses souvenirs. Sa femme est revenue, elle a déposé de savoureux sandwichs sur la table. Le chien approche. C'est le moment de faire une pause. Benjamin enfile sa parka, prend ses micros pour aller encore une fois enregistrer la pluie.

— Vous allez être trempé ! s'étonne Robert Lipsyte.

— J'aime mon métier, lui répond simplement Benjamin qui semble parler pour nous trois.

Premier round.

— Il attaque d'entrée. Ali recule, il esquive… mais il est offensif. Tout le monde s'attendait à le voir danser et courir pour éviter de se faire tuer par ce mec. Regardez ces mouvements ! C'est tellement déconcertant ! Tellement peu orthodoxe !

Il tient le coup. Je pense qu'à ce stade, Liston se dit déjà… « Attends, il n'a pas lu les journaux ou quoi ? » Il se précipite déjà vers lui… Ali porte ses coups. Et il reste collé à lui.

Liston ne parvient pas à le toucher, c'est très frustrant.

Regardez-le. Il lui met une chiquenaude de la main gauche. Il fait entrer ce jab. Ça ne devrait pas arriver, il n'est pas censé s'approcher autant de Liston.

Même là, tout le monde se dit que si Liston lui décoche un coup, tout sera fini.

ALLEZ !

Deuxième round.

— Au deuxième round, Clay a déjà surpassé toutes nos attentes ! Il est encore debout. Je commence à me dire que je ne vais peut-être pas aller aux urgences, après tout.

Même s'il tape dans le gant de Sonny, ça lui revient dans la figure et ça commence à marquer. Et quand Sonny se mettra à saigner, d'ici un round ou deux, ce sera un autre choc. Ali domine le rythme du match, il ne prend pas de coups, par contre il en met. Regardez Liston, on voit l'hématome qui commence à gonfler. Bientôt, il va avoir une entaille.

Troisième round.

— C'est fou comme ses mains sont rapides. Beaucoup plus rapides que celles de Sonny. Là, au troisième round, je me disais, ils avaient raison, c'est un match inégal… Mais pour l'autre !

Ses coups ne sont pas de nature à le mettre K.-O., bien sûr. Mais il va trop vite.

Par ailleurs, Clay a une meilleure allonge que Liston. Liston doit donc rester à portée de coup, il n'arrive pas à le tenir à distance. C'est assez stupéfiant par rapport à ce à quoi on s'attendait. Je crois qu'ils sont en train de s'occuper de son visage. Est-ce qu'il est déjà entaillé ? Oui, il saigne, vous voyez !

Je vois. On dirait qu'une deuxième bouche est apparue sous l'œil gauche de Liston à la fin du troisième round. La cloche sonne. Chacun va s'asseoir dans son coin, entouré de son manager, de son entraîneur et du cutman qui cautérise. On voit mal ce qui se passe autour de Liston, l'entourage forme comme un paravent autour de lui. On répare sa plaie béante. On l'asperge. Nous regardons chaque geste, chaque séquence, chaque round. Même si nous savons tout du résultat, de l'issue du match, des années qui suivent.

Malcolm X est assis sur le fauteuil numéro 7. Il est heureux, c'est son chiffre porte-bonheur. C'est donc que Clay va gagner. Sam Cooke est à côté de lui, figure en pleine gloire de la Soul. Clay et lui ont chanté et chanteront ensemble. Il y a du Black is beautiful de ce côté-là. Une autre version de l'homme noir. Dans un an, ils seront morts. Ce qu'ils n'excluent ni l'un ni l'autre. Question d'époque.

Mais aujourd'hui, c'est l'invincibilité qu'ils regardent, le si beau Cassius Clay qui danse, la garde basse, comme s'il n'avait rien à craindre de l'adversaire, il a juste à se pencher vers l'arrière pour esquiver ses crochets. Et il vise, Cassius. Il vise le visage, les sutures anciennes, rouvre les plaies de Liston, toutes les plaies, celles que laissent les maîtres, les flics et les pères violents. Comme s'il frappait au nom de l'homme libre.

Malcolm X n'aime pas la boxe. Mais il aime Ali comme un jeune frère turbulent, plus optimiste que lui, il pressent qu'il peut rayonner bien au-delà des rings, qu'il peut l'aider. Malcolm X est très seul alors, voix radicale sous surveillance, lâché par le mouvement Nation of Islam dont il était pourtant devenu le plus efficace et le plus célèbre des ministres. Il a été le protégé du leader Elijah Muhammad dont la parole est venue à lui en prison, l'a transformé, a fait du petit gangster de rue qu'il était un austère et célèbre prêcheur. Il a diffusé avec succès la doxa du mouvement, Allah qui créa le peuple noir, l'impossible intégration avec l'homme blanc, la lutte totalement vaine de Martin Luther King, et la nécessité d'un État séparé pour les Noirs américains. Mais il a fini par faire trop d'ombre à son mentor, par perdre confiance en lui et par prendre trop de libertés, il lui est désormais interdit de parler en son nom. Malcolm X a besoin d'alliés, de Cassius Clay.

— Je ne crois pas qu'on mesurait la portée de tout ça avant le match, raconte Lipsyte. Bien sûr, il y avait des rumeurs, mais Malcolm X n'avait pas donné de conférence de presse. Je le connaissais, je lui avais déjà parlé, pas à Miami mais à New York. Notre première rencontre n'a d'ailleurs pas été très agréable. C'était avant un match de Floyd Patterson contre Sonny Liston. J'étais un jeune rédacteur-réviseur cherchant à se faire un nom. Une manifestation contre la discrimination dans l'accès au logement avait été organisée à Brooklyn et Malcolm X était en tête du cortège. À l'époque, j'ignorais que Cassius et lui se connaissaient. Je suis allé là-bas pour lui demander ce qu'il pensait de ce combat entre Sonny Liston, le croquemitaine noir, et Floyd

Patterson, le héros afro-américain. Je l'ai arrêté dans la rue, je me suis présenté et je lui ai posé ma question. Il a répondu : « C'est une question stupide, débarrassez-moi de lui. » Les Muslims m'ont jeté dans le caniveau. Je me suis alors souvenu d'un truc que me disait le sergent à l'armée et depuis le caniveau, j'ai lancé : « Les seules questions stupides sont celles qui restent sans réponse. » Il a dit : « Il a raison, remettez-le debout. » Je me suis relevé et il a répondu à ma question de façon brillante, en expliquant qu'on laisserait toujours les hommes noirs se battre entre eux pour enrichir les Blancs. Il a développé pendant un moment, c'était formidable. Je tenais mon papier. Deux ou trois ans plus tard, j'ai écrit un livre avec un comédien militant nommé Dick Gregory. Le livre s'intitulait *Nigger*, il est sorti en 1964. Comme il connaissait Malcolm, il m'a emmené passer du temps avec lui, juste tous les deux. Je l'ai trouvé incroyablement chaleureux et drôle, avec beaucoup d'esprit. Un type vraiment sympa. Je l'appréciais énormément. Et on est restés en contact jusqu'à sa mort. Mais au moment du combat de 1964, on ne comprenait pas encore tout à fait qui étaient les Black Muslims, ni ce qu'ils représentaient. Ils suscitaient une certaine crainte chez les Blancs qui y voyaient une sorte d'obscure force révolutionnaire. On n'avait pas conscience qu'ils étaient ségrégationnistes et formaient une secte dissidente relativement peu influente. Il n'y avait encore aucune de ces ramifications. Cassius lui-même était charmant et farfelu, c'était un bon sujet. Mais il ne faisait certainement pas l'effet – en tout cas pas à moi – d'un athlète qui allait secouer le monde à ce point.

Un mois plus tôt, Clay a pourtant quitté son camp d'entraînement de Miami pour se rendre à un grand meeting de Nation of Islam en compagnie de Malcolm X à New York. Le FBI a pris note, interrogé l'entraîneur Angelo Dundee pour en savoir plus sur les fréquentations de son boxeur. La routine. Pourquoi s'inquiéter du futur perdant ? Dix-huit jours avant le match, le père Marcellus Cassius Clay déclare désolé au journal de Louisville que son fils a rejoint les Black Muslims et qu'il est sous mauvaise influence. Les parents sont chrétiens – la mère baptiste, le père méthodiste – comme l'immense majorité des Noirs américains qui ont dû nicher leurs prières et leurs clochers dans la matrice religieuse de la société blanche et esclavagiste. Clay ne confirme rien. D'un air détaché, il dit juste : « Sûr j'ai parlé aux Muslims. Et je recommencerai. Je les apprécie. Je ne vais pas me faire tuer en essayant de m'imposer à des gens qui ne veulent pas de moi. Je tiens à ma vie. L'intégration est impossible. Les Blancs n'en veulent pas. Je crois qu'il est impossible d'aller contre ça. Les Muslims n'y croient pas non plus. Alors où est le problème avec les Muslims ? »

Et il fredonne souvent cette chanson de Louis Farrakhan, encore chanteur de mambo, *Le paradis de l'homme blanc est l'enfer de l'homme noir.*

Mais personne ne mesure, ne veut mesurer, ce qui se prépare. Les protagonistes vivent au jour le jour sans savoir où ils vont, s'ils gagneront, s'ils seront encore vivants le lendemain. C'est un combat de boxe que tout le monde attend, pas le torrent boueux de l'histoire.

Malcolm X est arrivé à Miami avec femme et enfants bien avant le jour du combat. Cassius Clay les y avait invités, il est venu les chercher à l'aéroport. Et presque chaque jour, une fois l'entraînement terminé, il a passé ses soirées avec eux au Hampton House Motel où ils étaient descendus, sans avoir l'air de se soucier du qu'en-dira-t-on. « Nos enfants étaient fous de lui, écrit Malcolm X dans son autobiographie. Cassius était tout simplement un jeune type adorable, amical, soigné, les pieds sur terre. Je voyais bien qu'il ne négligeait aucun détail. Et je suspectais quelques arrière-pensées à tous ces numéros de clown qu'il donnait en public. Il me l'a confirmé, il m'a dit qu'il faisait tout son possible pour pousser Liston à arriver sur le ring en colère, mal entraîné, trop sûr de lui, s'attendant à une autre des victoires par K.-O. en un round auxquelles il s'était habitué. Cassius n'était pas seulement réceptif aux conseils, il en réclamait. D'abord, je lui ai dit que le succès d'une figure publique dépend beaucoup de sa capacité à bien connaître la vraie nature et les motivations profondes des gens qui l'entourent. Je l'ai alerté aussi sur les renardes, c'était son expression alors pour parler des jeunes séductrices qui lui tournaient autour. Je lui ai dit que ce n'étaient pas des renardes, mais des louves. »

Il ne finira pas ses mémoires, puisqu'il sera bientôt assassiné. Il ne nous laisse finalement que peu de mots au sujet de leur relation. Ceux-là encore pour raconter leur rencontre deux ans plus tôt, à Détroit, berceau de Nation of Islam : « Cassius est venu vers moi, m'a serré la main, en se présentant comme il se présenterait plus tard au reste du monde, "Je suis Cassius Clay". Il agissait comme si je savais qui il était. Alors j'ai fait comme si c'était le cas. Mais jusqu'à ce jour, je n'avais jamais entendu parler de lui. Nos deux mondes étaient totalement opposés. »

Les sponsors du boxeur s'inquiètent. Soit onze hommes blancs et riches du Kentucky qui ont pris son avenir en main quand Cassius Clay est revenu médaillé des Jeux olympiques de Rome en 1960, il était encore mineur, son père avait supervisé l'accord, les bienfaiteurs fortunés se regroupèrent alors au sein du Louisville Sponsoring Group. Ils tournent autour du ring où Cassius s'entraîne. Et William Klein les filme, il les regroupe autour d'une table, leur fait décliner leur nom, celui de leurs entreprises,

— C'étaient des gens du Kentucky, un lieu où il y a des concours de chevaux. Ils l'avaient acheté comme ils auraient acheté un cheval. Ils n'ont jamais quitté ce rôle, tempêtait-il encore à l'autre bout de sa vie lors de notre rencontre dans son grand appartement parisien. Pour eux c'était un bon cheval sur lequel on peut parier. Il y a quelqu'un dans mon film qui dit que secrètement ils voulaient le voir perdre. C'était le monstre de Frankenstein, sur lequel ils avaient misé énormément d'argent. Ils avaient toujours peur d'un retour de bâton, peur que ce monstre devienne encombrant, inquiétant pour le public.

Il les enveloppe d'une lumière clair-obscur, tels les fantômes des anciens planteurs et maîtres du Sud.

Robert Lipsyte ne les voyait pas autrement,

— Ça coûte très cher de financer et de promouvoir un jeune boxeur poids lourd, nous raconte-t-il. Il lui faut beaucoup d'entraînement, un manager hors de prix, des entraîneurs, des masseurs, des partenaires… Ali – Cassius Clay – avait été champion olympique. Il avait remporté les plus grands tournois amateurs du Kentucky et du reste du pays. Onze des hommes les plus blancs et les plus riches de Louisville, dans le Kentucky, avaient donc créé le Louisville Sponsoring Group pour prendre en charge son entraînement quotidien. Ils lui ont payé la crème des entraîneurs, Angelo Dundee, ainsi qu'une demi-douzaine d'autres personnes pour travailler avec lui. Ils l'ont envoyé à Miami pour s'entraîner. Je me souviens que c'étaient tous des hommes d'âge mûr, grands et très blancs, avec des manières imposantes. J'avais l'impression qu'ils éprouvaient pour Cassius Clay la même indulgence affectueuse que pour leurs chevaux de course. Ils me faisaient vraiment penser aux anciens planteurs. Parce que c'étaient des sudistes. Et que Cassius Clay leur appartenait. Au départ, l'idée qu'il faisait partie des Black Muslims a dû les horrifier. Mais quand ils ont compris qu'il s'agissait d'une sorte de groupuscule nationaliste qui pensait que les Noirs devaient se tenir à l'écart des Blancs, avoir leur propre économie et peut-être partir en

Ouganda, dans le Mississippi ou je ne sais quel trou à rats, j'imagine que ça les a rassurés.

Le plus nerveux, c'est le promoteur Bill MacDonald qui a investi 800 000 dollars pour faire venir ce match à Miami. Ce serait bien, avait-il dit, de montrer au monde que deux garçons de couleur comme Liston et Clay peuvent s'affronter dans une ville du Sud et y être traités comme des rois. En clair de faire oublier qu'ici en Floride, les lois Jim Crow qui légalisent la ségrégation sont encore en vigueur. S'offrir un peu de propagande en pleine guerre froide, un tacle à l'URSS qui aime bien rappeler le sort que le monde dit libre réserve aux enfants de ses anciens esclaves. Mais les tickets ne se vendent toujours pas. La faute aux pronostiqueurs qui annoncent un K.-O. au bout de cinq minutes ? La faute aux fréquentations de Clay ! préfère dire ce MacDonald. Il demande au jeune boxeur de nier publiquement toute sympathie pour les Black Muslims. Cassius Clay l'envoie promener. « Je ne nierai pas ce qui est vrai. » MacDonald menace d'annuler le combat. « C'est mauvais pour les affaires. Personne ne veut voir un Black Muslim sur le ring. Les gens veulent des gentils et des méchants. Sonny Liston a toujours été le méchant et maintenant, on a deux méchants. Je vais annuler le match, je perds de l'argent. » Harold Conrad, ancien journaliste devenu promoteur, cherche un compromis. Il se rend chez Cassius Clay. Il le trouve entouré de membres de Nation of Islam en costumes et cravates noirs. Malcolm X est là lui aussi. Conrad s'adresse directement à lui :

— Écoutez, le combat est annulé. Cassius va perdre toutes ses chances de gagner le championnat poids lourd. Mais vous pouvez y remédier.

— Comment ? lui demande Malcolm.

— En quittant la ville maintenant. Vous êtes le point de mire, celui que la presse guette.

Un long silence.

— OK, je vais partir. Mais je reviendrai pour le combat, répond finalement Malcolm X.

Il est parti. Il est revenu. Dans le New York-Miami qui le ramènera, la place à côté de lui est restée vide un moment. Personne ne voulait s'y asseoir. Embarque alors William Klein qui fait lui aussi des va-et-vient entre New York et Miami.

— Je me suis fait un plaisir de m'installer à côté de lui, m'a-t-il confié.

Je me souviens du petit choc électrique que m'a procuré cette phrase, ou plutôt cette scène dans la bouche fatiguée du photographe dont j'étais tout près pour qu'il m'entende. C'était comme une vision. Je les voyais, le Noir et le Blanc côte à côte, serrés dans cet avion hostile. C'était comme une invitation à voyager avec eux. L'envie d'entendre ce qu'ils se sont dit. Mais tout ça s'est envolé, c'est devenu flou avec le temps. L'important c'est qu'ils allaient au même endroit. Et qu'ils partageaient le même pronostic.

Un peu avant le match, Malcolm X est discrètement

allé voir Cassius Clay dans les vestiaires. Les deux hommes se sont agenouillés ensemble face à La Mecque et ils ont prié pour qu'Allah leur accorde la victoire. Au moment de partir, Malcolm X a dit : « C'est le croissant contre la croix. » L'islam contre le christianisme. Une croisade.

Quatrième et cinquième rounds.

— Il l'a touché ! Souvenez-vous que par la suite, Sonny affirmera qu'il avait une blessure au bras gauche. Il faut regarder pour voir s'il a vraiment l'air de souffrir du bras gauche…

Là, regardez ! Entre le quatrième et le cinquième round, Clay ne veut plus y retourner parce qu'il a quelque chose dans les yeux. Sans doute une lotion ou une substance corrosive qui se trouvait sur les gants de Liston. Est-ce que ça a été mis là à dessein ? Impossible à dire. Mais dans l'excitation et la paranoïa de ce match, il doit penser qu'il a été volontairement aveuglé. Il ne veut plus se battre.

Lipsyte s'emballe. Revenu dans son coin à la fin du round, Cassius Clay crie : « J'y vois plus rien ! Mes yeux ! Enlevez-moi ces gants ! On rentre à la maison ! » Angelo Dundee, l'entraîneur, lave les yeux de son champion à grandes eaux. Il essore une grosse éponge au-dessus de lui. « Tu y vas, tu y retournes, tu gardes tes distances en attendant que ça passe. » Mais les Black Muslims en pleine parano regardent avec suspicion les gestes de ce petit Blanc rital qui entraîne Clay et pourrait le trahir pour le camp d'en face sponsorisé par la mafia. Alors Dundee prend l'eau du seau et s'en met plein les yeux, comme pour annoncer que toute sa vie, il sera au côté de Cassius. En le poussant aveuglé sur le ring, il écrit d'ailleurs un moment décisif d'une histoire qui aurait pu s'arrêter là.

— Il avait pris un nom écossais, mais il était italien, nous raconte Lipsyte. Angelo Dundee et son frère, Chris Dundee, étaient des figures de la boxe à Miami. Ils étaient promoteurs, managers, entraîneurs, ils géraient d'autres champions et entretenaient de bonnes relations avec le crime organisé. Angelo Dundee savait parfaitement comment gérer les boxeurs – et en particulier Cassius Clay, qui était très opiniâtre, très têtu. Cassius travaillait vraiment dur, il se donnait à fond pendant les entraînements, se laissait frapper, mais en même temps il avait des idées bien arrêtées. Le rôle d'Angelo, c'était de le manipuler pour lui faire croire que les idées venaient de lui. Je me souviens qu'Angelo, qui était très fier de son sens de la psychologie, avait un boxeur qui ne s'en sortait pas bien parce qu'il avait l'impression de manquer de force, d'être faiblard. Alors il a saboté le socle en métal à la base du sac de frappe, de telle sorte que quand le type a commencé à cogner, le sac s'est détaché. Angelo était convaincu que ça avait été un tournant dans la carrière de ce boxeur. Il faisait ce genre de choses. Il poussait

Cassius à courir un peu plus longtemps, à frapper un peu plus fort, à essayer d'autres méthodes pour esquiver un coup, tout en lui faisant croire que l'idée venait de lui. Cassius était malin, dans le fond il savait ce qu'il en était. Mais c'était la dynamique de leur relation et ça fonctionnait très bien. Angelo avait un autre talent. Il y avait deux sujets qu'il n'abordait jamais avec son poulain. Un : les Black Muslims et la race. Deux : le sexe. Quand Cassius Clay/Mohamed Ali a découvert le sexe un peu plus tard, après toutes ces années passées à s'entraîner, il est devenu insatiable. Il ne s'agissait pas de le rationner ni de l'en empêcher, mais juste de s'assurer qu'il ne s'attirerait pas d'ennuis. Angelo était très fort, il a réussi à le convaincre qu'avoir des rapports sexuels avant un match n'était pas bon pour les jambes. Du coup, il s'abstenait. Ils ont vraiment formé une bonne équipe pendant très longtemps. Cassius l'écoutait. Regardez, Angelo le pousse sur le ring… il lui dit de s'accrocher jusqu'à ce que ses yeux aillent mieux. Et c'est ce qu'il fait. Il s'accroche. Il laisse Sonny le frapper. Sonny n'arrive pas à l'étendre. C'est le moment ou jamais. Allez Sonny, il est aveugle ! Achève-le !

Regardez, même aveuglé, la vitesse de ses mouvements reste un mystère pour la science.

On dirait qu'il y voit à nouveau…

— Je crois que c'est évident, dans ce sixième round. Liston est fini.

Il continue à balancer des directs du gauche, il n'a pas encore trop mal.

Je pense que Liston a senti que si ça continuait comme ça pendant encore un round ou deux, Clay allait le mettre K.-O. Regardez, il n'a plus de ressort. Il ne bouge pas très bien. Il se contente de dérober la tête… ce qu'il ne faisait pas au début du match. Pauvre Sonny !

Robert Lipsyte sait bien que c'est au septième round que la légende va se nouer. Mais cinquante-quatre ans plus tard, il ne peut s'empêcher de regarder chaque instant comme s'il était inédit. Comme si rien n'était écrit encore. Chaque coup lui rend sa jeunesse, c'était l'âge d'or de la presse, de la boxe, de la lutte, de sa vie. La pluie a cessé dehors. Mais la vie n'entre plus dans la maison que par le grain noir, blanc et flou d'un vieux match de boxe.

Clay a entamé le sixième round à bonne distance,

il allonge son gauche, fameux jab quand Liston approche. Il gagne du temps. Et comme promis, doucement la vue lui revient. Le visage tuméfié de Liston est plus net. Alors Clay reprend l'avantage. Frappe à nouveau. La prédiction doit se réaliser. Huit rounds, a-t-il dit. Ce sera moins.

Le septième round est sur le point de commencer, mais Liston ne se lève pas. Il reste sur son tabouret. Son entourage annonce qu'il abandonne. Il est blessé à l'épaule.

Moment d'incrédulité puis geste de triomphe de Cassius Clay bras levés qui se précipite vers la presse qui le donnait perdant.

— Qui est le plus grand ? Je suis le plus grand ! J'ai bouleversé le monde ! Je vous l'avais bien dit ! Je suis le roi !

Est-ce un K.-O. ? demande-t-on. Oui c'est un K.-O. au septième round, annonce l'arbitre. Et la victoire monte ou plutôt remonte dans la voix de Lipsyte, qui reprend les mots de Clay, il les clame dans sa maison qui résonne.

— Ravalez vos paroles, je suis le roi du monde ! Ça, c'est Howard Cosell, une figure très importante dans sa vie. Et le type sur sa gauche, c'est Drew Brown, dit « Bundini », un genre d'assistant toujours posté au coin du ring, un peu gourou, c'est lui l'auteur de « vole comme un papillon, pique comme une abeille ».

Ravalez vos paroles, je suis le roi du monde ! crient Clay et Lipsyte en même temps.

— C'était exaltant et merveilleux. C'était incroyable.

C'est d'ailleurs la première chose que j'ai écrite quand j'ai rédigé mon accroche, ce soir-là : « Fait incroyable… » C'était incroyable ! Bien sûr, avec le recul, le champion du monde des poids lourds est censé se battre jusqu'à la mort. Être le champion du monde des poids lourds en 1964, ça voulait vraiment dire quelque chose. Ça faisait de vous l'homme le plus puissant du monde, au moins métaphoriquement parlant. Il n'était pas question de jeter l'éponge, prostré sur son tabouret, et de refuser de se battre. « Viens te battre ! Bats-toi jusqu'à la mort pour ton titre ! » La décision de Sonny Liston était contraire à l'esprit du sport. Et ça a évidemment suffit à faire naître toutes sortes de rumeurs. S'il avait continué à se battre, il serait sans doute allé au tapis. Je crois qu'il n'avait encore jamais été mis K.-O. Il serait allé au tapis et il aurait été humilié. Alors il a préféré jeter l'éponge. Pour un malfrat comme lui, c'était sans doute moins humiliant que ça ne le serait pour vous. Au moins, il contrôlait encore la situation. Exactement comme Mike Tyson, bien des années plus tard, qui est en train de perdre un combat et mord son adversaire à l'oreille ! Le match s'arrête, mais Mike a contrôlé la situation. Dans son esprit, il n'a pas été humilié. Il a fait les choses à sa façon. Comme Liston. Il ne faut pas oublier non plus l'aspect financier : le contrat lui garantissait un match retour – ce qui était alors illégal. Mais c'était tourné de telle façon qu'il n'était pas question de match retour. Simplement, la société de promotion gérée par ses copains avait les droits sur le prochain combat de

Cassius Clay. Dans les faits, ça lui garantissait un match retour. Il savait qu'il aurait une seconde chance qui lui rapporterait encore plus d'argent et pour laquelle il serait mieux préparé. Je pense qu'il ne s'était pas assez préparé pour ce combat, parce qu'il affrontait ce petit David, une fiotte, un poète. Mais c'était vraiment exaltant. Et en revoyant le match aujourd'hui, j'ai ressenti la même euphorie qu'à l'époque. Je me souviens que j'avais été envahi par une excitation croissante, Ça alors ! Il ne va pas être blessé, il va encore faire parler de lui. Bon sang, il va gagner et devenir champion du monde des poids lourds ! Plus important encore, avant d'être une étape décisive pour sa carrière, c'était surtout une étape décisive pour la mienne ! Je suis le journaliste sportif et lui, c'est le sujet ! Mon sujet.

L'écran de l'ordinateur n'est plus qu'un gros plan sur le vainqueur. Quand il ne hurle pas qu'il est le plus grand, Cassius Clay posé sur le bord du ring ouvre la bouche. Aucun son n'en sort. C'est comme un rugissement silencieux à la face de ceux qui l'ont sous-estimé. Est-ce du spectacle ? Est-ce un cri ? Les deux. Il faut les deux. Le cri serait inaudible sans le spectacle. Il le sait. Cri silencieux qui fait le bruit d'un hurlement. Dans cette gueule-là, il y a lui et les générations passées. Il n'est pas que lui-même, il est les autres, une longue histoire.

Malcolm X écrit de ce soir-là : « Il n'y a probablement jamais eu fête plus calme après la victoire d'un nouveau champion. Le jeune roi du ring est venu dans mon motel. Il a mangé une glace, bu du lait, parlé avec la star du football Jimmy Brown, quelques journalistes, et quelques amis. Fatigué, il s'est assoupi sur mon lit et puis il est rentré chez lui. On a pris le petit-déjeuner ensemble le lendemain matin, juste avant la conférence de presse pendant laquelle Cassius a calmement annoncé ce qui allait faire les gros titres de la presse internationale, qu'il était un Noir musulman. »

— Le lendemain du match, à la conférence de presse, se souvient Lipsyte, ce n'était plus le même homme. Il était en costume et très courtois. Il a dit : « Maintenant que j'ai remporté le championnat, je peux devenir gentil et poli. Je n'ai plus besoin de booster les ventes. Je suis champion du monde. » C'était un discours très conciliant, calme et affable. Ça a duré dix ou quinze minutes. Après ça, les reporters plus âgés sont partis. Ils avaient entendu ce qu'ils voulaient, à savoir, c'était du chiqué, ce n'était pas moi. En réalité, je suis ce sportif noir gentil et reconnaissant. Rassurez-vous, je vais arrêter de faire des remous. Mais nous, les plus jeunes, nous étions très déçus. C'est pas vrai ! Comment avez-vous pu nous faire marcher toute la semaine ? On a vraiment cru qu'il se passait un truc... Et puis enfin, quelqu'un a demandé : « Êtes-vous encarté chez les Black Muslims ? » À l'époque, en Amérique, cette expression évoquait vraiment les années 50 et la guerre froide – « Êtes-vous encarté au Parti communiste ? » Quand on était encarté, on était un dangereux extrémiste. Il a répondu : « Pourquoi vous me cherchez des noises ? Je ne fornique pas, je ne bois pas, je ne fais pas les quatre cents coups, je ne suis pas un mauvais type. Mais je sais que dans la vie comme dans la jungle, les oiseaux bleus restent entre eux, les oiseaux rouges restent entre eux et les lions aussi. Je ne tiens pas à aller où on ne veut pas de moi. » En gros, il a pris parti contre les droits civiques et contre la lutte pour l'abolition de la ségrégation en Amérique. Il a continué dans cette veine : « Pourquoi avez-vous si peur des Black Muslims ? Ce sont des gens très polis qui restent chez eux et n'essayent pas de se mêler aux personnes comme vous. » Nous étions presque tous des hommes blancs, bien entendu. Il a ajouté : « Je n'ai pas à être celui que vous souhaitez que je sois. Je suis libre d'être qui je veux. » Je crois que c'est là que j'ai eu le déclic. Tout s'est éclairé sous un jour nouveau et on a compris qu'on n'avait encore jamais vu quelqu'un comme Cassius Clay. Ce que je trouve intéressant, c'est que les journaux du lendemain reflétaient cette rupture. Les plus vieux avaient écrit : « Tout va bien se passer, c'est un jeune homme absolument charmant. » Et puis, il y avait quelques papiers qui disaient : « C'est le début d'une nouvelle ère. »

On dirait qu'un frisson de ce jour-là parcourt encore la silhouette blanchie de Robert Lipsyte. Il a senti passer le souffle de l'événement sur lui. Il l'a compris. Et ils n'étaient pas nombreux à comprendre. Tant de commentateurs s'accrochaient à la rumeur qui enflait d'un match truqué. Elle ne s'est jamais dissipée d'ailleurs. De vieux rapports du FBI émergent encore dans les journaux qui sous-entendent que la mafia avait donné ordre à Liston de s'incliner. C'est vrai qu'elle pouvait se faire beaucoup d'argent, plus de un million de dollars, puisqu'il était donné gagnant à sept contre un. D'autres persistent à penser que l'aveuglement de Clay n'était pas accidentel. Que Liston qui avait dominé tant d'adversaires s'est arrêté avant l'humiliation. C'est infini, l'envoûtement d'un combat.

Quelques jours plus tard, le match fait encore parler de lui à la télévision française. Commentaires sur images :

« Voici Sonny Liston à sa sortie de l'hôpital Saint Francis de Miami. La perte de son titre remonte à trois jours. Depuis trois jours, Liston, l'ancien gangster accusé de meurtre, de viol, mais qui avait un bon avocat n'est plus champion du monde et tous les ennuis de la terre s'abattent sur ses robustes épaules. Sa bourse, 700 millions de dollars, est confisquée et le fisc s'aperçoit tout à fait par hasard, semble-t-il, qu'il est redevable envers l'Oncle Sam de 1,3 milliard de dollars. Pourtant les médecins affirment que son combat contre Cassius Clay n'était pas truqué. Il n'y a qu'eux pour le croire et ils étaient huit. Voici l'un d'eux : "L'examen de Sonny Liston a duré trois heures." La morale est sauve. Les docteurs ont diagnostiqué ce que Liston avait lui-même diagnostiqué, une déchirure musculaire à l'épaule et une hémorragie. Liston parle : "Au sixième round, explique-t-il, j'ai senti mon gant lourd, très lourd, comme s'il avait été rempli d'eau." Hélas ce n'est pas le gant qui semblait lourd, mais le gang ! Et justement au Congrès des États-Unis, on en parle des gangs. Mickael Figann, député de l'Ohio, requiert contre le banditisme qui gangrène la boxe. La mesure est comble, dit-il, le Congrès doit intervenir ! Et d'établir un parallèle entre les milieux frelatés de la boxe et le Chicago des années 25. Quant à Cassius Clay, ses pitreries continuent. Il est sûrement un bon boxeur et plus sûrement encore un excellent comédien. Il répète, Ce que je suis beau, c'est formidable. La politique et les luttes raciales s'en mêlent. Elijah Muhammad, leader des extrémistes noirs aux États-Unis, les Black Muslims, déclare à Chicago devant 5 000 musulmans que Clay a battu Liston parce qu'il appartenait aux Black Muslims. Il dit que le frère de Clay est un Black Muslim et qu'il est heureux que le nouveau champion du monde ait été assez brave pour reconnaître qu'il était un extrémiste, qu'il était un Black Muslim. Mais au fond, où est la vérité ? Peut-on croire que le combat a été loyal alors que Liston a sous contrat les intérêts de Cassius Clay ? Et en dehors des charlottades, comment croire les médecins qui ont examiné Sonny Liston alors qu'aujourd'hui le *Daily Mail* révèle que Liston est cardiaque et qu'un récent cardiogramme l'a prouvé. Quoi qu'il en soit, cette fâcheuse histoire jette un discrédit sur la boxe. Les mœurs des États-Unis, le goût du show ne sont pas une excuse. Comment croire que le match revanche puisse rapporter un seul dollar. »

Installés dans une petite cabine de l'Ina au sous-sol de Radio France, Gaël et moi avons regardé effarés ce sujet, après notre retour des États-Unis. Le perdant ne devenait qu'une brute criminelle. Le gagnant un pitre. Des chevaux. Juste des chevaux, disaient-ils.

Ce n'est pas Liston qui s'est fait voler sa couronne ce jour-là. C'est un vieil ordre établi, blanc de peau, qui allait bien au-delà des États-Unis d'Amérique, geignait jusque dans les journaux français. La tricherie, s'il y en eut une, permettait de ne pas laisser s'installer l'événement : le nouveau champion du monde est sorti du ring comme d'une cage.

Remettez-le en cage ! semblaient dire tous ces commentateurs.

« Clay est le nouveau champion du monde. Nous passons sur ses simagrées avant la rencontre, sa danse presque du scalp sur le ring… »

Ainsi parle la radio française alors.

Nous rediffuserons. Mise en abyme encore. La radio penchée sur elle-même cinquante-quatre ans plus tôt. Puis nous passerons *A Change Is Gonna Come* de Sam Cooke. Les temps changent, chante le roi de la Soul qui était assis à côté de Malcolm X ce soir-là,

Il y a eu des moments où je pensais ne pas pouvoir durer longtemps
Mais maintenant je pense que je suis capable de continuer
Cela a été long, long à venir
Mais je sais qu'un changement va arriver, oh oui ça va arriver !

Quand Gaël en studio a tout calé ensuite, tout croisé,

superposé, les cris d'Ali, la pluie, les voix, les coups, la joie de Lipsyte, la chanson de Sam Cooke mort trop jeune pour voir les temps changer, je me rappelle notre frisson. Nous flottions.

Des années plus tard, Mohamed Ali confiait à l'écrivain Thomas Hauser :

« Vingt-six ans se sont écoulés depuis ce jour, plus de la moitié de ma vie. Liston était-il vraiment blessé à l'épaule ? Je ne peux pas l'affirmer, mais je ne le pense pas. Mes yeux me brûlaient vraiment au cinquième round. J'arrivais à voir un peu, mais pas beaucoup. Je voulais arrêter. Angelo m'a obligé à reprendre. Je n'ai jamais su exactement d'où venait le problème, mais à la fin de ma carrière, avant que je combatte contre Larry Holmes, un homme est venu me voir de Philadelphie. Il avait une bouteille remplie d'un liquide jaune. Il m'a juste dit qu'il voulait m'aider, "mettez ça sur vos gants si vous vous trouvez en difficulté. Ça ne blessera pas Holmes, mais ça l'aveuglera pendant un moment". Je lui ai dit que non, que ce serait contre ma religion. Mais cette conversation m'a rappelé mon combat contre Sonny Liston. Vingt-six ans. Je n'arrive pas à croire que ça fait aussi longtemps. Quand j'écoute les enregistrements, tout ce que j'ai dit ce soir-là, j'étais grand mec, mais j'étais dingue. »

J'ai cherché ce qu'avait écrit Robert Lipsyte dans l'urgence de ce soir-là.

« La foule était venue voir la destruction du jeune poète. Mais il n'avait pas menti. Tous ces interminables refrains. Voler comme un papillon. Piquer comme une abeille, n'étaient pas des chansonnettes stupides. Le môme flottait... »

En rentrant à New York, il trouva au *New York Times* une lettre qui lui était adressée. Un éditeur de chez Harper's qui avait lu tous ses articles envoyés depuis Miami voulait qu'il écrive, qu'il raconte la boxe. Elle avait révélé son talent et son rêve. Peu de temps après, à Las Vegas, il dîna avec un manager. Il s'appelait Cus d'Amato, il lui raconta qu'il avait été propriétaire d'une salle de boxe dans un quartier mal famé de Manhattan, elle était nichée dans les étages d'un haut building, il fallait grimper un escalier sombre et étroit pour l'atteindre. Le soir, il dormait souvent d'un œil en haut de cet escalier, avec une arme et un berger allemand à ses côtés. Il protégeait ainsi son bien, mais secrètement, confia-t-il à Lipsyte, il espérait surtout qu'un môme apparaisse, seul, de nuit, voulant combattre sa peur, et dont il ferait un combattant. Il y a souvent un gosse effrayé au début d'un champion de boxe.

Ce petit club perché dans les quartiers pauvres de New York deviendra trois ans plus tard le décor du premier livre de Lipsyte, un classique de l'édition jeunesse aux États-Unis, *The Contender*. C'est l'histoire d'Albert, enfant de Harlem à la dérive, qui finit par trouver sa voie en poussant la porte d'une salle de boxe. Albert est le môme que Cus d'Amato avait attendu. Albert pourrait être Cassius, Sonny et tant d'autres à l'aube de leur vie. Lipsyte n'avait pas particulièrement écrit pour la jeunesse, mais l'éditeur qui se lançait sur ce créneau coupa une scène de sexe et quelques références aux Black Panthers, pour en faire un livre pour adolescents. Lipsyte laissa faire. Il devint ainsi l'un des auteurs jeunesse les plus lus aux États-Unis dans les années 70.

En regardant sa bibliographie, j'ai constaté qu'il avait même fini par raconter sa propre histoire, celle d'un adolescent trop gros des années 50, moqué, solitaire, consolé par les livres, qui détestait l'été, la chaleur, les baignades, ces moments où l'on découvre son corps. J'ai repensé alors à cet instant où la porte s'ouvrit dans le vestiaire où il était enfermé avec les Beatles, à la façon dont il nous l'avait dépeint,

— Jamais nous n'avions vu plus belle créature.

Un choc esthétique. J'ai pensé plus généralement à ce qui nous relie intimement au sujet qu'on raconte, fût-il à l'opposé de nous. Cassius Clay le plus beau allait tout détourner, tout dynamiter des codes dominants. Et Lipsyte ne le quitterait pas d'une semelle. Il couvrirait aussi le football, le baseball, leurs joueurs, canons du sport universitaire, les « jocks » comme on dit aux États-Unis, ces jeunes gens beaux et forts, l'air contents d'eux avec toutes les filles à leurs basques, recrutés pour perpétuer la mythologie nationale et les standards masculins qui le firent souffrir gamin. Mais c'est dans la peau d'un jeune Noir, son contraire d'après l'ordre racial américain, que Lipsyte publiera son premier livre. Je lui ai écrit bien après notre visite, pour savoir s'il n'avait pas craint qu'on le lui reproche. Il m'a très vite répondu,

— J'étais un peu inquiet à l'idée que mon personnage

principal soit noir, c'est pourquoi j'ai gardé la troisième personne. Aujourd'hui, ce serait très dur de publier le même livre de la part d'un auteur blanc. J'ai des sentiments très partagés à ce sujet.

Inutile de lui demander à quelle époque il aurait voulu vivre.

II

Chère Judith,

En prévision de votre venue aux États-Unis, j'ai beaucoup réfléchi à la meilleure manière de vous aider à comprendre comment Mohamed Ali était perçu et compris, du point de vue des premiers musulmans afro-américains. Malheureusement en Amérique, la bonne société (les chrétiens, noirs et blancs) interprète tout ce qui arrive dans ce pays selon son strict point de vue, elle pense pouvoir décider ce qui est important et ce qui ne l'est pas, elle pense avoir le droit et le privilège de dire comment certains artistes ou athlètes doivent être appréhendés, racontés au reste du monde. Mais si vous voulez comprendre de quel « utérus » est sorti le Mohamed Ali que le monde entier aujourd'hui révère, alors il va vous falloir creuser profondément, penser en dehors de votre cadre, et rejeter tous les poisons superficiels qu'ils utilisent pour manipuler et contrôler nos pensées. Ils voient en nos talentueux artistes, boxeurs, chanteurs afro-américains, un grand divertissement. Nous les voyons comme un message de Dieu au monde. Quelque chose est arrivé en Amérique, ces talents sont le signe d'un miracle au sein d'un peuple qu'on a vidé de son essence humaine pour mieux esclavagiser son corps.

J'espère que nous pourrons aller plus loin quand nous nous verrons.

Que la paix soit avec vous,
Sincèrement,
Frère Muhammad Siddeeq

Un mois plus tard, nous l'attendons dans le hall vide et sans âme d'un hôtel d'Indianapolis où nous avons fait éteindre la télévision. J'ai en tête ce courriel, ses mots, ceux d'un imam qui fut membre de Nation of Islam, l'ami d'Ali, le guide spirituel de Mike Tyson. J'aime le fait qu'ils n'éludent pas la distance entre nous, entre mon sujet et moi. Ils s'entrechoquent dans ma tête. Ils m'intimident autant qu'ils m'intriguent. Le message de Dieu me semble impossible à disséquer, pas vraiment propice aux questions. L'utérus me plaît en revanche. Si charnel. Il ne mène pas vers le ventre d'Odessa Clay qui donna naissance à Cassius et dont la débordante affection restera toujours sous-estimée dans la confiance que son fils avait en lui-même, il parle aussi de la foi qui engendra Mohamed Ali, mais en fouillant les prières, les raisons et les passions des hommes.

Ce que la gravité du message du frère Siddeeq n'annonçait pas, c'est le petit rire aigu qui ponctue ses phrases, ses yeux vifs pigmentés de mille souvenirs, mille vies, ni surtout cette chaleureuse accolade qu'il m'offre d'entrée dans le lobby de l'hôtel où il vient d'arriver. Il n'est pas seul, accompagné de l'imam Michael Saahir. Ils sont tous deux emmitouflés dans d'épais manteaux, avec de grosses chaussures aux pieds. Dehors une neige glacée s'est mise à tomber qui rend les rues et les trottoirs glissants. Il est déjà 7 heures du soir, la ville se laisse plonger dans la nuit après une nouvelle journée d'ennui. À peine assis, le frère Siddeeq vide un grand sac plastique. Il en sort des livres, un gant de boxe signé Muhammad, des coupures de presse, des photos,

— Ça c'est quand Mike Tyson est sorti de prison, j'ai appelé Mohamed Ali pour lui demander de venir le soutenir. Il m'a dit : « Frère Siddeeq, si tu me le demandes, je viendrai. » J'ai les photos juste là… J'ai demandé à Mohamed de venir pour sa libération et il est venu.

Ça, ce sont mes enfants – j'en ai quinze –, mes petits-enfants et ma femme, dans le petit coin… Et là, il y a un autre de mes fils. Il n'est pas dans le cadre ! Mohamed Ali est venu exprès et j'étais très honoré qu'il ait pris le temps de le faire. À chaque fois que je l'ai sollicité, il a répondu présent… Bref, le jour où Mike Tyson a été libéré, on a rejoint le prince Bandar, un des princes les plus riches d'Arabie Saoudite. Je l'ai appelé et il a organisé une grande réception pour Mike Tyson à l'ambassade, à Washington. Il est venu exprès. Après la fermeture des ambassades des pays islamiques, il a organisé une grande réception pour Mike Tyson. Plus tard, le prince Bandar nous a invités en Virginie pour l'inauguration d'une école et il m'a demandé de faire venir Mohamed Ali et Mike Tyson. Mohamed Ali est venu, mais pas Mike, parce que

Don King le lui a interdit. Bref, on s'est retrouvés, Mohamed Ali, le prince Bandar et moi-même et on a tous déjeuné ensemble à Washington. C'était énorme, pour un gamin du ghetto, de se retrouver là. J'ai fait appel à lui à de nombreuses reprises et il ne m'a absolument jamais dit non. Jamais ! Chaque fois que je l'appelais en lui proposant de passer, il me disait : « Viens. » Je montais à Berrien Springs, dans le Michigan, où il vivait. Je descendais à Louisville, j'allais où il voulait, à Phoenix ou à Las Vegas. Il m'a toujours accueilli très gentiment.

Il va vite, trop vite. Les périodes, les lieux, les gens défilent dans le désordre. Muhammad Siddeeq a l'âge des synthèses, 77 ans. Il dépose devant nous une longue amitié avec Ali où l'on voit passer des champions, le terrible promoteur Don King, la prison ou encore un prince saoudien, trouble ambassadeur de son pays aux États-Unis, bref, la boxe qui pompe les muscles des bas-fonds et l'argent des sommets. Siddeeq navigue sans problème de l'un à l'autre. Son père était un boxeur professionnel. Son cousin fut champion du monde des poids plumes.

— J'ai une photo de mon cousin. Il a été tué sur le ring par un certain Sugar Ramos. Il s'appelait Davey Moore, vous pouvez regarder sur Internet, je crois que c'était en 1962. Davey, qui était le champion, n'aurait pas dû combattre ce jour-là, parce qu'il avait la grippe depuis le début de la semaine. Son manager aurait dû reporter le match. Vous connaissez Bob Dylan, le musicien ? Il a écrit une chanson sur mon cousin qui s'appelle *Who Killed Davey Moore ?*, « Qui a tué Davey Moore ? »

J'ai hoché la tête en souriant pour ne pas interrompre sa voix dans le micro. Nous retombons sur la chanson. Son héros, soudain, nous est plus proche.

— Davey était le fils de mon oncle, c'est mon père qui l'a entraîné.

Doucement les choses s'emboîtent.

— Et vous, vous l'avez rencontré quand Ali ?

— J'ai rencontré Mohamed Ali pour la première fois en 1965. À l'époque, il venait d'être excommunié... Enfin non, pas excommunié. On venait de lui retirer sa licence et le droit de boxer aux États-Unis parce qu'il avait refusé de partir à l'armée. Comme il ne pouvait pas se produire aux États-Unis, ils avaient réussi à lui trouver un match au Canada. Le combat devait avoir lieu à Toronto et ils sont passés par Buffalo, qui était la ville américaine la plus proche de Toronto. À l'époque, j'étais moi-même en poste à Buffalo. C'est comme ça que j'ai rencontré Mohamed Ali et nous sommes tout de suite devenus amis. Il aimait bien tester mes connaissances musicales. On se faisait des blind tests sur les artistes et les chansons. Je chantais un morceau des Temptations, il en chantait un des Orioles, j'enchaînais avec Kool and the Gang, et ainsi de suite... On a fait une tournée à Buffalo, Rochester, Syracuse et tout le nord de l'État de New York. Plus tard, il est venu à New York. À l'époque, j'avais quitté Buffalo pour New York et je l'ai à nouveau accompagné en tournée dans la ville. Au fil des années, j'ai participé à plusieurs réunions avec lui et il se souvenait toujours de moi. On évoquait le passé et il me faisait souvent des petites farces et des tours de magie. Moi aussi, je faisais un peu de magie. J'avais appris quelques tours simples. Alors on se montrait mutuellement nos tours et on se racontait des blagues. Il me sortait des petites phrases drôles et personnelles. À chaque fois qu'on se rencontrait, on gravitait de plus en plus l'un vers l'autre. Il a fini par m'inviter chez lui. Où qu'il soit, il m'invitait à passer le voir.

Blind test et Temptations ont fini de me mettre à l'aise. Cet imam, c'est d'abord la chaleur et la musique afro-américaine. Il y a en lui le bouillon du ghetto, de la foi et de la boxe. Dans nos micros, sa voix est une coulée chaude ponctuée de petits éclats de rire. L'histoire raconte d'ailleurs que Mike Tyson se convertit à l'islam rien qu'au son de cette voix. Ça se passait dans la salle commune de la prison d'Indianapolis, où Tyson purgeait une peine de six ans pour le viol d'une jeune candidate au titre de Miss Black America après un procès retentissant. Ce jour-là, le boxeur recevait la visite d'un prêtre chrétien qui avait pris en main son accompagnement pendant la détention, quand, entendant un peu plus loin Siddeeq qui parlait et priait avec les détenus musulmans, il dit subitement : Je veux aller là-bas. Il se mélangea au groupe et à la fin de la séance, il désigna Siddeeq comme son conseiller spirituel. Siddeeq le visita ensuite tous les jours, si lié depuis l'enfance à la figure du jeune Noir envoyé sur le ring, qui sait cogner mais pas comment vivre.

— Vous savez, dit-il, il y a beaucoup d'énergie dans la communauté afro-américaine, et la plupart du temps, cette énergie est orientée dans la mauvaise direction. Ce qui s'est passé, c'est qu'il y a tous ces clubs de boxe en Amérique et qu'ils se sont rendu compte que bien souvent, ils parviennent à canaliser cette énergie et à la rediriger, à enseigner une certaine discipline à ces jeunes. Ils leur donnent l'espoir de rompre avec la mentalité du ghetto, l'influence des gangs et tout le reste. À travers tout le pays, ces clubs ont fait des merveilles avec les jeunes, ils leur ont offert un exutoire.

— C'était comme un sanctuaire ?

— Oui ! Mais ce n'est qu'une étape. Prenez Mike Tyson… La boxe vous tient pendant un temps, mais il faut savoir où on veut aller. Et pour ça, Mohamed Ali a eu beaucoup de chance. Mike fait ce qu'il peut, il lutte. S'il comprend que ce n'est qu'une étape, il s'en sortira. Mais il ne faut pas considérer la boxe, la popularité et l'argent comme une fin en soi. Ce serait une grosse erreur.

Il fait la comparaison avec Ali, mais il était de toute façon plus facile d'élever et de grandir un homme dans le bouillon révolté des années 60 que dans la résignation des années 90 qui à leur manière refusaient l'héritage du combat politique, jetaient la suspicion sur l'action tout en recyclant les idéaux et les icônes sur des sacs et des T-shirts, pour mieux les digérer jusqu'à l'oubli. Jusqu'à vouloir étouffer les démarcations du passé, les braises qui pourtant rougissent encore. Jusqu'à ne plus vraiment comprendre comment Cassius Clay devint Mohamed Ali.

La « chance » d'Ali, c'est l'époque qu'il a traversée et qui l'a happé. Au départ, le jeune Cassius Clay ne demandait qu'à devenir l'un de ces Noirs riches et bourgeois, comme les appelle son ami Siddeeq. Il était d'une nature gaie, ne portait pas, comme Malcolm X, le drame en lui. Il rêvait de titres et de milliers de dollars. C'est déjà une sacrée revanche sur le destin pour un enfant noir de Louisville et ça conforte le système américain : l'argent comme valeur absolue, et son racisme congénital tempéré par quelques exceptions. Sur la table de massage à Miami en février 1964, lorsqu'il évoque à voix haute devant la presse les affaires et les belles maisons qui l'attendent, ce n'est pas pour masquer son appartenance à Nation of Islam qu'il cache encore. Les deux cheminent et s'affrontent en lui, le personnel et le collectif. Mais le temps est à la tempête. Partout, des émeutes au cœur des villes, de longues marches derrière Luther King, le sang qui coule. Clay est emporté. Sitôt devenu champion du monde, il affiche sa nouvelle famille : les Black Muslims. Son nouveau nom : il signe Cassius X Clay, use du même X que Malcolm, qui signifie la perte de son identité africaine. Puis très vite, la nuit du 6 mars 1964, sur une radio de Chicago, Elijah Muhammad déclare : « Ce nom de Clay n'a aucune signification divine. J'espère qu'il en acceptera un meilleur, Muhammad Ali est le nom que je lui donnerai aussi longtemps qu'il croira en Dieu et me suivra. » Le boxeur l'adopte immédiatement. À un reporter du *Herald Examiner* de Los Angeles, en août, il explique dans sa chambre du Hilton que Muhammad signifie « digne de tous les éloges et loué par tous », et que Ali veut dire « le plus haut ». Son ego, sa foi, sa conscience… tout converge.

« La première fois que j'ai entendu parler d'Elijah Muhammad, c'était à un tournoi des gants d'or à Chicago en 1959, explique-t-il dans *Mohamed Ali*, la biographie de Thomas Hauser. Là, juste avant les Jeux olympiques, j'ai vu un journal de Nation of Islam, *Muhammad Speaks*. Je n'y ai pas fait très attention mais certains trucs m'ont travaillé l'esprit. Quand j'étais petit, un garçon de couleur nommé Emmett Till avait été tué pour avoir sifflé une femme blanche. Emmett Till avait le même âge que moi, et même s'ils ont atrappé les types qui l'ont lynché, rien ne leur est arrivé. Des choses comme ça se passaient tout le temps. Et même dans ma vie, il y avait plein d'endroits où je ne pouvais pas aller, d'endroits où je ne pouvais pas manger. J'ai gagné une médaille d'or aux Jeux olympiques et en revenant à Louisville, j'étais traité comme un Nègre. Des restaurants refusaient de me servir. Des gens m'appelaient Boy. Puis à Miami, pendant un entraînement, j'ai rencontré un disciple d'Elijah Muhammad appelé Captain Sam. Il m'a invité à une réunion et ma vie a changé. »

— Captain Sam, vous l'avez connu ?

— Bien sûr. On peut l'appeler si vous voulez, répond le frère Siddeeq.

— Il est vivant ? dis-je, un peu surprise, en bafouillant.

Il a déjà composé son numéro. Il vit à Atlanta, me répond-il en écoutant la sonnerie qui dure. Pas de réponse. Il laisse un message.

— On le rappellera, dit-il.

Nation of Islam est né dans les années 30 à Détroit, la grande ville industrielle de l'automobile, tout au nord, dans le Michigan. C'est par là, qu'au temps de l'esclavage, on fuyait vers le Canada qui commence de l'autre côté de la rivière. La ville était la dernière étape de l'Underground Railroad, ce réseau clandestin d'aide aux esclaves en fuite, dont il reste aujourd'hui une cachette dans le sous-sol d'une église. Là, ensuite, que convergèrent les Noirs du Sud et d'ailleurs, en quête de liberté et des cinq dollars la journée qu'offraient les usines Ford. Là, que dans les années 50, le niveau de vie des Afro-Américains sera le plus élevé aux États-Unis. Là même que se syndiqueront massivement ces descendants d'esclaves. C'est une chose à ne pas oublier pour comprendre son effondrement ensuite. Quoi qu'en dise la doxa économique, il y a derrière la chute vertigineuse de Détroit, l'ascension des Noirs qu'il fallut briser.

Detroit City, c'était la meilleure ville au monde, chantait Fats Domino dans *Detroit City Blues,*

Oui Detroit, c'est le meilleur endroit au monde, Je suis dingue de cette ville et j'aime ses jolies filles...

En 1923, un certain Elijah Poole arrive à Détroit comme tant d'autres avec femme et enfants en rêvant d'une vie meilleure. Il vient de Géorgie. Il est fils d'un métayer devenu prêcheur baptiste. Un jour de 1931, dans une petite salle des quartiers noirs, il entend la voix d'un certain Wallace D. Fard qui proclame qu'il arrive de la ville sainte de La Mecque parce qu'il a entendu pleurer ses frères d'Amérique. Il livre une étrange version de la création du monde : au commencement, la Lune fut séparée de la Terre. Dieu était noir, il s'appelait Allah et créa l'univers. L'homme noir est donc son descendant, membre de la tribu de Shabbaz, un ancien groupe qui fonda La Mecque et migra vers l'Afrique. L'homme blanc, lui, a été créé plus tard. 6 600 ans après, quand un certain Yacub, noir lui aussi, se mit à prêcher une dangereuse et fausse version de l'islam dans les rues de La Mecque. Il avait tant de succès que les autorités l'exilèrent, lui et ses disciples, sur l'île de Patmos en mer Égée. Et c'est là que le malfaisant Yacub, redoutable scientifique, créa pour se venger la race du diable, qui dominerait les populations noires par la ruse et le mensonge : des êtres au visage pâle avec des yeux bleus, plus faibles physiquement et moralement, mais qui lorsqu'ils quitteraient leur île, prendraient le contrôle de la terre.

Wallace D. Fard, aussi connu pour avoir fait du porte-à-porte en vendant de la soie, allait de sous-sols en arrière-boutiques des quartiers noirs pour raconter son histoire.

Un conte agréable aux oreilles des enfants de l'esclavage et la ségrégation, première génération d'hommes libres. Du suprémacisme purement et simplement inversé. Nous n'étions rien, nous sommes tout. Bientôt il eut sa mosquée, Mosquée numéro 1 sur la vibrante Hastings Street. Ceux qui venaient l'écouter échangeaient leur bleu de travail pour un costume de soie. Ils se sentaient grandir. Wallace D. Fard finit carrément par se présenter comme l'incarnation d'Allah. Et puisque cet Elijah Poole qui ne trouvait pas de travail dans les usines automobiles était présent à toutes ses réunions, il en fit son ministre et le rebaptisa Elijah Muhammad. Un nom qu'Ali criera toute sa vie.

— Il a émergé dans les années 30 et 40, explique Michael Saahir assis à côté du frère Siddeeq, mais il s'est véritablement implanté dans les années 60. Le contexte et les circonstances s'y prêtaient, c'était l'époque de la lutte pour les droits et pour la liberté. Son message était similaire à celui du révérend King, sauf que le révérend King enrobait le sien dans le sucre alors que lui, il le saupoudrait de sel ! Mais il faut des deux pour faire un bon repas... C'est la question que je pose dans mon livre : comment un homme comme Elijah Muhammad, qui était originaire de Géorgie et avait arrêté l'école en CM1 – je ne sais pas si vous connaissez l'histoire du système scolaire américain, mais l'enseignement dispensé dans les États du Sud était largement inférieur à celui dispensé dans les États du Nord, surtout quand on était afro-américain... Donc, comment un homme avec un niveau d'instruction aussi faible est-il parvenu à s'installer au Nord et à créer toute une communauté, avec ses commerces et ses écoles ? Elijah Muhammad dirigeait l'une des plus grandes écoles musulmanes du pays ! Nation of Islam avait des camions, du poisson, toutes sortes de produits, des écoles, des commerces... tout ça pour des gens issus des bas-fonds. C'est un homme qui me semble digne d'intérêt. Or je n'ai pas d'exemple précis en tête, mais quand Mohamed Ali ou Malcolm X faisaient des déclarations à la télé, les journalistes oubliaient souvent de préciser qu'ils tenaient ça d'Elijah Muhammad. On disait : « Mohamed Ali a déclaré ceci. » D'accord, mais d'où le tenait-il ? « Malcolm X a déclaré cela. » Mais d'où le tenait-il ? Ça leur avait été enseigné par un...

— Gamin de Géorgie ! rigole Siddeeq.

— Un petit homme d'1,61 mètre et 70 kilos qui avait arrêté l'école en CM1 aux alentours de 1910, il y a plus d'un siècle ! reprend l'imam Saahir. Et il a bâti toute une communauté, avec des hommes et des femmes. Il n'a pas cherché à rallier les Afro-Américains les plus aisés. W. D. Fard a créé l'organisation, mais ce n'était encore qu'un concept. Elijah Muhammad a fait de ce concept une réalité, il lui a donné corps et il l'a développé. D'abord à Détroit, puis à Chicago, Milwaukee, Washington, Cincinnati... Et quelque part en cours de route, il a été rejoint par Malcolm Little – Malcolm X. Malcolm X avait l'élocution nécessaire pour propager le message. W. D. Fard a créé le concept, Elijah Muhammad l'a mis en place et Malcolm l'a rendu tangible. Ça marchait déjà dans les années 50, mais dans les années 60…

— Ça s'est envolé ! ajoute Siddeeq toujours malicieux.

Pourquoi est-ce qu'aujourd'hui on ne sait rien de cet homme que Mohamed Ali a cité et vénéré toute sa vie ? Il criait son nom avant et après les combats. Et au monde entier qui avait les yeux et les oreilles tournés vers le ring où il combattait. Les archives en témoignent : pendant trente ans, il a dit son nom. Mais il semble se dissoudre aussitôt prononcé. Dans quel trou de nos mémoires est-il tombé ? dans quel refus d'entendre et comprendre ? dans laquelle de nos innombrables simplifications ?

Archive : « Sept jours du monde ». Diffusée le 27 mars 1964 à la télévision française, soit un mois après que Cassius Clay a emporté le titre de champion du monde poids lourd et quelques jours après qu'Elijah Muhammad l'a rebaptisé Muhammad Ali (qu'en France on a aussitôt tranformé en Mohamed).

Au commentaire, Léon Zitrone : « D'une part chaque journée apporte sa bonne dose de haine raciale comme hier à Jacksonville et d'autre part il existe plusieurs mouvements de Noirs qui se refusent absolument à l'intégration. »

Étrange voix d'« Intervilles » et du Tour de France dans les rues de Harlem pleines d'enfants noirs, de Cadillac garées le long de trottoirs couverts de détritus. Qui semble suggérer un match nul.

« Pour eux, poursuit-il, la séparation des races est un credo. Il y a des degrés dans la violence de ces mouvements, certains se contentent de prôner le retour aux sources africaines des peuples noirs. Pour d'autres et notamment pour les Black Muslims, il faut carrément couper les États-Unis en deux. »

Interview d'Ali que la presse appelle encore Cassius Clay :

— Est-ce à cause de votre adhésion à ce mouvement que votre titre de champion du monde est contesté par certains ?

— Non, l'une des grandes qualités des États-Unis c'est que chacun peut pratiquer la religion de son choix. S'ils invoquaient la question religieuse, ceux qui m'attaquent auraient l'opinion contre eux, le monde contre eux. Et même les Nations unies s'en mêleraient !

Étrange réponse d'Ali, qui défie l'Amérique mais croit en son respect des libertés. Il la provoque et la cajole. Voudrait la gloire et le combat. Parfois Cassius Clay perce encore sous Mohamed Ali.

— En adhérant aux Black Muslims, vous avez renoncé à votre état civil Cassius Clay et vous avez pris le nom de Mohamed Ali. Pourquoi ?

— Mes ancêtres étaient africains, ils furent achetés là-bas par des colons américains comme esclaves. Et les propriétaires américains donnèrent à ces esclaves leur propre nom pour bien marquer qu'ils étaient leur propriété. Cassius Clay était le nom d'un esclave. Mohamed Ali est un nom musulman, bien à moi, c'est un nom d'homme libre. Enfin je ne me sens plus un esclave.

— Êtes-vous toujours l'ami du grand bonhomme des Black Muslims, de Malcolm X ?

— Oui, c'est un excellent ami à moi, répond Ali.

À ce stade, pas un mot sur Elijah Muhammad qui vient pourtant publiquement de rebaptiser Ali et de répudier Malcolm.

« Cassius Clay a changé de nom, poursuit Zitrone. D'autre adhérents aux Black Muslims dont le fondateur fut Elijah Muhammad – le voilà enfin nommé, mais présenté comme un vague ancêtre, qui pourrait être d'un autre siècle – remplacent simplement leurs noms de famille par X. Le grand animateur de ces hommes et femmes qui par leurs défilés, leurs pancartes, menacent les Blancs de représailles, de la loi du talion, était Malcolm X qui d'ailleurs vient d'annoncer qu'il allait constituer un nouveau parti, encore plus violent, et dont ces cercueils seraient pour les Blancs un symbole. Ses adeptes ne se contentent pas d'une réafricanisation. Ils entendent arracher au gouvernement des États-Unis une certaine portion du territoire, d'un côté les Blancs, de l'autre les Noirs. Et si les Blancs ne veulent pas, GARE À LEUR PEAU ! » s'échauffe Zitrone.

Fin de l'archive, qui laisse tout voir d'une France mal remise des soulèvements de la décolonisation, mais rien de ce qui se trame aux États-Unis. On n'y comprend rien. Ne surtout rien y comprendre. Car cela nécessiterait d'expliquer que ce mouvement extrême dans sa revendication séparatiste était aussi le plus calme. Il ne cherchait ni l'intégration de Luther King, ni l'affrontement.

Elijah Muhammad régnait sur son petit monde et ne voulait pas que le gouvernement ou la police regarde de trop près ses affaires. Il faut imaginer des quartiers noirs arpentés par les vendeurs du journal à son nom, *Muhammad Speaks* (Muhammad parle), c'est dire l'autorité qu'il avait sur ses disciples. Ces crieurs en costume et cravate noirs, à l'image du Captain Sam dont j'espérais toujours que nous allions pouvoir le joindre, préachetaient eux-mêmes les exemplaires et avaient donc intérêt à les revendre. Ils avaient ordre d'obtenir deux abonnements par jour pendant trois mois, sinon ils étaient exclus de la mosquée. Ainsi se remplissaient les caisses du mouvement qui ouvrait des écoles, des cafés. Le siège était désormais installé à Chicago, Mosquée numéro 2. Elijah Muhammad y vivait de plus en plus confortablement, jouissant d'un pouvoir sans faille, d'une vie de gourou. La résistance qu'il prônait consistait dans le fait de vivre à part, ce qui ne déplaisait pas aux Blancs. Quant au Grand Soir, il approchait. Dans les mosquées, devant des foules de plus en plus nombreuses, on racontait que le règne de l'homme blanc s'achèverait en 1970, avec la bataille d'Armageddon, qu'un vaisseau mère caché par les étoiles, piloté par des géants noirs allait lâcher 15 000 bombes sur les Blancs. *The Mothership*, ils l'appelaient. Étrange fable religieuse mâtinée de super-héros et de vaisseaux spatiaux au cœur du XXe siècle qui s'apprêtait à envoyer ses premiers hommes sur la Lune. Elle a agi comme la lumière en prison sur le jeune Malcolm Little. Elle a bercé Cassius Clay. Y croyaient-ils vraiment ? La première femme d'Ali, Sonji, racontera aux biographes comment le boxeur évoquait l'arrivée imminente du vaisseau. Blaguait-il ?

— Y avez-vous cru, frère Siddeeq ? Frère Saahir ?

Le rire de Siddeeq ne veut pas dire que ça n'a plus d'importance, ou que ça n'est plus que l'histoire d'une poignée d'irréductibles. C'est plus que cela, la joie de replonger, d'exhumer les combats, y compris leurs outrances dans un présent formaté que reflète assez bien ce hall d'hôtel vide où nous nous trouvons, tendu de gris, où flotte une odeur mixte de détergent et de café trop réchauffé, et où passent habituellement des hommes d'affaires, des touristes, des passionnés de rallye automobile. Le rire réveille tout. Il vient du souvenir. De l'excitation d'avoir saboté quelque chose. Robert Lipsyte, la veille sur son île, riait aussi :

— Il y avait beaucoup de gens intelligents au sein de Nation of Islam, disait-il, même parmi les militants de base, qui comprenaient que c'était une métaphore. « Comme ça, Marie est tombée enceinte toute seule ? À d'autres… On laisse tomber le mythe de Jésus et on le remplace par des types de deux mètres de haut qui viennent nous sauver dans leur vaisseau spatial. Ça marche aussi. » Imaginez quelle audace il faut pour dire : « C'est Yacub, le scientifique diabolique, qui a créé les Blancs. » « Oui ! Putains de diables blancs ! Ça, ça nous parle. »

Il s'aimait bien en créature de Yacub, Lipsyte. Il était allé écouter un prêche des Black Muslims,

— Quand je suis arrivé, le type qui était à l'entrée m'a demandé de lui donner mon stylo bille. J'ai obtempéré et il me l'a collé sous le nez en faisant… [*clic clic de la mine*] « Vous faites quoi, là ? », je lui ai demandé. Il m'a dit : « Vous allez entendre ici des choses si puissantes et exaspérantes que vous pourriez très bien sortir un stylo muni d'une balle ou rempli de gaz pour essayer de tuer l'orateur. » C'est vous dire le degré d'effervescence et d'emphase. C'était formidable ! Les gens étaient très exaltés. Mais ils comprenaient tous qu'ils devaient vendre leurs journaux, faire tourner leurs cafés, *Your Black Muslim bakery*, ne pas battre leur femme, payer la dîme et venir au temple. C'était une secte et ça fonctionnait. Dans Nation of Islam, le taux de récidive était beaucoup moins élevé qu'ailleurs. Beaucoup d'entre eux étaient d'anciens détenus, mais les Black Muslims parvenaient à les rendre sobres et à les faire rentrer dans le droit chemin, plus que n'importe quelle autre organisation. Ils faisaient du bon travail au sein de la communauté noire. Est-ce que c'étaient des escrocs ? J'imagine que oui. Je me souviens d'être allé voir l'honorable Elijah dans son manoir, à Chicago. On a discuté pendant des heures, il était très sympa. Très petit, toujours impeccablement vêtu d'un costume noir, d'un nœud papillon et d'un fez. C'était un homme silencieux, d'un naturel très doux. Il fallait tendre l'oreille pour l'entendre. Et bien sûr, il s'exprimait par longues tirades dogmatiques. C'était intéressant, parce que son opinion sur Mohamed Ali semblait quelque peu dichotomique. C'était certainement le membre des Black

Muslims le plus célèbre d'Amérique, il faisait beaucoup de publicité à leur secte, mais d'un autre côté, ils étaient embarrassés par ses débauches et par ses liens avec le sport-spectacle, dont ils se tenaient à l'écart. Ils ne s'exposaient pas. Ils étaient contre le sport et contre le divertissement en général. Sûrement contre la danse aussi, comme les baptistes. Mais il y avait plein d'adolescentes enceintes qui nous tournaient autour et il m'a fallu un moment pour comprendre qu'elles étaient enceintes de lui. Comme tous les grands prophètes, il avait besoin de féconder des jeunes femmes.

Il fut simple ensuite en studio de rapprocher et croiser les souvenirs de Lipsyte, Siddeeq et Saahir. On les entend rire à la radio. Et je veux croire que si Lipsyte était assis avec nous dans cet hôtel, son humour d'intello blanc new-yorkais ferait merveille entre ces deux imams noirs aujourd'hui ralliés à l'islam traditionnel. Ils rieraient ensemble du harem d'Elijah Muhammad, grand gourou fornicateur qui prêchait une sexualité très stricte à ses disciples. Ça n'aurait plus beaucoup d'importance. Ils ont en commun d'avoir traversé cette époque effervescente qui forgea des outils politiques contre la vieille Amérique, et tissa parfois une forme d'alliance tacite entre la jeunesse blanche progressiste et les mouvements noirs. Ils savent ce qu'il faut de narration aux hommes pour se soulever.

— Vous demandez comment on peut y croire, reprend Saahir plus sérieusement. L'enseignement d'Elijah Muhammad, qu'il tenait de W. D. Fard, était très stratégique. Il était conçu pour séduire l'Afro-Américain insatisfait. Ils ont donc étudié la condition des Noirs et leur façon de penser. Que nous a-t-on enseigné jusqu'ici, qui nous l'a enseigné, et comment nous l'a-t-on enseigné ? Comment ont-ils enjolivé tout ça ? Ils ont dit : « C'est le maître esclavagiste qui vous a appris ce que vous savez et il vous a trompés, il vous a donné un Jésus blanc. Comment pouvez-vous y croire ? » C'était juste un transfert d'un ensemble de croyances à un autre. « Voici la version des Noirs. Oubliez celle des Blancs et convertissez-vous à l'islam, votre religion. » Pour les Afro-Américains peu ou pas instruits, c'était tentant. « Comme ça, j'ai mon propre Dieu, ma propre religion, mes propres règles alimentaires et mon propre mode de vie. » Mohamed Ali a entendu ce message et il s'est converti : « Maintenant, j'ai une religion à moi, un Dieu à moi, j'ai tout à moi. » Et ils ont appelé leur communauté une nation, Nation of Islam in the Wilderness of North America. Beaucoup de gens ne connaissent pas le nom entier de Nation of Islam…

— The Lost-Found Nation of Islam in the Wilderness of North America. La Nation retrouvée de l'Islam dans les étendues sauvages de l'Amérique du Nord, c'est le nom entier, reprend Siddeeq.

— Les étendues sauvages, parce que ce pays ne nous a pas fait de cadeaux. Les gens n'ont pas eu de mal à abandonner les idées chrétiennes, ils se disaient presque : « Comment peut-on croire à ça ? » Le transfert était facile à opérer. En plus, ils n'avaient pas de travail ni de logement, à cause des lois Jim Crow. C'était bon de se dire : j'abandonne tout ça et je me convertis. Mohamed Ali, Malcolm X, Louis Farrakhan et des centaines de milliers d'autres se sont convertis à cette version de l'islam.

Malcolm X fut la voix du mouvement. Il était bien meilleur orateur qu'Elijah Muhammad. Plus absolu, plus habité aussi. Son quartier général c'était la Mosquée numéro 7 à Harlem. Ses hommes quadrillaient le territoire, ils pouvaient se poster derrrière lui, telle une armée silencieuse sous les fenêtres d'un poste de police pour obtenir le transfert à l'hôpital d'un jeune Noir gravement molesté. Malcolm rêvait d'action tandis que Martin Luther King marchait pacifiquement. Il bouillait, habité par son enfance au Sud, les torches du Klu Klux Klan sur leur maison, l'assassinat de son père, sa mère qui sombra dans la folie, Tout le monde est mort répétait-elle, par le placement ensuite, ses années de petit gangster, puis de prisonnier que viennent enfin réchauffer les mots de Nation of Islam. Mais Elijah Muhammad le retenait, soucieux de préserver son petit royaume, et de ne pas le laisser lui faire trop d'ombre.

Alors la surenchère montait à la bouche de Malcolm X. L'escalade verbale permettait chez lui de réduire un besoin d'action et de violence physique. « Une tête pour une tête, une vie pour une vie, il faut que l'homme blanc sache que vous en avez assez de le voir tuer ses enfants ! que vous en avez assez de ses massacres ! Et dorénavant ce sera la loi du talion, ta vie pour ma vie, c'est alors que les Blancs cesseront leur jeu criminel », disait-il en tribune. Il se félicita de la mort de 122 Blancs dans le crash d'un vol Atlanta-Paris. Affront suprême : il provoqua le pays endeuillé par l'assassinat de John Fitzerald Kennedy, le renvoya à sa violence, compara JFK à un poulet revenu pour être égorgé, « quand j'étais petit à la ferme, voir les poulets revenir pour être égorgés ne m'a jamais attristé, ça m'a toujours réjoui… ». Il fut immédiatement convoqué par Elijah Muhammad qui le suspendit 90 jours. Il n'avait plus le droit de parler au nom de Nation of Islam.

Son univers s'effondrait. Il avait bu et cru chaque mot de la parole de son gourou. Il n'avait rien voulu entendre des rumeurs, rien voulu voir de toutes ces jeunes femmes enceintes autour de lui, il avait longtemps tourné le dos à l'évidence, à son intelligence, à son propre frère, pour ne pas avoir à douter de la parole de celui qui avait donné un nouveau sens à sa vie. C'était son tour. Et Malcolm X savait quel sort Nation of Islam réservait à ceux qui offensaient le chef. Il avait lui-même couvert le châtiment corporel pour qui sortait du rang, lui aussi promis la mort à qui défierait le grand Elijah. C'était cela, Nation of Islam. Des écoles. Des soins. Des restaurants. Des mobilisations rapides quand la police blanche tabassait. Une fraternité sectaire et verticale faite de solidarité et d'autorité. C'est efficace en temps de guerre. Et c'était leur guerre. Elle avait ses clans, ses règles, et ses morts.

Au nom de Malcolm X, les visages de Saahir et Siddeeq sont plus graves. Raconter Ali, c'est buter sur Malcolm, le voir évoluer au fil des derniers mois de sa vie, perdu, menacé, cherchant de nouveaux appuis. Il voyagea au Moyen-Orient, en Europe tant le sol américain était devenu dangereux pour lui. Il avait rejoint l'islam sunnite, côtoyé des mouvements dits socialistes. À son retour, la presse l'attendait, il expliqua avoir fréquenté, à La Mecque, des hommes blancs qui n'étaient pas racistes, avoir vu là-bas ce qu'il n'avait jamais vu aux États-Unis, des Africains et des blonds aux yeux bleus se parler et ne former qu'une même foule de fidèles. Il déclara qu'il ne ferait plus l'erreur d'assissimiler tout Blanc à une créature du diable. Il enterrait Yacub, dénonçait ce en quoi il avait cru et en quoi Ali croyait fermement. Mais la presse en voulait plus, cherchait le mea culpa, renonçait-il aussi à la violence ?

— Je suis pour la violence, si la non-violence revient à reporter sans cesse la solution aux problèmes des Afro-Américains, si elle ne sert qu'à éviter la violence.

— Les gens se méprennent même sur la façon dont Malcolm… commence Siddeeq doucement, en cherchant ses mots. Je crois qu'il a été plus ou moins obligé de se tourner vers l'islam sunnite. Il ne s'est pas réveillé un matin en se disant : C'est beaucoup mieux ! Il a été très mal traité par des membres de Nation of Islam qui étaient jaloux de lui et qui l'empêchaient de progresser parce qu'ils le trouvaient trop influent et ne supportaient pas de le voir recevoir autant d'attention et de reconnaissance. Il a dû quitter Nation of Islam. Les gens disent qu'il est parti, mais Warith Deen Mohammed, qui a été l'imam et le dirigeant de notre organisation après Elijah (et qui était aussi le fils aîné d'Elijah et l'ami de Malcolm), a dit que Malcolm n'était pas parti volontairement. Il a été plus ou moins poussé vers la sortie par la jalousie des cadres dirigeants de Nation of Islam. Il est donc allé voir du côté de l'islam sunnite, mais ça ne l'a pas satisfait, ça ne lui a pas plu. Il n'a pas retrouvé la même camaraderie ni la même proximité, il n'a pas retrouvé la fraternité qu'il avait connue au sein de Nation of Islam. Vous avez entendu parler de M. Farrakhan ? J'ai été l'un de ses plus proches assistants, j'ai travaillé pour lui pendant plus de dix ans. Et pendant toutes ces années, j'ai eu l'occasion d'entendre certaines choses qui devaient rester secrètes. J'ai rencontré des gens qui avaient été obligés de quitter l'Amérique parce que leur vie était menacée. Ils étaient partis en Europe, où ils avaient croisé Malcolm. J'ai eu l'occasion de discuter avec l'un d'eux à son retour, il venait rapporter à M. Farrakhan les propos de Malcolm. Ce dernier avait exprimé de la frustration parce qu'il ne retrouvait pas la même cohésion au sein de la communauté des chrétiens afro-américains d'Amérique, ni la même chaleur fraternelle dans la réception que lui avaient réservée les sunnites. Leurs idées étaient très éloignées de ce qui nous préoccupait ici, en Amérique. Ce que je veux dire, c'est qu'au cours de notre rencontre secrète pour le compte de M. Farrakhan, cet homme m'a expliqué que Malcolm cherchait un moyen de revenir dans Nation of Islam. Il voulait revenir. C'était là qu'il était le mieux et il voulait trouver un arrangement. Dans le fond, son désir et ses affinités l'inclinaient à rejoindre Nation of Islam plutôt qu'à dire : « C'est fini, je vais me convertir à l'islam traditionnel. »

« L'homme noir d'Amérique du Nord, écrit Malcolm X, est malade spirituellement parce que pendant des siècles il a accepté le christianisme de l'homme blanc qui demandait aux Noirs chrétiens de n'espérer aucune fraternité, mais d'endurer la cruauté des Blancs chrétiens. Le christianisme a rendu les hommes noirs flous, nébuleux, confus dans leur façon de penser. Il a enseigné à l'homme noir à penser que s'il n'avait pas de chaussures et avait faim, il aurait des chaussures, du lait, du miel et du poisson frit, mais au paradis. »

« L'homme noir d'Amérique du Nord est économiquement malade. 40 % du whisky importé et consommé aux États-Unis va dans la gorge d'hommes noirs malades de leur condition, mais les seules distilleries détenues par les Noirs sont dans des baignoires ou quelque part au fond des bois… »

« Je dois être honnête, les Afro-Américains n'iront jamais demander justice pour eux-mêmes devant les Nations unies. Je savais qu'ils ne le feraient jamais.

L'homme blanc américain a si bien lavé le cerveau de l'homme noir, qu'il se contente de revendiquer des droits civiques dans son pays. Ça prendra très longtemps, bien plus que ma vie, avant qu'il ne réalise que le problème de l'homme noir américain est international. »

On ne se penche pas sur Ali, sans lire l'autobiographie inachevée de Malcolm. Il cherchait à mettre au clair ses idées, son parcours. Il y reconnaît avoir beaucoup changé, évolué. Seule chose immuable : sa colère qui bute sur la conscience noire elle-même, si attachée à son identité américaine. Ses mots sont d'une acuité et d'une actualité surprenantes. Tandis qu'il écrivait, il échappait à des tentatives d'assassinat, il cherchait de nouveaux contacts avec Martin Luther King. Il n'en était que plus dangereux, donc l'un des hommes les plus surveillés du programme COINTELPRO mis en place par le FBI pour neutraliser, voire éliminer, toute dissidence dans le pays.

— Son autobiographie, se souvient l'imam Saahir, rapporte une conversation qu'il a eue environ deux jours avant sa mort avec Gordon Parks, le célèbre photographe. Gordon Parks a dit à Malcolm : « Si les Muslims te veulent du mal ou qu'ils essayent de te tuer, va voir la police ! » Malcolm s'est mis à rire et il a répondu : « La police ? C'est moi qui ai formé ces frères, je connais bien leurs méthodes. » Mais le lendemain, il est revenu sur le sujet avec Alex Haley, le type qui a achevé son autobiographie : « Tu sais, j'ai bien réfléchi et je vais arrêter de dire que ce sont les Black Muslims qui essayent de me tuer. Parce que quand j'étais en Égypte, j'ai été empoisonné et il y avait deux Blancs qui me suivaient partout où j'allais. C'est trop pour Elijah Muhammad. Son pouvoir à lui se limite à la communauté noire américaine. Il n'a aucune influence en Égypte. » Et il a ajouté : « Par ailleurs, je n'ai pas pu aller en France, parce qu'ils ne voulaient pas que mon sang soit versé sur le sol français. C'est trop gros pour Elijah Muhammad. Ceux qui veulent m'avoir pèsent plus lourd. » Et je crois qu'il a été tué le lendemain… Nation of Islam était infiltrée par toute sorte d'agences gouvernementales. On était au plus fort du programme COINTELPRO. Et ça a été pareil pour le révérend King. Tant qu'ils s'exprimaient sur la politique intérieure et qu'ils ne franchissaient pas la frontière des États-Unis, on les tolérait. Ça ne plaisait pas, mais on les tolérait. Mais ensuite, le révérend King a commencé à parler de la guerre du Vietnam et Malcolm X a fait une tournée en Afrique pour dire : « Allez voir les Nations unies en notre nom. » Soudain, ça sortait des États-Unis, ça devenait incontrôlable. Coïncidence ou pas, Malcolm et le révérend King ont tous les deux été tués l'année de leurs 39 ans. Quoi qu'il en soit, ils avaient exporté leurs préoccupations à l'étranger et s'apprêtaient à porter les problèmes des Noirs américains sur la scène internationale. Et ils ont tous les deux été tués une fois qu'ils sont sortis des États-Unis. Alors, il y a ce que Malcolm a dit à Alex Haley : « Je vais arrêter d'accuser Nation of Islam, parce que ce qui m'arrive n'est pas dans leurs cordes. » Ça, et aussi l'infiltration par le gouvernement… Ce jour-là, la présence policière a été modifiée et Malcolm lui-même a modifié sa propre sécurité, il a dit à ses hommes : « Ne fouillez personne. » Quand on sait tout ça, on ne se demande pas tant qui a appuyé sur la détente que qui a donné l'ordre. D'où est venu l'ordre ? On ne le saura jamais.

Malcolm X est mort le soir du 21 février 1965. Il organisait ce soir-là au Audubon Ballroom à Harlem le lancement de son nouveau mouvement. Il demanda effectivement à ce qu'on ne fouille personne à l'entrée, à ce que ses gardes du corps ne soient pas armés. Il semblait vouloir à la fois recommencer et laisser ses assassins en finir. La police n'avait envoyé que deux officiers dans les parages, comme pour laisser le champ libre aux tueurs. Ils sont arrivés tôt. Se sont installés au premier rang. Ils ont laissé Malcolm monter sur scène, saluer la foule d'un salaam alaikum, articuler « frères et sœurs ». Et ils ont tiré.

Trois mois plus tard, c'est la revanche : Cassius Clay versus Sonny Liston. Plus d'un an s'est écoulé depuis la victoire de Clay à Miami. Tout cloche. Le lieu, Lewiston dans le Maine, une vieille cité ouvrière promise au déclin qui semble flattée qu'on ait pensé à elle, même par défaut. C'est que personne ne voulait de l'événement : un combat entre le poulain de la pègre et celui des musulmans. L'hymne national, chanté par Robert Boulay, un crooner canadien qui écorche les paroles. Puis les huées quand le champion du monde entre sur le ring. Ils le huent. Ils le huaient quand il n'était que le challenger, un poète arrogant. Ils le huent maintenant qu'il remet en jeu son titre de champion du monde. Et plus encore parce qu'il s'appelle Mohamed Ali.

Le reporter le nomme encore Cassius Clay. Presque comme tous les reporters.

— Cassius Clay conspué par le public comme vous l'entendez !!

Ils le huent.

— Que dire de la journée d'aujourd'hui ? poursuit

l'envoyé spécial d'Inter Actualités. Pas grand-chose, toujours des rumeurs. On dit que la vie de Cassius Clay est en danger. Vous savez que Cassius Clay est un Black Muslim, c'est-à-dire un musulman noir convaincu, et qu'il appartient à une certaine secte noire et par conséquent, il paraît que d'autres sectes voudraient bien l'abattre…

La rumeur parle d'une riposte : les hommes de Malcolm vont venir. « Mensonge ! a crié Ali en conférence de presse deux jours plus tôt en tapant du poing sur la table. Au diable les hommes de Malcolm ! Qui sont-ils ? » Ils ne sont que des spectres agités par les médias, le FBI et les autorités pour attiser les luttes intestines et discréditer les mouvements noirs. Que des fantômes. Ou plutôt des doutes qui devriendront des remords dans la tête d'Ali. Malcolm était mon ami et l'ami de tous aussi longtemps qu'il était membre de Nation of Islam. Maintenant je ne veux plus jamais parler de lui, se contenta-t-il de dire au lendemain de sa mort. C'est tout. Il s'en repentira. Mais plus tard, pas maintenant. Il est dans son corps de boxeur. Il veut la peau de Liston, encore donné gagnant à neuf contre un. Il veut gagner. Il ne veut pas reconnaître la perte d'un grand ami. Il ne veut rien voir. Rien entendre des dérives de son mouvement. Il est dans sa vie de pantin de Nation of Islam. Il l'a finalement rejoint alors que Malcolm X s'en éloignait. Il a peut-être peur tout simplement.

Alors, ne pas se souvenir comme ils étaient inséparables,

ne pas repenser à leurs discussions à l'hôtel Theresa de Harlem qui abritait les bureaux de Malcolm et une chambre pour Ali. Robert Lipsyte nous avait raconté ce vieil hôtel immense,

— Il avait connu des jours meilleurs, il était devenu miteux, à l'époque. Mais c'était le meilleur hôtel noir de la ville et beaucoup de célébrités et de personnalités du divertissement y descendaient quand elles venaient à Harlem. C'est là qu'Ali séjournait. J'allais le voir là-bas. Je me souviens que la première fois que je suis monté dans sa chambre, il m'a rejoué le pétage de plombs de la pesée avant le match de 1964. Il a poussé les lits sur le côté et… « Retenez-moi ! Aaaah ! » Il m'a rejoué toute la scène pour me montrer comment ils l'avaient écrite à l'avance.

Ne pas repenser à la solitude de Malcolm X menacé de mort chaque jour par d'anciens « brothers » qui avaient gardé des méthodes de gangsters, ou par d'autres qui le traquaient en voyage comme si c'était toute l'Amérique, depuis ses musulmans jusqu'aux services spéciaux, qui voulait le voir mort. Oublier tout ça. Un champion se concentre, il évacue tout. Mais comment ? C'est si près de lui, une plaie dans sa vie, si près qu'il est obligé d'en parler pendant la conférence de presse, c'est dans les yeux des autres, dans sa tête, comment faire le vide ?

Alors sur les ondes, j'ai voulu superposer la tension du combat, et toutes les questions, tous les remords, tous les souvenirs que soulèveront la mort de Malcolm X. Diviser l'homme Ali, le seigneur de la boxe, et le disciple de 22 ans placé sous l'autorité d'Elijah Muhammad qui désignait pour lui le bien et le mal. L'écarteler.

Ne pas se souvenir de ce qu'il avait declaré alors qu'un coktail Molotov mettait le feu à la maison de Malcolm, qui accusa publiquement Nation of Islam d'avoir attenté à la vie de ses enfants. Mohamed Ali se chargea d'une réponse cinglante : « Ce n'est qu'un repris de justice qui savait à peine lire et écrire jusqu'à ce qu'Elijah Muhammad l'instruise. On ne doit pas faire confiance à ce qu'il raconte. »

Ne pas se souvenir de Betty, la femme de Malcolm, qui vint à sa rencontre, « Tu te rends compte de ce que tu fais à Malcolm ». Un mot protecteur de lui pour Malcolm, l'ombre de sa carrure de champion du monde à côté et au-dessus de lui l'aurait laissé moins seul, aux yeux de l'opinion, du FBI, d'Elijah Muhammad.

— Je l'estimais complice du meurtre de Malcolm, nous avait confié Robert Lipsyte. Parce que Malcolm a quitté Nation of Islam et qu'à un moment donné, Ali a déclaré quelque chose du genre : « Celui qui tourne le dos à l'honorable Elijah Muhammad renonce au droit de vivre. » Et quelqu'un, quelque part, s'est certainement dit : « Dieu m'a chargé de le tuer » ou alors « Maintenant, je peux faire ce que me demande la CIA. Personne ne me le reprochera ». J'ai écrit ça et sa femme m'en a beaucoup voulu. Elle m'a interdit l'accès à certains événements pendant quelque temps.

L'ami blanc peut juger, ma voix blanche égrener les faits à la radio cinquante-quatre ans plus tard, le souvenir décante encore chez les frères noirs d'alors, ils bafouillent, ils hésitent avec les mots. Comme Ali, ils ont encaissé la nouvelle et ont poursuivi leur chemin. La cause était alors plus forte que les liens.

— En prenant le parti d'Elijah Muhammad contre Malcolm X, Mohamed Ali n'a fait qu'écouter Malcolm, explique aujourd'hui encore Michael Saahir. C'est Malcolm qui lui a dit qu'Elijah était l'Élu, que lui-même n'était qu'un serviteur de l'Élu et qu'on ne s'opposait pas à l'Élu. Alors quelques années plus tard, quand Malcolm est parti, qui a dit à Ali de rester avec Elijah ? Malcolm et beaucoup d'autres. Parce que c'était comme ça. Nous ne considérions pas Elijah Muhammad comme le messager d'Allah, mais disions que son message guidait les gens vers Allah. Mohamed Ali était partagé, parce que Malcolm avait une influence importante dans sa vie, mais qu'il lui avait lui-même conseillé de ne jamais tourner le dos à Elijah Muhammad.

Ne pas y repenser sur le ring. Plus tard, quand il sera vieux, qu'il n'aura que ça à faire, se souvenir. Pour l'instant se battre. Danser. Encaisser quelques rounds et gagner. La sécurité scrute et fouille chaque homme noir qui passe les portes de l'arène du combat comme s'il pouvait être porteur d'une arme. La voix du commentateur s'échauffe sur les ondes.

— Tout le monde est prêt ! Le ring a été débarrassé des soigneurs. Les tabourets ont été descendus. Et voici le premier coup de gants ! Immédiatement, c'est Cassius Clay qui est plus rapide que son adversaire et essaie de trouver une ouverture. Liston contre, Cassius Clay recule. Liston essaie de faire le forcing, mais pour l'instant c'est Cassius Clay qui a réussi les contres par des crochets. Vous savez que la meilleure arme de Liston c'est le crochet du gauche. Liston cherche l'ouverture mais devant lui, il a un adversaire qui a un très bon jeu de jambes, qui garde ses distances et qui a plutôt l'intention semble-t-il de ne pas chercher le combat trop rapidement. Liston fait toujours le forcing, Cassius Clay vient de prendre un direct du gauche qui n'était pas méchant. Les deux hommes tournent autour du ring ; Liston poursuit son adversaire, encore un direct du gauche contre Liston. Liston qui fixe son adversaire droit dans les yeux, Cassius Clay qui a la garde très basse, encore des directs du gauche de Liston qui touche Cassius Clay mais pas méchamment. Une droite de Cassius Clay qui est arrivée à destination, partie très rapidement. Liston fait le forcing. Indiscutablement, il a l'avantage en ce début de premier round, bien que rien de décisif, rien de bien important ne se soit produit. Round d'observation, comme c'est normal pour un premier round de championnat du monde. Liston sert quand même le coup dur, mais il ne peut pas trouver l'ouverture car Cassius Clay fuit devant lui, il est insaisissable. Le jeu de jambes de Cassius Clay est absolument remarquable, une vraie danseuse sur le ring, et c'est une droite de Cassius Clay ! Et Liston est AU TAPIS ! Cette droite n'a pourtant pas l'air bien méchante. L'arbitre a du mal à retenir Cassius Clay dans son coin. Liston retourne au tapis après avoir essayé de se relever. Liston va-t-il se relever avant dix secondes ? Il est juste relevé. L'arbitre essaie de protéger Liston de Cassius Clay. Est-ce que Liston va abandonner dès le premier round ? Non, et les deux hommes repartent… mais Liston a été touché beaucoup plus sérieusement que je ne le pensais, Cassius Clay est reparti… C'est terminé ! Le match est terminé ! C'est une ABOMINABLE PLAISANTERIE !

Liston est face contre terre. Mohamed Ali reste champion du monde au terme d'une minute de combat. Les jours qui suivent, les journalistes sont convoqués, on leur montre le coup de poing au super-ralenti. Les uns voient un direct du droit au visage, les autres pas de quoi faire tomber un homme. La presse est divisée. Le soupçon subsiste. La pègre a-t-elle demandé à son champion de se coucher encore une fois ? Est-il tombé dans la drogue au point que son corps n'a pas résisté ? Deux ans plus tard, Liston racontera : « Je peux vous dire ce qui s'est passé. Ali m'a assommé avec un coup brusque. J'étais à terre mais pas blessé. Mais j'ai vu Ali au-dessus de moi. Et il n'y avait pas moyen de se relever du tapis sans s'exposer à un grand coup. Ali attendait pour me frapper, l'arbitre ne pouvait pas le contrôler. Vous savez, Ali est toqué. Vous pouvez prévoir ce que va faire un type normal mais avec les dingues, vous ne pouvez pas savoir. Et Ali est dingue. »

L'arbitre aurait dû éloigner Mohamed Ali avant d'entamer le décompte. Mais il n'y parvenait pas. Ali en rage criait au-dessus de lui, « Relève-toi et bats-toi enculé ».

C'est la fin de la carrière de Liston. Il meurt sept ans

plus tard, officiellement d'une overdose. Mais le scénario de sa mort, comme celui de ses derniers combats, restent sujets à controverse. Et nombreux sont ceux qui regulièrement refont le match. Et si Mohamed Ali n'avait pas gagné ?

Mais l'Histoire le réclamait. Elle avait besoin d'un champion du monde qui ne se ferait pas trouer la peau, puisque la série sanglante ne faisait que commencer.

Et nombreux sont ceux aussi qui refont le match en se demandant ce qu'aurait été la suite en Amérique, si Malcolm avait été assis au bord du ring, s'il avait prié avec et pour Ali. Ils s'attiraient avec force et laissaient à l'avenir la tentation de rêver ce qu'aurait pu être leur marche ensemble. Puissante. Si dangereuse pour l'ordre racial établi que l'Histoire n'en a pas voulu.

— Si Malcolm X représentait un danger, nous avait dit Robert Lipsyte, ce n'était pas à cause de ce qu'il aurait pu faire en Amérique. Il ne s'apprêtait pas à dresser les hordes noires contre les Blancs. C'était à cause de ce qu'il aurait pu faire dans le monde, en tant que musulman. En tant que musulman afro-américain. Le terme « musulman noir », Black Muslim, est plus ou moins péjoratif parce qu'il est lié à Nation of Islam. Mais en tant que musulman afro-américain, il aurait pu avoir une influence considérable dans le monde, en particulier au Moyen-Orient. C'est en ce sens qu'il représentait un danger. Je me souviens que la dernière fois que je lui ai parlé, c'était au téléphone. J'écrivais un article sur un autre type qui avait quitté le mouvement, un certain

Leon Amir. Il s'était fait sauvagement tabasser par les Black Muslims, mais ils ne l'avaient pas tué. J'ai appelé Malcolm pour qu'il me confirme les déclarations de Leon. Malcolm m'a répondu : « Mon vieux, si ma vie vaut 5 cents – et elle ne vaut pas plus –, celle de Leon en vaut 2. Il mourra avant moi et ensuite, ce sera mon tour. » « Mais non... » Il avait raison, bien sûr. D'abord ils ont tué Leon et ensuite, ils l'ont tué lui. J'hébergeais Leon dans mon propre appartement ! Mais pas quand il est mort... Je pense que Malcolm savait très bien qu'il allait devoir mourir en martyre. Il ne pouvait pas se cacher, pour des raisons évidentes. Et je pense qu'il s'était plus ou moins résigné. À ce moment-là, c'était devenu un vrai musulman. Il s'en remettait entièrement à Allah et ça lui permettait d'envisager la mort avec une certaine sérénité. Mais c'était triste. Je crois qu'il avait l'étoffe d'un grand homme. Malcolm X se dirigeait vers une conception du monde beaucoup plus vaste. Il commençait à se considérer comme un artisan de la paix. Je pense qu'il y a deux personnages vraiment intéressants, dans cette période de l'histoire américaine, qu'on encense moins pour ce qu'ils ont fait que pour ce qu'ils auraient pu faire. Robert Kennedy et Malcolm X. Parce que ces deux hommes rigides, aux vues étroites et tenants d'une ligne dure, semblaient évoluer vers quelque chose de plus grand. Malcolm m'intéresse davantage parce que je le connaissais, alors que je ne connaissais pas Kennedy. Et l'évolution de sa conception du monde l'aurait poussé vers une alliance intéressante avec Martin Luther King, s'il avait vécu. Ce n'est pas pour rien qu'ils ont tous les deux été butés.

La peine est encore perceptible dans la voix du frère Muhammad Siddeeq :

— Ça a été une épreuve très douloureuse pour nous. On ne l'a pas encore totalement surmontée, vous savez. Parce que ça ne nous ressemble pas. Warith Deen Mohammed a dit : « C'est à cette époque que notre communauté a appris à montrer les crocs. » Nous nous sommes éloignés des préceptes généreux et intelligents auxquels nous étions habitués et auxquels nous nous accrochions. Mohamed Ali en a pris conscience – nous en avons tous pris conscience. Moi aussi, ça m'a ébranlé ! J'adorais Malcolm. Je l'admirais énormément. Je me suis converti à cette foi en 1956, presque en même temps que lui. Il était arrivé peut-être un an ou deux avant moi. Il m'impressionnait beaucoup. Et quand j'ai appris la séparation entre Malcolm et Elijah Muhammad, j'ai pensé que c'était peut-être une ruse, une stratégie d'Elijah Muhammad pour tromper le gouvernement. Parce qu'à l'époque, l'État américain avait mis en place un programme de contre-espionnage, COINTELPRO, pour essayer de saper tout ce que faisait Nation of Islam. Alors il s'agissait peut-être d'une stratégie ? Ils n'étaient pas vraiment fâchés, ils faisaient juste ça pour se débarrasser des autorités. Je ne voulais pas croire qu'une telle chose arrive. Finalement, j'ai dû me faire une raison et prendre une décision en mon âme et conscience. J'ai décidé de soutenir Elijah, parce que c'était notre leader. Mais j'ai longtemps continué à me sentir plus proche de Malcolm. Je n'en montrais rien, parce qu'il était très mal vu dans la communauté de sympathiser avec lui. On le traitait d'hypocrite et d'autres noms d'oiseau, parce qu'il disait des choses qu'on n'était pas censé dire au sujet d'Elijah Muhammad. Même si on a appris plus tard que ce qu'il disait était en grande partie vrai. C'était vrai ! On ne peut pas l'accuser d'avoir calomnié Elijah Muhammad cinquante ou soixante ans plus tard, maintenant qu'on connaît tous ses enfants et ses petits-enfants. D'où sortent-ils ? C'est la cigogne qui les a apportés ? Ce que je veux dire, c'est que la décision a été difficile. Et le soir où Malcolm s'est fait tuer, ça m'a bouleversé. Je m'en souviendrai toute ma vie. C'était le 21 février 1965, je crois que j'étais à Washington, D.C. Quand j'ai appris la nouvelle, il pleuvait des cordes et je me suis mis à marcher sans but. Je ne savais plus si l'eau venait du ciel ou de mes yeux. J'étais troublé, je me disais : « Pourquoi ? » Ça n'avait pas de sens. Il n'y avait aucune justification rationnelle derrière tout ça, c'était juste la loi de la jungle. J'ai gardé ce poids sur la poitrine jusqu'à ce que Warith Deen Mohammed prenne les commandes. Il a su se comporter en homme et dire : « Non ! Ce que nous avons fait à Malcolm était injuste. La façon dont on l'a traité était injuste. » Ça m'a soulagé, ça a soulagé notre communauté et ça a soulagé Mohamed Ali.

Le lendemain nous avons roulé vers Louisville, dans le Kentucky. Un État au bord de la vieille ligne de sécession, là où se termine le Nord et commence le Sud et ses récits sordides de lynchages. Une petite ville de province où l'on fit des sit-in pour réclamer des droits, mais pas d'émeutes. Un quartier tranquille, où une petite classe moyenne noire émergeait, tournant le dos à ceux qui restaient coincés dans les ghettos. Nous allions vers Cassius Clay, avant Ali. Comme convenu, j'ai appelé un de ses amis d'enfance, Victor Bender, dont j'avais obtenu les coordonnées via des coups de fil donnés depuis Paris. Il nous fixa rendez-vous dans un McDonald's, entre deux bretelles de voies rapides à l'entrée de la ville.

Inutile d'espérer le silence chez McDo. En attendant Victor Bender, nous avons essayé plusieurs tables, ici trop de ventilation, là trop d'enfants, nous avions des exigences étranges au royaume de la restauration rapide, des gestes et des appétits mécaniques, nous nous sommes finalement assis dans un coin légèrement plus calme qui s'avéra être si près des toilettes que pendant l'enregistrement on entendait battre la porte au gré des entrées et des sorties. Il est arrivé dix minutes plus tard, casquette, barbe poivre et sel, épaules larges. Il est allé s'acheter de quoi manger sans nous laisser le temps de le lui offrir, puis s'est lancé dans l'histoire, manifestement habitué à ce qu'on l'interroge.

— Mohamed et moi, on habitait tous les deux Grand Avenue, dans le West End. On se connaissait depuis nos 13 ans. J'ai 76 ans – l'âge qu'il aurait aujourd'hui. On n'était pas ensemble à l'école, mais on s'est retrouvés au lycée Central High School, au coin de la 12e et de Chestnut. Et notre amitié a grandi avec nous. On faisait tous les deux de la boxe, mais on ne fréquentait pas le même club. Je rêvais de devenir boxeur et lui aussi. On s'est battus une fois l'un contre l'autre et personne n'a gagné, on a fait match nul. Après ça, on est devenus amis. Ce n'était pas un dur, mais son frère et lui rêvaient de devenir boxeurs depuis qu'ils avaient respectivement 12 et 13 ans. Il s'entraînait et courait des petits marathons pour rester en bonne forme physique. On vivait juste à côté d'un grand parc où il pouvait faire autant de footings qu'il voulait, il y allait tous les jours. Il s'entraînait constamment ! Il avait sa façon de s'entraîner. Par exemple, il attendait le bus qui empruntait Chestnut Street vers l'est au coin de la 12e Rue en m'assurant qu'il allait le rattraper avant qu'il n'arrive à la 6e Rue. Je lui disais : « Le bus va s'arrêter pour prendre des gens. » « Je le battrai quand même avant qu'il arrive à la 6e. » Il partait en courant et il courait après le bus.

Et il le rattrapait ! Il disait : « Ça fait partie de mon entraînement. De la 6e Rue, je descendrai à Broadway et ensuite je ferai le trajet en sens inverse pour regagner le lycée. C'est mon parcours de cross, ça me maintient en forme pour le prochain combat. » Et il n'a jamais arrêté de courir. J'ai rarement rencontré un athlète plus opiniâtre. Il évitait les problèmes, la drogue et le reste. Il disait : « J'ai des amis à l'école, mais on n'a pas du tout les mêmes activités. » On parlait de sport, on rêvait d'aller au restaurant pour manger un hamburger et un milkshake… On discutait comme font les amis. On me demande souvent s'il sortait avec des filles, à l'époque de la terminale. Mais il n'avait pas vraiment le temps. Il se consacrait avec un tel acharnement à sa carrière qu'il ne s'accordait aucune distraction.

Victor Bender nous raconte un temps encore faussement calme où la lumière bleue de la télévision hypnotisait progressivement les living-rooms et retransmettait beaucoup de sport. Alors les mômes rêvaient de devenir athlètes, de participer à des sélections qui les emmèneraient plus loin que le quartier où la ségrégation les enfermait.

— Il y avait cette émission qui passait à la télé le samedi soir, « Tomorrow's Champions » – les champions de demain. Beaucoup de gamins rêvaient de passer dans « Tomorrow's Champions ». Ils venaient s'entraîner quelques heures par semaine et quand ils étaient choisis pour faire un match dans l'émission, ça les encourageait à travailler encore plus pour devenir meilleurs. Ali a dû se battre une quinzaine de fois à la télé, quand il était gamin.

Voici probablement l'une des clés pour la suite, pourquoi rien ne l'écrase, rien ne l'intimide lorsqu'il monte pour la première fois sur le ring du championnat du monde, sur les écrans du monde entier : il connaît les feux cathodiques depuis qu'il est môme. Il visait alors la qualification pour faire partie de l'équipe américaine de boxe aux Jeux olympiques. Les évaluations se faisaient justement à Louisville et à Chicago. Il adorait ça, se souvient Victor Bender, il y avait ces entraîneurs qui un an à l'avance commençaient à circuler, à chercher des jeunes qui s'intéressaient à la boxe amateur et qui étaient prêts à traverser l'Atlantique pour représenter l'Amérique aux Jeux olympiques d'été. Cassius a remporté le tournoi de qualification dans la catégorie des poids mi-lourds pour participer aux Jeux olympiques de Rome en 1960.

Victor Bender mord dans son sandwich entre deux récits. Il y a dans sa voix cette forme de calme et de détachement qui vient de l'âge, et aussi de la certitude que l'histoire d'Ali ne relève pas du hasard mais du destin. Le principal du lycée autorisa le jeune Cassius à partir, à condition qu'il revienne finir sa terminale, promesse qu'il ne tint pas. À Rome, il décrocha une médaille d'or, il trouvait que Cassius Marcellus Clay ça sonnait comme un nom de gladiateur romain et il avait poliment rembarré le journaliste soviétique qui lui faisait remarquer que les Noirs avaient la vie dure dans le monde prétendument libre. C'est le pays de la liberté, les choses vont s'arranger, avait-il répondu en bon patriote.

Mais les villages olympiques sont en carton. Et quelque chose se grippa dès son retour. Louisville le célèbra sans qu'aucune ligne ne bouge. Il restait un Nègre. Sa médaille d'or fondait à vue d'œil.

— À Louisville, dans les années 50 et 60, on ne pouvait pas entrer dans un endroit comme ça… Ce McDonald's n'était pas là, à l'époque, continue Victor Bender, mais on ne pouvait pas manger ici. Et si on voulait pisser, il fallait aller dans les toilettes réservées aux Noirs. La plupart des restaurants du centre-ville nous étaient interdits. C'est comme ça que ça se passait. Alors il a dit : « Si je dois représenter mon pays, je veux pouvoir faire les mêmes choses que les autres. Manger au restaurant si j'en ai envie ou aller au cinéma… » Il y avait des cinémas pour les Noirs et d'autres pour les Blancs. Les Noirs ne pouvaient pas entrer dans les cinémas des Blancs, dans les années 50. Mais ça commencé à changer au milieu et à la fin des années 60. Quand les écoles se sont ouvertes et sont devenues mixtes dans le Kentucky, ça a fait avancer les choses. On a fini par s'en sortir. Il n'y a pas vraiment eu d'émeutes ici, avec des gens qui saccagent les magasins de la ville et tout le reste. Par contre, des sit-in ont été organisés pour protester. C'était principalement des élèves de Central High School et Male High School qui venaient s'asseoir en ville en demandant pourquoi les Noirs ne pouvaient pas aller dans certains magasins et certains restaurants. Ils restaient là le plus longtemps possible. La police finissait par les déloger, mais personne n'a jamais été blessé et il n'y a pas eu d'émeutes – pas à Louisville. Il y en a eu dans certaines grandes villes comme Détroit, Chicago, Cleveland et New York. Et surtout dans les villes du Sud, comme Atlanta… quand tout craquait au sud, Birmingham, en Alabama. C'est là qu'il y a eu le plus de problèmes, à l'époque. Beaucoup de sit-in et des émeutes, les gens retournaient la ville. Nous, on n'a pas fait ça. Pourquoi saccager ce qui vous appartient ? Même si ça ne vous appartient pas totalement, c'est chez vous. Ça a continué tout au long des années 60, certaines personnes pensaient que ça ferait changer les choses. D'autres voulaient simplement piller les commerces.

Victor Bender, c'est l'ami d'enfance qui n'a pas débordé. Il est resté chrétien, il a fait le Vietnam. Il y a chez Ali une part de colère qu'il ne s'est jamais autorisée, qu'il a peut-être même eu du mal à comprendre sur le moment. Mais c'était il y a longtemps. Il nous propose de le suivre maintenant, il veut nous montrer le quartier de leur enfance.

— On était contents d'avoir des parents qui travaillaient et qui prenaient soin de leur famille. Son père à lui bossait dur. Il était peintre, il peignait des affiches publicitaires dans toute la ville. Sa mère était la douceur incarnée, elle était toujours là pour ses enfants. Elle travaillait un peu, elle aussi. C'était plutôt un bon quartier, assez aisé. La plupart des habitants étaient afro-américains.

À une époque, la population était même mixte, et puis tout à coup, elle ne l'a plus été.

Nous le suivons à travers les allées résidentielles de Louisville, petite ville américaine. Direction Grand Avenue, naguère un quartier de la classe moyenne, plein de bons souvenirs. Je pense subitement aux proches ou au biographe qui ont demandé de l'argent en échange d'une interview quand je les ai contactés. Nous avons dit non. Victor Bender est bien moins riche, bien moins visible qu'eux, il ne demande rien. Ça lui fait plaisir. C'est autant son histoire que celle d'Ali.

Il se gare devant une petite maison rose. 3302 Grand Avenue. Nous l'imitons.

— Oui, c'est la maison où habitait Ali quand il était petit. C'est même là qu'il est né.

Un bouquet de fleurs sèche sous le porche. C'est l'une des plus petites maisons du quartier. Probablement trois pièces. Sa couleur rose la fait ressembler à une boîte à bijoux. Plus personne ne vit là où Cassius Clay a grandi. C'est en passe de devenir un musée. Il y a de quoi écrire une légende américaine. Ici naquit le champion du monde des poids lourds et l'un des hommes les plus célèbres du monde. Son arrière-grand-père paternel était la propriété du sénateur du Kentucky Henry Clay, figure du Parlement américain dont le discours était considéré comme progressiste pour son époque bien qu'il possédât une dizaine d'esclaves. Il s'est toujours dit, dans la famille de Cassius, que si l'aïeul avait la peau si claire, c'est qu'il était l'enfant illégitime du maître ou de son fils. Donc l'enfant d'un viol. Son grand-père s'appelait Herman Eaton Clay, il tua d'une balle un homme pour 25 cents et passa six ans dans un pénitentier du Kentucky. Son père Cassius Marcellus Clay Senior peignait des enseignes pour des boutiques détenues par des Noirs, ou des scènes bibliques aux murs des églises de Louisville. C'était un bel homme, grand, musclé, beau parleur, que ses conquêtes féminines surnommaient le Gable noir. Ses poings se serraient lorsqu'il versait trop de gin sur ses regrets. Il y a trace d'un appel au secours au 3302 Grand Avenue, dans les archives de la police de Louisville. C'était un soir de l'été 1957. L'officier qui se présenta trouva un jeune de 15 ans, Cassius Clay Junior, sa jambe saignait et il expliqua que son père l'avait coupé avec un couteau. La mère confirma.

Le boxeur n'a jamais parlé de la violence de son père, même tardivement. Il y avait quelque chose d'enfoui, mais aussi de très banal dans tout ça. Tant de pères désarticulés. Chancelants. Violents. Ou simplement partis, dans les foyers afro-américains. Lui traînait autour des rings, maudissant les Black Muslims qui entouraient son fils et en voulaient à son argent, disait-il. Tandis que sa femme Odessa regrettait de l'avoir laissé si seul, si jeune, partir vers Miami, elle maudissait ce Captain Sam qui détourna son fils du droit chemin des chrétiens.

— Son père était un homme difficile, nous avait raconté Robert Lipsyte deux jours plus tôt. Un jour, il a menacé de me frapper. J'ai réussi à lui échapper ! Il était très beau, très élégant. C'était un homme à femmes et un buveur. Il a eu affaire à la police plusieurs fois. Il y a quelques rapports de police évoquant des violences conjugales. Il malmenait sa femme. Et je crois – même si je n'en ai aucune preuve et qu'Ali n'a jamais voulu répondre à mes questions à ce sujet – je crois qu'il malmenait aussi les garçons. Je suis convaincu qu'il tapait sur Rudy et Cassius. Il avait lui-même milité dans l'entourage d'un nationaliste noir appelé Marcus Garvey, qui prônait le retour en Afrique. Il adhérait à cette idée. Il se considérait aussi comme un artiste doté d'un certain talent et je crois que c'était vrai. Il a peint des fresques murales dans plusieurs églises de Louisville. Mais il n'a jamais réussi à percer, il peignait surtout des enseignes. Il avait le sentiment d'avoir été opprimé et bridé par le patriarcat blanc et ça le mettait en colère. Je crois qu'au bout d'un moment, c'est devenu une présence perturbante dans la vie d'Ali. Il était tout à fait opposé à ce que son fils renonce au christianisme pour rejoindre les Black Muslims. Et je pense aussi qu'il voyait Elijah Muhammad, le dirigeant de Nation of Islam, comme un rival, la figure paternelle qu'il aurait voulu incarner. Il est resté présent à ses côtés pendant quelques années, il venait assister aux entraînements et parlait à qui voulait bien l'interviewer. Quand il n'était pas trop bourré, il était sympa. Le reste du temps, c'était un emmerdeur. En revanche, la mère était une présence silencieuse et douce. C'était une femme bien en chair, avec un teint clair et des taches de rousseur. J'ai toujours trouvé qu'elle ressemblait à la quatrième femme d'Ali.

Victor Bender, lui, ne nous dira rien de la famille, d'un quelconque désordre, rien qui trahisse des secrets ou écorne la légende. Il nous montre la maison de l'autre côté de la rue.

— Il était très proche du type qui habite là et qui vivait autrefois à côté de chez lui. Il allait souvent chez lui, il gardait ses filles. Il devait avoir entre 14 et 16 ans, à l'époque. Le type vit toujours ici, il a siégé au conseil municipal, pendant un moment. Vous devriez l'interroger.

Puis il est parti après deux bonnes heures en notre compagnie. Nous nous sommes pris bêtement et gaiement en photo devant la petite maison rose comme de simples touristes. Je retardais le moment d'aller sonner, je craignais de déranger le très vieil homme. Une voiture s'est garée juste à côté de chez lui. Une femme en est sortie, je me suis approchée, lui ai dit qui nous étions, ce que nous faisions, et que nous aimerions rencontrer son voisin.

— Je l'appelle tout de suite, m'a-t-elle dit.

Elle est rentrée chez elle, est réapparue trois minutes plus tard : Il vous attend.

Il s'appelle Lawrence Montgomery. Il n'a jamais quitté la rue. Il a ouvert en robe de chambre, un respirateur dans les narines, puis nous a fait entrer dans le salon. J'ai alors réalisé qu'il était inutile de penser qu'on pouvait le déranger. Ali était partout, sur la cheminée, sur la table basse, en photo sur les murs. Mr Montgomery n'attendait que ça, qu'on sonne chez lui pour parler du bon vieux temps. Un poste de télévision crachait fort dans une autre pièce. Nous lui avons demandé s'il pouvait baisser le son pour l'enregistrement.

— C'est qu'il y a ma femme qui regarde.

— Alors surtout ne la dérangez pas !

Nous nous sommes assis côté salon.

— Il est là, ai-je dit en indiquant une photo sur la cheminée comme pour lancer la conversation.

— C'est lui. Il me présentait comme son premier patron. Il gardait mes enfants quand je travaillais, c'était notre baby-sitter.

— La suite vous a surpris ?

— Ça m'a énormément surpris. Quand il était gamin, il m'a annoncé qu'il avait l'intention de devenir champion du monde des poids lourds un de ces jours. J'ai répondu : « Mon gars, tu rêves ! Tu es trop petit pour être champion chez les poids lourds. » Il m'a dit : « Attends de voir. » Il devait avoir 8 ou 9 ans. Et il a réussi ! Il me demandait tout le temps de mettre les mains devant moi et il boxait dans le vide, devant mes mains.

— Et ce quartier, c'était comment ?

— C'était mélangé. Je suis né là-bas, à trois numéros d'ici. Mon père et ma mère avaient neuf enfants. J'étais le septième. Ma mère était noire et mon père était blanc. On voyait passer toutes sortes de gens à la maison parce qu'ils étaient les seuls à posséder un lave-linge, à l'époque.

Si bien que tous les voisins venaient laver leurs vêtements chez nous. Il y avait autant de familles blanches que de familles noires, dans le quartier. Mais avec le temps, les Blancs ont tous déménagé.

— C'était très rare les couples mixtes comme vos parents ?

— Oui, c'était rare. Il n'y avait que très peu de restaurants qui nous acceptaient. D'ailleurs, à chaque fois qu'il nous emmenait au restaurant, mon père allait commander ce qu'on voulait et il nous l'apportait dehors. Je peux vous montrer des photos, si vous voulez, dit-il en saisissant un classeur avec des pages plastifiées posé sur la table basse.

Ça, c'est ma chambre, de l'autre côté de la rue. Et là, c'est Mohamed en train de faire ses tours de magie. Il se prenait pour un magicien. Il disait aux gens de s'approcher et il leur faisait des tours.

Là, il avait déjà gagné aux Jeux olympiques. Il revenait à Louisville pour nous rendre visite. Ça c'est une autre fois, alors qu'il était déjà champion, il est venu me voir à la laverie – j'avais une laverie un peu plus loin dans la même rue. Il est entré avec ses enfants, mais il ne pouvait pas parler parce qu'il avait la mâchoire immobilisée. Ken Norton lui avait cassé la mâchoire. Je lui ai dit de faire semblant de faire une machine. Là, j'étais responsable au service postal. Il est venu me voir au travail et je l'ai présenté à mes collègues. Dans mon bureau, il a regardé cette photo en disant : « C'est moi ! » « Oui, c'est toi. »

« Je suis pas mal, hein ? » « Tu es très bien, c'est pour ça que je t'ai mis là. »

Il venait parfois frapper à ma porte à deux ou trois heures du matin. Et quand j'allais lui ouvrir, il me disait : « Debout, c'est l'heure de se réveiller ! Faut que je te parle ! » Il entrait, on s'installait et on parlait du bon vieux temps. Cette photo-là, c'est quand le président Carter l'a invité à Washington. Il nous a proposé de l'accompagner, ma femme et moi. Il a pris ce menu et il a écrit toutes sortes d'aphorismes dessus pour ma femme. Ça dit : « Pour Violet, de la part de Mohamed Ali. » « Quand on la suit jusqu'au bout, la route qui relie deux amis l'un à l'autre mène jusqu'à Dieu. » Quelque chose comme ça. Et là : « Rendre service aux autres, c'est le loyer à payer pour la chambre qu'on occupe ici, sur terre. » « L'amour est une épuisette avec laquelle on attrape les cœurs comme… » Je n'arrive pas à lire la suite. Et un autre : « Quand on a raison, personne ne s'en souvient. Mais quand on a tort, personne n'oublie. » Et encore : « L'homme qui voit le monde à 50 ans comme il le voyait à 20 ans a gâché 30 ans de sa vie. » Celui-là, il m'a marqué. Parce qu'on lui a diagnostiqué la maladie de Parkinson et qu'il a vécu trente ans avec. J'ai le sentiment qu'il a perdu trente ans de sa vie.

Nous arrivons au bout du classeur.

— J'ai d'autres photos à vous montrer dans ma tanière…

Il se lève doucement. Nous le suivons, longeons un couloir, passons devant la pièce à la porte entrouverte où sévit le poste de télé. Nous ne verrons pas sa femme. Nous entrons dans une pièce meublée d'un bureau, d'étagères, et d'un vélo d'appartement. Ce fut probablement la chambre d'un enfant parti depuis longtemps, l'un de ceux que le jeune Cassius Clay gardait.

— Ça, c'est le révérend Martin Luther King dans ma voiture. J'étais propriétaire d'une entreprise de pompes funèbres. Là, c'est moi, là c'est le révérend King et là, c'est Jackie Robinson, le premier joueur de baseball noir en ligue majeure. Ça, c'est Mohamed avec d'autres champions : Floyd Patterson, Jack Dempsey, Joe Louis, Joe Frazier et Walcott. Tous des champions.

Étrange image de Luther King assis à l'avant du corbillard. On dirait une prophétie. Mais Lawrence Montgomery n'y voit rien d'autre qu'un grand moment de sa vie, sa fierté de l'avoir conduit. De son souffle court, il nous communique cette émotion-là. Et aussi les tremblements d'un homme fragile. Ils s'en vont silencieusement, les vieux combattants des années 60, emportant avec eux un moment unique dans l'histoire de la communauté afro-américaine, mais aussi les questions qui les divisèrent, et qui restent sans réponses.

Il manque aux murs et aux souvenirs de Lawrence Montgomery une photo d'Ali et de Luther King ensemble. Il l'aurait tant aimé. Mais le jeune voisin offrit sa personne et sa notoriété à un mouvement religieux radical, nationaliste, rigoriste, qui prônait la revanche et réclamait ni plus ni moins la partition du pays, un État noir américain. Et comme tous les membres de

Nation of Islam, il dénigrait ouvertement les rêves d'intégration du pasteur noir. Les Blancs ne voulaient pas d'un champion olympique dans leur restaurant, alors pourquoi feraient-ils un effort pour un simple homme noir ? Pourquoi prier le même Dieu qu'eux ? En public, Ali répétait : « Le nom de Clay est sale. C'est le nom que les esclavagistes ont donné à ma famille. Mon sang blanc est le fruit d'un viol. Ce sang blanc nous fait du mal. Il nous blesse. Quand nous étions plus noirs, nous étions plus forts, nous étions plus purs. » C'était sa façon de mettre en mots la colère qui couvait depuis toujours chez son père. Sa façon d'en hériter, de s'en éloigner aussi. Mohamed Ali avait trouvé en Elijah Muhammad une autorité plus apaisée qui prenait en charge sa vie. Il n'effaçait pas son enfance. Toujours il revenait à Louisville frapper à la porte de Lawrence Montgomery. Il effaçait l'identité que ses parents lui avaient transmise. Deux utérus, à l'entendre : Celui d'Odessa Clay sa mère. Celui de la foi, où il se lova tel un homme qui réclamait un temps plus long de gestation. Douce schizophrénie d'un champion qui se croit distinct de l'enfant qu'il était, mais dont le regard l'accompagne. C'est toujours flou, les commencements.

Au chapitre un des rétrospectives et des livres, il y a toujours l'histoire du vélo rouge que le jeune Cassius se fit voler sur le trottoir de la 4e Rue de Louisville alors qu'il était entré dans une grande salle où se tenait un gala de charité avec buffet gratuit. Alors avant de quitter la ville qui l'a vu naître, nous nous sommes arrêtés sur la 4e Rue. Le bâtiment a été racheté par l'université Spalding juste en face, c'est devenu leur gymnase. Nous sommes entrés. On y croise désormais des étudiants en sueur, comme Steve Johns qui connaît l'anecdote par cœur,

— À l'époque en 1954, ce bâtiment appartenait à la ville. Mohamed Ali, qui s'appelait encore Cassius Clay, avait 12 ans. L'histoire raconte qu'il y avait un événement à l'étage avec du pop-corn et des hot dogs gratuits. Alors il est venu avec ses copains, sur son vélo, un vélo rouge flambant neuf de la marque Schwinn que son père lui avait offert pour Noël, je crois. Il l'a garé dehors et il est entré. Mais quand il est revenu, son vélo n'était plus là, on le lui avait volé. Vous imaginez sa colère ! Or, il se trouve qu'au sous-sol de ce même bâtiment, il y avait un club de boxe géré par un policier municipal, un certain Joe Martin, ça s'appelait le Columbia Gym. Cassius Clay est tombé sur Joe Martin, il lui a dit : « Il y a quelqu'un qui m'a piqué mon vélo, je vais lui botter les fesses. » Et selon la légende, Joe Martin aurait répondu, « Avant de botter les fesses de qui que ce soit, tu ferais mieux d'apprendre à te battre ». Il l'a emmené au sous-sol et c'est comme ça que tout a commencé. Joe Martin a été l'entraîneur de ses premières années amateur. L'université de Spalding a toujours été très fière de ce petit morceau de l'histoire de Louisville et de la vie de Mohamed Ali. C'est ici que ça s'est passé…

Au sous-sol, la salle de boxe a disparu, il ne reste qu'un mur tapissé d'un texte qui raconte ce qui s'est passé là. En revanche, à l'extérieur, un vélo rouge est accroché au fronton de l'imposante bâtisse, l'air de dire, Ici naquit Mohamed Ali héros du siècle et de la planète tout entière, qu'un policier blanc et sympathique prit sous son aile.

Les campus universitaires aux États-Unis sont des petites villes aux pelouses verdoyantes, aux bâtiments d'âges divers, où vont et viennent des jeunes gens abreuvés de café latte et sponsorisés par Apple. Comme les beaux quartiers, ils laissent deviner, par leur douceur apparente, tous les filtres, toutes les barrières qu'il faut passer avant d'entrer. Purdue University, à West Lafayette dans l'Indiana, n'échappe pas à la règle. C'est là que nous a donné rendez-vous Randy Roberts, professeur d'histoire contemporaine, et coauteur avec Johnny Smith du livre *Blood Brothers.*

— Lisez *Blood Brothers* ! m'avait conseillé Robert Lipsyte.

C'est l'histoire de la relation d'Ali et Malcolm X. Je l'ai corné, surligné, dévoré, recommandé. Nous voilà maintenant à la fac, ses escaliers bruyants, ses étudiants qui attendent l'heure du cours devant leur salle, nous cherchons le bureau du professeur Roberts, qui depuis sa biographie de John Wayne a beaucoup écrit sur les mythes de la culture populaire. C'est le tour d'Ali qui l'avait prédit, On en parlera dans les livres, on étudiera mes moindres faits et gestes ! disait-il. L'enfant noir de Louisville n'aurait jamais pu étudier à Purdue University. Mais il y est entré.

— C'est une histoire fantastique ! nous lance Randy Roberts d'une voix enjouée et un rien sophistiquée. Il s'agit de deux des figures les plus dynamiques de l'histoire de l'Amérique – et même du monde, à l'époque. Entre ce jeune boxeur incroyablement beau, énergique et éloquent – qui ne ressemble à aucun autre avant lui – et ce ministre noir de Nation of Islam, plein de fierté et de colère, se noue une relation qui va changer l'Amérique et la lutte pour les droits civiques. Je pense qu'ils avaient besoin l'un de l'autre. En quoi se ressemblaient-ils ? La réponse la plus évidente, c'est leur incroyable maîtrise du verbe. La clé de leur puissance réside dans leur ton, leur bouche et leurs mots. Évidemment, Mohamed Ali est puissant sur le ring et Malcolm X en dehors du ring, mais la dextérité verbale qui les caractérise tous les deux est essentielle. Et il ne faut pas non plus oublier qu'au moment de leur rencontre, Cassius Clay est un jeune homme d'à peine 20 ans qui cherche des réponses. Le thème qui domine alors en Amérique, du point de vue racial, c'est l'intégration. Le vivre ensemble. C'est le moment où Martin Luther King fait son fameux discours : « Je rêve qu'un jour, les enfants des métayers noirs et ceux des planteurs blancs vivront côte à côte dans le Sud en chantant des gospels… » On va créer un monde merveilleux dans lequel tout le monde s'entendra, c'est l'intégration. C'est un mouvement mixte qui permet aux progressistes noirs et blancs de se sentir bien dans leur peau : « Nous menons ce combat ensemble, main dans la main. Nous vaincrons en manifestant bras dessus, bras dessous, dans les rues. » Alors que Malcolm X dit : « Non ! Ça n'arrivera pas. Ces gens sont des démons, ce sont vos oppresseurs ! Vous croyez que vos oppresseurs ont brusquement changé ? Bien sûr que non ! On ne change pas comme ça. » Il dit : « Non et non ! Les Blancs sont le diable. Notre seul espoir est de vivre séparés des Blancs. » Il prône donc la séparation, mais aussi le nationalisme noir. « N'allez pas faire vos courses chez les épiciers blancs, mais chez les épiciers noirs. Ne fréquentez pas les commerces blancs, mais les commerces noirs. Ne donnez pas votre argent à ceux qui vous ont réduits en esclavage, mais à vos frères et sœurs. Le Noir est supérieur. » C'est aussi le discours de Mohamed Ali : « Le Noir est supérieur. Le Noir est magnifique. » D'une certaine manière, l'idée moderne du « Black is beautiful » commence quand Mohamed Ali se passe la main dans les cheveux après un match en disant : « Je suis pas joli ? »

Randy Roberts parle comme un scénariste dans une enceinte universitaire, il plante les décors, les personnages, les dialogues pour notre plus grand bonheur. Nous sommes au pays du cinéma, du fait plus que du commentaire, du verbe plus que de l'adjectif. Nous voilà à l'été 1962, le jour de la rencontre lors du grand meeting de Nation of Islam à Détroit, en compagnie du fameux Captain Sam. Parfois même, l'universitaire joue la scène.

— Le mentor intellectuel de Mohamed Ali – qui s'appelle encore Cassius Clay – au sein de Nation of Islam est un certain Captain Sam. Il l'appelle à Louisville et lui dit : « Écoute, je vais à Détroit, à ce meeting de Nation of Islam. Est-ce que tu veux venir pour rencontrer Malcolm X ? » Cassius Clay lui répond : « D'accord ! » Captain Sam vient le chercher, ils font cinq heures de route et en arrivant à Détroit, ils vont dans un restaurant de Nation of Islam. Malcolm X se trouve déjà au fond de la salle, assis face à la porte. Il s'installe toujours face à l'entrée parce qu'il sait que les ennuis peuvent surgir à tout instant et qu'il ne veut pas se faire surprendre. Et donc Malcolm X voit arriver ce jeune Noir incroyablement athlétique et sûr de lui et il est impressionné. Il ne sait pas qui c'est parce qu'il ne s'intéresse pas à la boxe, il ignore l'existence de Cassius Clay. L'autre lui tend la main en disant : « Bonjour, je m'appelle Cassius Clay » et ils se serrent la main. C'est leur première rencontre. D'une certaine manière, il y a une attraction presque amoureuse entre eux – même si ce n'est pas une relation amoureuse. Chacun voit dans l'autre quelque chose qu'il veut ou dont il a besoin, et ils s'entendent immédiatement.

Et avec le même entrain, le même sens de l'entertainment, Randy Roberts peut aussi raconter la dernière fois où ils se sont vus.

— Tout de suite après avoir ravi le titre de champion du monde des poids lourds à Sonny Liston, Cassius Clay décide de partir en voyage. Ça n'a rien d'inhabituel.

Sonny Liston lui-même a voyagé en Europe, il a passé du temps en Suède, Floyd Patterson a aussi voyagé en Europe et ailleurs. C'est assez courant, d'autres boxeurs l'ont déjà fait. Ce qui est moins courant, c'est que Cassius Clay – ou plutôt Mohamed Ali – décide d'aller en Afrique. Il veut voir le berceau de ses ancêtres. Et il commence par aller à Accra, au Ghana. C'est l'émeute, les gens sont hystériques. Il découvre qu'il est désormais une figure internationale, on l'accueille comme une tête couronnée, il est plus demandé que ne le serait le président des États-Unis. Et il perçoit une certaine affinité avec ce peuple. Il sent grandir son amour pour l'Afrique et pour son propre peuple. Or il se trouve que Malcolm X est à Accra en même temps que lui. Quand il le voit arriver avec son escorte, Malcolm l'appelle : « Frère Mohamed ! » Mohamed Ali lui jette un regard froid, secoue la tête et laisse tomber : « Frère Malcolm, tu n'aurais pas dû dire ce que tu as dit au sujet d'Elijah Muhammad. » Puis il tourne les talons et s'en va. C'est la dernière fois qu'ils se sont vus. Maya Angelou, la grande romancière américaine également de passage au Ghana, a raconté que Malcolm X en a eu le cœur brisé. De voir cet homme qu'il aimait tant, avec qui il avait tant partagé ces dernières années, lui tourner le dos.

Nous n'avons rien trouvé dans nos archives sonores de ce qui se passa là-bas. Et pourtant, c'est le moment où Cassius Clay entra dans la peau de Mohamed Ali. En ce mois de mai 1964, le Ghana est le pays phare de l'émancipation africaine, il est dirigé par celui qui l'a mené vers l'indépendance, Kwame Nkrumah, grand théoricien du panafricanisme qui bat son plein, l'organisation de l'unité africaine vient d'être mise en place. C'est pour cela que Malcolm X est là, comme Maya Angelou, ils sont en quête d'une nouvelle identité. Mais personne ne déplace les foules comme Ali. Stupeur quand il atterrit dans le pays. Des milliers d'Africains en liesse scandent son nom, Ali ! Ali ! Ils lui offrent un hommage réservé aux rois, aux chefs, ils savent qui il est, quel champion il est. Ceux qui l'accompagnent ont raconté ensuite qu'Ali la grande gueule était subitement sans voix d'être si important sur ce continent originel, fantasmé, dont il ne savait finalement rien. Pendant trois semaines, il mange ghanéen, s'habille ghanéen, il fait la tournée des écoles, des usines, des villages, partout il est un héros. « En Amérique tout le monde est blanc, dit-il. Je suis heureux de trouver ici mon vrai peuple. »

Pas de son de la rencontre. Du choc. Personne n'avait pris la peine de le suivre. Ni compris ce qui était en train de se cristalliser autour de cet homme.

Bien sûr, nous avons parlé de la mort de Malcolm X avec Randy Roberts. Les jours qui la précèdent sont presque décrits heure par heure dans son livre. On tourne les pages comme dans un roman, en espérant qu'Ali va voler au secours de son ami.

— N'oubliez pas que Malcolm X discutait beaucoup avec Cassius Clay. Il lui parlait de religion et de leurs croyances. Il lui disait souvent : « Comme nous le dit l'honorable Elijah Muhammad... Comme nous le raconte l'honorable Elijah Muhammad... L'honorable Elijah Muhammad est la sagesse incarnée. Je dois ma réussite à l'honorable Elijah Muhammad. » Cassius Clay a entendu ça encore et encore et encore. Et voilà que ça devient : « L'honorable Elijah Muhammad a menti, il a des maîtresses. L'honorable Elijah Muhammad n'est peut-être pas si honorable que ça, il a des enfants illégitimes. L'honorable Elijah Muhammad m'a écarté, il m'a renvoyé de Nation of Islam. Je vais créer mon propre mouvement politique, viens avec moi. » Mais comment est-il censé réagir ? On lui a répété maintes et maintes fois qu'Elijah Muhammad était la sagesse incarnée. Et soudain Malcolm X lui dit : « Non, pas du tout. Ce n'est qu'un homme, il est faible et hypocrite. » C'est la première chose. La deuxième chose, c'est qu'il sait que Nation of Islam est prête à tout. S'il se brouille avec l'organisation, sa vie pourrait être menacée. On sait ce qui est arrivé à Malcolm X. Il est mort à peine un an après son départ de Nation of Islam. Par la suite, Cassius Clay dira à d'autres gens : « J'adorais Malcolm X, mais je tenais à rester en vie. » À l'époque, il dit : « Malcolm X mérite de mourir. » Il adopte la même ligne que les autres membres de l'organisation. Pendant quelques semaines, peut-être un mois, il oscille entre les deux... Le lendemain du match contre Sonny Liston, il annonce qu'il a rejoint Nation of Islam et qu'il se fera dorénavant appeler « Cassius X », comme Malcolm X. Mais peu après, il déclare qu'Elijah Muhammad lui a donné un nouveau nom, Mohamed Ali. Malcolm X apprend ça dans sa voiture, ça le rend fou de rage, il est révolté. Il dit : « C'est un choix politique. » Il sait qu'il a perdu la partie. Le plan de Malcolm X était de quitter Nation of Islam, il estimait désormais que le Blanc n'était pas le diable et il avait l'intention de fonder son propre mouvement pour structurer la lutte et manifester aux côtés de gens comme Martin Luther King. Il ne s'alliait pas à King, mais il voyait des similarités. Il avait besoin de quelqu'un pour l'aider à recruter des gens dans sa nouvelle organisation et il comptait sur Cassius Clay pour ça. Parce qu'il était tellement populaire qu'il pouvait faire venir d'autres catégories de personnes, plus jeunes et peut-être plus instruites. Mais en perdant Cassius Clay, il a perdu toute chance de voir son organisation décoller. Il pensait aussi que s'il était allié à Cassius Clay, il ne serait pas assassiné. Il savait qu'une fois la rupture consommée, ses jours seraient comptés. Le match contre Liston a lieu en février 1964 et Malcolm X est assassiné en février 1965. Il passe presque toute cette année à l'étranger. Il va en France, il va en Europe, il va en Afrique – il passe beaucoup de temps en Afrique. Il sait que c'est dangereux pour lui de rester aux États-Unis. Il revient d'Europe au début de l'année 1965 et il meurt dans les semaines qui suivent. Je ne me souviens pas du nombre exact de jours, mais il a été assassiné environ deux semaines plus tard.

Difficile de dire ce qui s'est passé. Ce qu'on sait, c'est que Malcolm X essayait de créer un mouvement populaire et qu'il ne voulait pas que les gens soient fouillés dans ses meetings. Qui a envie d'assister à un meeting où on se fait fouiller avant d'entrer ? Alors il a dit : « Non, on ne va pas fouiller les gens. » On pouvait donc entrer avec une arme. Le FBI le surveillait, la police le surveillait, mais ils gardaient leurs distances, ils n'étaient pas assez près de lui. Nous savons que Malcolm X a fait l'objet de plusieurs projets d'assassinat. Beaucoup de gens en parlaient. Que savaient le FBI et la CIA ? Je ne sais pas, on n'a pas accès à ces documents. Mais ils arrêtent cinq hommes et l'un d'entre eux, le seul qui reconnaît les faits, leur dit : « Non, les quatre autres ne sont pas impliqués. » On ne sait même pas avec certitude qui étaient les conspirateurs. On croit savoir qu'il y avait quelqu'un à Nation of Islam qui informait peut-être le FBI. Mais on n'est pas sûr. Vous avez déjà vu un document du FBI ? Il y en a parfois la moitié qui est caviardée, ils biffent tous les noms. Il est très difficile de travailler à partir de leurs documents. Il faut en recouper beaucoup pour reconstituer le puzzle. Vous voyez ces puzzles de mille pièces ? C'est un peu comme si vous deviez reconstituer un puzzle de mille pièces avec seulement 85 pièces. On étudie l'image pour essayer de deviner ce que ça représente, même s'il y a des trous partout. Aujourd'hui encore, on ne sait toujours pas ce qui s'est passé. Le gouvernement n'a jamais montré beaucoup d'empressement à rouvrir cette enquête. Personne n'a jamais dit : « On s'est peut-être trompés, il faudrait rouvrir l'enquête. » Jamais.

— Elijah Muhammad a-t-il donné l'ordre de l'abattre ?

— On n'en sait rien. Au sein de Nation of Islam, il était dit et répété que les traîtres méritaient la mort et Malcolm X était considéré comme tel puisqu'il s'était retourné contre Elijah Muhammad. À un moment donné, Mohamed Ali a dit : « Malcolm X mérite de mourir. » D'autres membres de Nation of Islam ont déclaré la même chose. Savons-nous qui a donné l'ordre ? Probablement pas. A-t-il donné l'ordre ? Peut-être pas. Il n'en avait pas besoin, c'était dans l'air du temps. Et j'ajouterais que ce n'était pas la première fois que des gens étaient tabassés ou tués après s'être retournés contre Nation of Islam. L'organisation était coutumière de ces châtiments. Mais on ne connaît pas toute l'histoire. Ali avait sûrement peur. Il a confié à certains que s'il était resté ami avec Malcolm X, ça lui aurait peut-être coûté la vie. Il existe de nombreuses versions de cette histoire et c'est ce qui rend la tâche de l'historien si passionnante. Il faut recouper les différentes versions pour tenter de reconstituer le puzzle.

Nous sommes penchés sur le puzzle entre les murs d'une université chic. Il en a tiré un très bon livre, je prépare une série pour la radio. Questions et réponses fluides, quasiment prêtes au montage, s'enchaînent. Nous disséquons. Je repense à Victor Bender et Lawrence Montgomery rencontrés la veille à Louisville, aux mots qu'ils évacuent, jamais ils n'auraient laissé percer le moindre désaccord passé avec Ali, je pense à ce moment où la voix du frère Muhammad Siddeeq s'est légèrement brisée pour dire ses larmes mélangées à la pluie quand il a appris la mort de Malcolm. S'ils hésitent, s'ils se taisent c'est qu'ils y pensent souvent. Qu'ils cherchent encore à comprendre. C'est leur puzzle. Leurs vies.

L'université Purdue a laissé un PV conséquent sur le pare-brise de la voiture, histoire de rappeler que tout se paie par ici, nous partons, nous avons rendez-vous dans un autre monde, avec l'imam Saahir et le frère Siddeeq, pour enregistrer la prière de 14 heures au Nur Allah Islamic Center. Nous retournons vers Indianapolis, à l'est de la 46e Rue, un quartier modeste en périphérie de la ville. Nous nous garons à l'arrière de la mosquée, un petit bâtiment bas en bord de route. Nous sommes en avance. Ils sont déjà là, aussi chaleureux que deux jours plus tôt dans le lobby de l'hôtel, ils préparent l'office. Je demande au frère Siddeeq si je dois me couvrir la tête. Il me répond que je fais comme bon me semble, que les fidèles apprécieront si je le fais, mais que ce n'est pas une obligation. Ils arrivent, musulmans afro-américains, qui vont côté hommes, côté femmes. Je suis parmi des femmes noires qui portent de manifiques turbans colorés. Je ramène mon écharpe sur mes cheveux. Entrent alors des étudiants blancs avec leur professeur, probablement chrétiens, qui se répartissent à gauche ou à droite de la salle. La cérémonie commence.

Un des fidèles récite la prière à Allah. À ses pieds, le triple micro installé par Benjamin qui a ensuite rejoint Gaël côté hommes. Nous nous regardons de loin, complices, surpris et heureux d'être là.

Puis l'imam Saahir prend place devant le micro.

— Qu'est-ce que l'islam ? Qui est Mohammed le prophète ?

Si vous voulez savoir ce qu'est l'islam, ne regardez pas les informations ce soir. Et ne vous intéressez pas aux terroristes, ce n'est pas l'islam.

Ceux qui maltraitent les femmes, ce n'est pas l'islam.

Vous ne trouverez rien de tout ça dans la vie du prophète Mohammed.

Vous me direz, Oui mais le Coran enseigne le combat.

Oui, mais il y a des conditions à ce combat.

Pourquoi ils combattent ?

On peut faire un parallèle avec le combat des Indiens.

Ils ne voulaient pas se battre, ils devaient se battre.

C'est un fait.

Ils devaient se battre au nom de leur peuple.

C'est la vérité.

Ils étaient limités pour se défendre.

Ils ne pouvaient pas armer les arbres.

Ils ne pouvaient pas armer les rivières.

Ils ne pouvaient pas armer leurs chevaux.

Et selon leur âge, et leur taille, ils ne pouvaient que se battre pour leurs droits.

Donne-moi la liberté, ou donne-moi la mort.

Ce n'est qu'un passage, qu'un montage de ce que nous avons enregistré pendant une bonne heure. À la radio c'est comme une mélopée. Sur le papier, un improbable métissage américain, une fusion par les mots, et sous le regard d'Allah pourtant théorisé loin, très loin d'ici, des

Indiens que les Blancs appelaient Nègres des prairies, et des descendants d'esclaves.

Ali nous a menés là.

Adossé au mur, l'imam Siddeeq tient à présenter les étrangers aux fidèles.

— Sœur Judith travaille pour la radio française, dit-il. Expliquez-leur pourquoi vous êtes là, me dit-il avec ses yeux brillants qui ne vous lâchent pas.

Et me voilà à raconter notre voyage sur les traces d'Ali, à présenter Gaël « the director », Benjamin le preneur de son, et puis France Culture dans cette petite mosquée noire d'Indianapolis, tandis que l'imam Saahir écrit sur le tableau derrière le pupitre, l'adresse internet que je lui donne, www.franceculture.fr. J'ai l'impression pendant quelques minutes d'être à un croisement des mondes dans ce petit cube de brique blanche en bord de route, que tout est possible, et je veux bien être sœur Judith dans cette petite mosquée noire américaine. Je repense alors à cette messe du dimanche matin à laquelle j'ai assisté dans une petite église chrétienne noire du delta du Mississippi quelques années plus tôt, à toute la beauté du gospel, à la même manière dont le pasteur avait salué et souligné, comme ici, la présence de nos visages pâles. Le frère Siddeeq n'aimerait sans doute pas que je rapproche ces deux moments, l'un chrétien, l'autre musulman, mais j'y ai entendu les prières des hommes, elles ont précédé les religions qui se sont depêchées de les encadrer. C'est une prière très américaine que nous venons d'enregistrer.

C'est ensuite au tour du professeur d'expliquer

pourquoi il tenait à venir avec ses étudiants. Je voulais qu'ils aient une autre vision de l'islam, dit-il en substance. Je remarque alors que les filles ont gardé la tête nue. Aurais-je dû faire comme elles ? J'aime la liberté qu'on m'a laissée, la couleur des turbans qui laissent voir la nuque et le visage de mes voisines noires, j'ai voulu me fondre parmi elles.

C'est fini.

Le frère Siddeeq nous invite à dîner chez lui. Il nous fixe rendez-vous à 16 heures, il doit donc s'agir de ces repas au beau milieu de l'après-midi, un early dinner, qui sont courants aux États-Unis. Nous nous retrouvons dans un autre quartier de la ville, une résidence pavillonnaire, cité horizontale et neuve de la classe moyenne. Nous sommes chez l'une des filles du frère Siddeeq. Il vit ici avec sa femme, parce qu'il souffre d'une leucémie. Il n'a pourtant pas l'air malade. Il est en cuisine, sa femme nous explique qu'elle a fait les (quinze) enfants, et a pris l'habitude de lui laisser les fourneaux. Il y a là quelques-unes de leurs filles, des petits-enfants, un couple d'amis, nous parlons de politique, de Trump dont ils ne se sont toujours pas remis, nos micros sont éteints, nous sommes là à titre amical, c'est le signe d'une confiance installée. Siddeeq finit par m'offrir le gant de boxe signé Muhammad qu'il avait apporté la première fois, il me paraît gigantesque, taillé pour un géant, forcément j'y glisse ma main, la gauche, minuscule à l'intérieur, je suis très touchée, sans fétichisme aucun, j'imagine qu'il doit en avoir quelques-uns en réserve que le champion a signés à tour de bras il y a bien longtemps pour qu'il les distribue, ce gant me vient de Siddeeq plus que d'Ali. Puis débarquent les jeunes élèves du cours de danse de sa fille, il est 18 heures et ça se passe dans le salon. Les petites danseuses se mettent en cercle sous nos yeux, la fille de Siddeeq leur montre quelques gestes. Cette maison peut contenir plusieurs événements en même temps. Le dîner se termine. Je lui demande avant de nous éclipser :

— Pas de nouvelles de Captain Sam ?

— Vous partez quand ?

— Demain matin, nous filons vers Chicago.

— Je passe à l'hôtel avant votre départ et on l'appelle.

Je revois la chambre de Benjamin. Lit défait. Valise bouclée. Sur la petite table dans un coin, le Nagra branché à un téléphone portable. Nous faisons quelques essais. Muhammad Siddeeq arrive à 9 heures. Nous nous asseyons lui et moi, casque sur les oreilles devant l'enregistreur qui a tout d'une machine à remonter le temps. Il compose le numéro. Sonneries. Soudain une voix. Lointaine. Rauque, noire et du Sud.

— Captain Sam ? dit le frère Siddeeq.

— Oui ?

Le voilà, l'homme que maudissaient les parents de Cassius Clay pour avoir montré à leur fils le chemin de la mosquée. Voix éraillée, naguère discordante, sous surveillance du FBI, dont le temps est compté. Comme promis dans sa lettre, Siddeeq nous entraîne vers le début de l'histoire.

— Frère Muhammad Siddeeq ! J'avais dit que je t'appellerais.

— Salut, ça va ?

— Je suis avec des amis qui voudraient te parler. Tu peux leur accorder quelques secondes ?

— J'écoute.

— Je te passe Judith Perrignon.

Je le salue et lui demande bien sûr de me raconter la rencontre.

— Je vendais des journaux dans les rues de Miami. Il m'a interpellé depuis l'autre côté de la rue : « Mon frère ! » Et il a cité les paroles d'une chanson de Louis Farrakhan sortie dans les années 50, *White Man's Heaven is a Black Man's Hell* – le paradis de l'homme blanc est un enfer pour l'homme noir. En voyant que j'étais moi-même musulman, il a crié : « Pourquoi nous appelle-t-on des Nègres ? Pourquoi sommes-nous aveugles, sourds et muets ? Pourquoi tout le monde progresse-t-il quand nous restons si loin derrière ? » J'ai répondu : « Alors comme ça, tu t'intéresses à la doctrine ? » « Oui, je m'appelle Cassius Clay et je serai le prochain champion du monde des poids lourds. » Et il m'a emmené chez lui pour me montrer son album. Il venait de passer pro, il avait 19 ans. J'ai décidé de garder un œil sur lui, j'étais sûr qu'il serait champion, je sentais la confiance qu'il avait en lui. Après ça, j'ai commencé à l'emmener à la mosquée, à toutes les réunions. Et j'ai continué jusqu'au moment où il s'est préparé à combattre pour le titre. À l'époque, Malcolm avait besoin de se faire oublier à New York, parce qu'il avait dit au sujet de l'assassinat de Kennedy que celui qui semait le vent récoltait la tempête, alors que la consigne était de garder le silence. Il traversait une mauvaise passe. On lui a proposé de venir à Miami le temps que ça se calme. Quand il est arrivé, je l'ai emmené au club où s'entraînait Mohamed Ali, qui s'appelait encore Cassius Clay. Et là, la rumeur a circulé qu'il était à Miami pour recruter Cassius Clay chez les Black Muslims. C'est comme ça que Malcolm a mis un pied dans le truc. Mais c'est moi qui ai fait entrer Mohamed Ali dans Nation of Islam deux ans avant sa rencontre avec Malcolm. Voilà comment ça s'est passé.

Je sens que ça va être bref, j'ai l'impression qu'un chrono est lancé, je cherche des images, des scènes, des détails. C'est ce que j'aime.

— Parmi tous les moments que vous avez passé avec lui, quel est pour vous le plus fort ?

— Je ne considère pas qu'il y ait un moment mieux que les autres, vous savez. Mais s'il faut choisir, je dirais que mon meilleur souvenir avec lui, c'est quand l'honorable Elijah Muhammad lui a donné le nom de Mohamed Ali. Je pense que j'étais plus heureux pour lui qu'il ne l'était lui-même, parce que je savais ce que signifiait ce nom. Ça, c'est un souvenir très spécial, pour moi.

— Vous assistiez aux combats ?

— J'ai assisté à presque tous ses matchs ! J'étais là à New York, à Miami, à Houston, en Californie, à Las Vegas…

— Tout près du ring ?

— Juste à côté du ring ! Je ne m'asseyais pas au fond, j'étais devant.

— Vous lui parliez ?

— Oui, je l'assistais dans son coin du ring pendant le match contre Floyd Patterson, contre Ernie Terrell, contre George Chuvalo… J'étais un de ses hommes de coin. Et maintenant, si c'est bon pour vous, je vais raccrocher. Bonne journée !

C'est fini. Trop court. Il ajoute que d'ordinaire, il ne donne pas d'interviews gratuites. Il l'a fait pour son ami Siddeeq qui reprend le téléphone.

— Je vais descendre d'ici une petite semaine, je passerai te voir et on déjeunera ensemble. Merci d'avoir accordé un peu de temps à mon amie. J'apprécie beaucoup. Qu'Allah te garde.

Post-scriptum : Chère Judith, Tout en acceptant la volonté de notre créateur, c'est avec tristesse que je viens vous annoncer la mort de l'imam Muhammad Siddeeq. Il s'est éteint le samedi 27 juillet dans la soirée. Il ne tarissait pas d'éloges sur vous et votre équipe venus de France. Il nous manquera beaucoup.

Michael Saahir

Le 28 juillet 2019

III

Aujourd'hui les quartiers sud et noirs de Chicago disent tout d'une bataille perdue. Silhouettes jeunes et claudicantes qui ont probalement déjà senti l'éraflure ou les ravages d'une balle. Femme qui hurle à la folie à l'arrêt de bus, tandis qu'au carrefour sous le feu rouge, un type tape comme un beau diable sur des caisses et des seaux, l'air de dire, Nous restera toujours l'énergie de la musique.

Au-dessus de lui, les panneaux de signalisation rappellent un peu d'histoire. Stony Island Avenue a un autre nom en forme de souvenir ou d'hommage, Elijah Muhammad Avenue. Tout au bout, au 7351, un bloc gris avec un dôme doré et un croissant à son sommet. La mosquée Maryam. Un panneau coloré, animé de cristaux liquides, annonce le siège de Nation of Islam. Ce n'était pas exactement ici au temps d'Ali, mais c'est là désormais qu'on raconte encore l'histoire d'un vaisseau spatial qui viendra sauver le peuple noir.

La veille, ça faisait rire le frère Siddeeq, l'ancien disciple,

— Dans l'actuelle Nation of Islam, ils y croient encore ! Farrakhan est convaincu qu'en ce moment même, Elijah Muhammad, dont on a mis le cercueil en terre, se trouve à bord de ce vaisseau où il attend de revenir. Et ils sont des milliers à penser comme lui.

La mosquée fait penser à ces lanceurs que les fusées expulsent après le décollage, parce qu'elles n'en ont plus besoin. Les grilles tout autour ne vous invitent pas à approcher. C'est dimanche. Une cérémonie vient probablement de se terminer à l'intérieur. Quelques enfants en costumes cravates sombres jouent sur le parking. On devine des sœurs les cheveux couverts d'un voile blanc. Puis des hommes aux épaules et mâchoires larges dans de longs manteaux noirs. Ils nous ont vus et s'approchent façon service d'ordre, tandis qu'une grosse cylindrée ralentit au niveau de la grille, abaisse de quelques centimètres une de ses vitres fumées pour exiger « qu'ils éteignent leur micro ». C'était déjà fait. Peut-être y a-t-il le grand chef à l'intérieur de cette voiture, le vieillissant et controversé Louis Farrakhan aux commandes, depuis 1981, d'une organisation qui s'est beaucoup épuisée. C'est lui qui chantait cette chanson qu'Ali aimait tant, *Le paradis de l'homme blanc est l'enfer de l'homme noir*. Il renonça au tempo du calypso quand il embrassa Nation of Islam, car le grand Elijah avait interdit la musique.

Ali aimait chanter, lui aussi. Il faut l'écouter jammer avec Sam Cooke.

Ou chanter *Stand By Me*.

Mais c'était avant, quand il s'appelait Clay. Ali n'aurait pas pu l'enregistrer. Il faisait de secrets blind tests avec Siddeeq, mais il obéissait aux règles dont nous sentons encore ici toute la rigueur. Un des costauds nous conseille de téléphoner pour caler une interview plus tard. Mais c'est avec le passé que nous avons rendez-vous, je note un numéro dont je sais d'ores et déjà que je ne l'utiliserai pas. Et nous nous éloignons puisqu'on nous le demande. Au carrefour sous le feu rouge, les percussions résonnent encore. Nous remontons dans le bus. Trois blancs-becs armés d'un bouquet de micros dans les transports publics par ici, ce n'est pas courant, les gens nous regardent, certains nous demandent ce qu'on fait là. Nous expliquons. Un jeune garçon nous dit bien connaître le petit-fils d'Elijah Muhammad. C'est troublant, car nous avons justement rendez-vous avec le petit-fils d'Elijah Muhammad. Très vite, il est évident que nous ne parlons pas du même. Toutes ces histoires lointaines que nous avons entendues, le harem du gourou, les mensonges, la colère de Malcolm X trahi, ont essaimé beaucoup d'enfants et de petits-enfants dans la nature.

— Je m'appelle Elijah Muhammad et je suis né ici, à Chicago. Je suis le petit-fils de l'honorable Elijah Muhammad et le fils de Jabir Herbert Muhammad, qui a été le manager de Mohamed Ali pendant au moins vingt-cinq ans.

C'est un descendant officiel. Il nous a rejoints au centre-ville et ça n'a pas été difficile de le reconnaître. Aucune trace de descendance divine, mais une longue barbe poivre et sel, un manteau noir, laissant deviner la silhouette d'un noir musulman. Il n'est plus membre de Nation of Islam. Il a rejoint l'islam traditionnel sunnite comme Muhammad Siddeeq et Michael Saahir, et beaucoup des convertis des années 60. Il est chauffeur Uber maintenant.

— Mon grand-père a toujours encouragé Mohamed à abandonner la boxe. Mais il l'a aussi laissé faire, sans doute parce qu'il savait que le personnage de Mohamed servait notre cause. Mon grand-père n'était pas un musulman traditionnel. Ce n'était pas tant un homme religieux qu'un libérateur et un combattant de la liberté. Son but a toujours été de permettre à son peuple de s'affranchir de la mentalité d'esclave qui l'entravait. Mohamed Ali renvoyait une image stimulante parce qu'il était plein d'un courage, d'une assurance et d'une conviction que la plupart des Noirs ne ressentaient pas, à l'époque. C'était un aspect positif de son association avec mon grand-père et avec notre religion. Quand Mohamed lui demandait conseil, mon grand-père le renvoyait vers mon père : « Si tu as des questions concernant la religion, demande à mon fils. Ce sera comme si c'était moi qui te parlais. » Mon père était donc à la fois son grand frère et son mentor. Il s'efforçait de lui enseigner la religion telle qu'on la connaissait à l'époque. Mais il était avant tout un manager. Il cherchait les combats et essayait d'obtenir le meilleur prix pour son boxeur. Il a réussi à briser le plafond de verre qui empêchait les boxeurs – et les sportifs en général – de gagner beaucoup d'argent. Peu de gens le savent, mais après Mohamed Ali, les sportifs ont commencé à empocher beaucoup plus d'argent. Mon père disait souvent que quand les promoteurs l'approchaient pour négocier la bourse d'un match, il leur sortait une somme qui lui semblait totalement astronomique et il était toujours surpris de les voir accepter. Il payait les factures – il avait un gros cabinet d'avocats, Sidley Austin, qui travaillait pour lui. Il gérait le camp d'entraînement, les billets d'avion… Et il s'assurait toujours que les combats rapportent un maximum d'argent à Mohamed. C'était son manager, voilà ce qu'il faisait. Beaucoup de pays noirs sont devenus indépendants, à cette époque. Mon père lui organisait des combats hors du pays, il voulait faire découvrir Mohamed au reste du monde. Beaucoup en Europe et en Afrique, aux Philippines, en Thaïlande… Il l'a emmené partout. C'est pour ça que Mohamed disait qu'il était le « Champion du peuple », parce qu'il allait à la rencontre du peuple partout dans le monde. À un moment, mon père lui avait aménagé un ring à deux rues de chez moi. On vivait ici, au coin de la 47e et de Woodlawn Avenue, où mon père a ensuite fait construire une mosquée – la Masjid al-Faatir. Mais avant ça, il y avait un gigantesque garage qui lui appartenait et dans lequel il avait installé un ring pour que Mohamed puisse s'entraîner. En 1966, je l'ai accompagné à Francfort, en Allemagne, pour le match contre Karl Mildenberger. À l'époque, j'adorais courir, j'ai toujours été assez sportif. Je courais avec Mohamed Ali. Il m'avait expliqué que pour avoir des jambes bien musclées, il fallait courir avec des rangers aux pieds. Il courait toujours en rangers. Je pense qu'il me considérait comme un petit frère, parce que mon père et lui étaient très proches. Bien plus qu'on ne veut généralement l'admettre. Ils étaient tous les deux très farceurs. Lui, c'était un boute-en-train, il adorait faire rire les gens et les divertir. Il passait son temps à faire des farces pour amuser la galerie. Je crois que Mohamed voyait les enfants de Jabir – d'Herbert – comme ses frères et sœurs. C'est comme ça qu'il me traitait.

— Vous vous rappelez Malcolm X ?

— J'étais tout jeune quand j'ai rencontré Malcolm. Mon père m'a emmené à New York une ou deux fois. Je passais surtout beaucoup de temps chez mon grand-père, c'est là que j'ai croisé Malcolm et sa femme à plusieurs reprises. J'ai même gardé leur fille aînée, Attallah, pendant quelques heures, quand j'avais une dizaine d'années. Malcolm a apporté une énergie formidable à Nation of Islam. Lui aussi respirait l'assurance, la conviction et le courage, il avait beaucoup de charisme et c'était un orateur-né. Il a beaucoup aidé Nation of Islam à grandir. Mon grand-père adorait l'homme, il admirait énormément ses capacités. Ce qui s'est passé, d'après moi, le point de non-retour, c'est sa déclaration au sujet de l'assassinat du président Kennedy. Or mon grand-père avait formellement interdit à Malcolm et aux autres ministres de mentionner Kennedy. C'était un homme très populaire et il ne voulait pas provoquer de ressentiment. Mais Malcolm ne lui a pas obéi, il s'est quand même exprimé. Et du coup, mon grand-père l'a sanctionné – c'était une pratique courante et je ne crois pas que Malcolm lui-même y voyait à redire, à l'époque. Il s'est vu infliger quatre-vingt-dix jours d'interdiction de parler, pour avoir désobéi. Il adorait le micro, il n'était pas tellement disposé à le lâcher. Il voulait continuer, il avait toujours besoin d'un public. Il n'a pas supporté d'être ainsi mis sur la touche par mon grand-père. Et je sais aussi que le gouvernement de l'époque souhaitait ardemment voir mon grand-père et Malcolm échouer. Ils les détestaient, en particulier le FBI de Hoover. Et la CIA. D'ailleurs, Malcolm lui-même racontait que quand il était allé en Europe, la France avait refusé de le laisser entrer parce qu'il était considéré comme un paria et un fauteur de troubles dans son propre pays. Et même au sein de Nation of Islam, beaucoup de gens méprisaient Malcolm et le soupçonnaient d'être un traître. Il y avait des éléments incontrôlables, au sein de notre communauté, qui voulaient tuer Malcolm. La CIA aussi voulait le tuer. Quant à la police de New York, je pense qu'elle fermait les yeux sur ce qui se passait. Je vous parle en toute franchise, j'adore mon pays, mais il a beaucoup de choses vraiment terribles sur la conscience, comme tous les pays. Même le révérend Martin Luther, ils le considéraient comme… Il a réussi à faire passer le Civil Rights Act, contre la discrimination, le Voting Rights Act pour renforcer le droit de vote, mais quand il a commencé à dénoncer la guerre du Vietnam, ça n'a pas plu aux autorités américaines. On imagine bien pourquoi. Aujourd'hui, c'est comme si on avait fait un pas en avant et deux en arrière. Le racisme reste très fort, dans ce pays, personne ne pourra me contredire là-dessus. J'ai eu un professeur, qui est désormais à Harvard et qui disait : « Pour comprendre la culture politique américaine, il faut mettre la race au centre du débat. » Ce qui est arrivé à Malcolm était tragique, je le regrette profondément. Je sais que mon grand-père détestait voir Malcolm s'opposer à lui. Il détestait ça et ça le blessait. Mais je sais aussi que la mort de Malcolm ne l'a pas laissé indemne. Parce que mes cousins, qui étaient à table avec lui quand il a appris la nouvelle, m'ont dit qu'il avait fondu en larmes.

FBI, rapport du 14 juin 1966

XXX déclare qu'il réside à Miami. Il dit que Cassius Clay habite dans la maison voisine. XXX dit qu'il croit que toute la vie de Cassius Clay est influencée et dirigée par Elijah Muhammad. Il dit qu'à sa connaissance, aucune autre personne n'exerce d'influence sur Clay. Il dit qu'il croit que Clay obéit aveuglément à tout ce que peut lui demander Elijah Muhammad. XXX rappelle qu'il y a un an, le père de Clay est arrivé un soir, sous l'emprise de l'alcool. Il avait un couteau à la main et hurlait contre l'embrigadement d'Ali par les Black Muslims, contre son nom qui était ruiné et déshonoré. Il disait qu'il allait tuer tous les Muslims qui traînaient autour d'Ali. XXX dit qu'Ali est entré dans une grande colère, qu'il a essayé d'attaquer son père, et qu'il a été retenu de force pour qu'il ne blesse pas son père. Pendant qu'on le maintenait, Clay cherchait à frapper son père.

C'est à la fois excitant et une épreuve de se connecter au site du FBI pour consulter les rapports rendus publics. Une succession de paragraphes répétitifs, à l'encre sale, aux multiples coups de tampons, aux noms biffés par respect d'une promesse d'anonymat faite au délateur. C'est un vieux puzzle aux pièces manquantes fait pour vous perdre, laisser voir et au fond ne rien révéler. Mais c'est suffisant pour sentir tout ce qu'Ali a pu déclencher de paranoïa et de panique dans l'Amérique d'Edgar Hoover. La surveillance se resserre autour de lui. Son patronyme tangue dans les rapports. C'est Clay plutôt qu'Ali. Mais c'est bel et bien Elijah Muhammad la figure du père désormais. Petit homme si frêle à côté du grand Ali. Dont Malcolm avant de mourir a révélé les trahisons, les dérives de gourou. Mais dont le sourire, écrivit James Baldwin, est comme la promesse qu'il va ôter de vos épaules le fardeau de la vie.

Et le sourire d'Ali, que raconte-t-il ? Il va, il vient. Ses yeux s'écarquillent, les mots semblent prêts à jaillir. Est-ce l'annonce d'une de ses blagues ? Ou le début d'une éruption ? La gaieté et la gravité semblent chez lui deux pièces séparées par une fine cloison. Il est la comédie et la tragédie. Il a 24 ans. L'âge de partir se faire amocher au Vietnam en manque de chair à canon. Quoiqu'on n'enverrait pas le champion du monde se faire tuer là-bas, on l'expédierait sur une base américaine en Allemagne, puis, le temps de quelques exhibitions sur les lignes arrières au Sud-Vietnam histoire de remonter le moral des troupes. Ça arrangerait bien les autorités américaines, qu'il s'éloigne, qu'il sorte du champ le disciple d'Allah. Mais non. Deux ans plus tôt, il a raté les tests préliminaires au centre de préparation des forces armées. Il a passé sans problème les épreuves physiques, mais buté sur les exercices sur table. « J'ai passé vingt minutes sur un problème de pommes, et ensuite je n'avais plus le temps de finir », racontait-il. Un marchand vend des pommes à 10 dollars le panier. Combien paierez-vous une douzaine de paniers, en sachant qu'on a retiré un tiers des pommes dans chaque panier ? A) 10 $ B) 30 $ C)40 $ D) 80 $. Ils lui refirent passer l'épreuve suspectant une tricherie, il échoua à nouveau. Ce qui n'étonna pas ses anciens professeurs de Louisville. Il semble que Mohamed Ali souffrait de dyslexie et de dyscalculie. Par deux fois, il n'avait donc pas atteint les 30 sur 100 qui vous autorisent à porter un pistolet mitrailleur. « J'ai dit que j'étais le plus grand, pas le plus intelligent », pestait-il. Il n'aimait pas qu'on lui parle de cet échec.

Mais il est le soldat d'une guerre intérieure. Il continue de caresser sa belle gueule comme une arme, à la télévision : Est-ce que je ne suis pas beau ? Parfois c'est d'un air impassible, pour ne pas dire maussade, que surgit la drôlerie, le baratin, la flamme des mots rebelles. C'est selon le jour, l'heure, le temps. Que de météos, que de masques changeants. Quand tant de visages adultes se ferment face aux brutalités de l'existence, il est expressif comme un enfant dont on ne sait jamais ce qu'il va faire l'instant d'après.

— Il est resté toute sa vie très naïf et immature, à certains égards. Il n'a jamais totalement surmonté sa naïveté. Ça faisait partie de son charme, cette candeur. Les gens sentaient qu'il n'y avait chez lui aucun vernis, il ne faisait pas semblant, il parlait avec le cœur. Mais en même temps, il était très crédule. Il écoutait n'importe qui et se laissait embarquer dans des affaires louches, il croyait tout ce que lui disait Elijah Muhammad. C'est aussi ce qui le rend passionnant. Il a toujours eu un côté naïf et confiant, peut-être que lorsqu'on devient riche et célèbre très jeune, on n'a pas besoin de grandir ni d'assumer certaines responsabilités. On reste un éternel enfant, comme Peter Pan. C'était un peu un Peter Pan, il ne voulait pas grandir. C'est aussi pour ça qu'il a continué à boxer jusqu'à 40 ans. Qui voudrait d'une vie normale, après ça ? Pourquoi s'embarrasser de la quarantaine quand on est Peter Pan ? s'interroge Jonathan Eig.

Il est le dernier à avoir signé une biographie d'Ali. *Ali, une vie*, paru il y a deux ans. Il est journaliste, l'auteur de quelques best-sellers, et vit à Chicago. Nous sommes allés le voir chez lui. Il est trop jeune pour avoir été un contemporain de la grande épopée d'Ali. Cette époque est maintenant entre les mains de ceux qui ne l'ont pas vécue, elle nourrira d'autres livres encore. Ali avait raison, on auscultera longtemps son temps, son existence, chapitre important d'une question intemporelle, qui fonde et obsède les États-Unis, les races.

— Il a transcendé les règles raciales, poursuit Jonathan Eig. Dans les années 50 et 60, on attendait des Noirs qu'ils se comportent d'une certaine façon, témoignent un certain respect à l'égard des figures de l'autorité blanche et acceptent les limites que leur imposait l'establishment blanc. La boxe a permis à Ali d'enfreindre ces règles.

Il se disait que s'il devenait un champion sur le ring, personne ne pourrait l'empêcher de faire ce qu'il voulait. En ce sens, la boxe est très importante. Elle procure aux boxeurs noirs un levier, une arme contre le racisme. Et Ali était conscient de cette opportunité. Il savait qu'il voulait être un grand boxeur, il savait qu'il voulait être célèbre. Son instinct le poussait à se rebeller et à toujours faire le contraire de ce qu'on attendait de lui. Mais il n'y avait jamais vraiment réfléchi avant de découvrir Nation of Islam. Ce qui lui a plu, ce sont les points communs avec la boxe, l'importance de la discipline et de l'autodétermination. Il a été séduit par le discours de Malcolm X et Elijah Muhammad, qui disaient qu'on n'avait pas besoin des Blancs et que d'ailleurs, on ne pouvait pas se fier aux Blancs et que la seule voie possible pour les Noirs était de partir de leur côté et de former leur propre nation à l'écart de la société blanche. Ça ressemblait aux principes qui faisaient de lui un grand boxeur : je peux y arriver par moi-même, je n'ai besoin de l'autorisation de personne. Je crois que c'est cette philosophie qui lui a permis de devenir plus qu'un simple boxeur. Après avoir entendu le message d'Elijah Muhammad, il a su ce qu'il voulait dire.

Il a souvent déçu sa famille et ses amis. Il m'a déçu moi, en tant que biographe. J'ai lu des choses qui m'ont fait secouer la tête, je me disais, comment peux-tu faire ça ? Comment peux-tu traiter tes femmes ainsi ? Comment peux-tu être si cruel avec quelqu'un comme Joe Frazier ? Mais surtout, comment as-tu pu tourner le dos à Malcolm X ? Malcolm avait été son professeur et je crois qu'Ali l'aimait comme un frère. Mais quand Elijah Muhammad a déclaré que Malcolm était banni de Nation of Islam et qu'il méritait de mourir, Ali a dit comme lui. « Il mérite de mourir. Quiconque défie Elijah Muhammad mérite de mourir. » Il savait à quel point ce genre de propos était dangereux, à l'époque. Malcolm X avait déjà fait l'objet de menaces de mort. La femme de Malcolm est même venue l'implorer d'intervenir. « S'il te plaît, empêche ça. Tu peux lui sauver la vie. » Ali lui a tourné le dos et peu après, Malcolm a été assassiné. La question reste posée. S'il était intervenu ou qu'il avait insisté pour que Malcolm soit protégé, cela aurait-il changé quelque chose ? On ne le saura jamais.

— Il a eu peur ?

— Oui, peut-être qu'il avait peur. Le jour de l'assassinat de Malcolm, la maison d'Ali a été incendiée. Certains pensent que c'était un avertissement, une façon de s'assurer qu'il reste fidèle à Elijah Muhammad. Plus tard, dans les années 70, Ali a dit qu'il avait peur de quitter Nation of Islam et qu'il avait peur d'Elijah Muhammad. Mais il n'a pas dit s'il avait eu peur de défendre Malcolm.

Ali n'est qu'un homme pris dans les filets d'une histoire trop grande pour lui. Il ne faut jamais oublier la foule qui le hue. Le FBI qui l'espionne. Nation of Islam qui le surveille. On ne se dégage pas de l'oppresseur sans fièvre. C'était un combat impossible à mener seul, un combat à vous faire oublier qui vous aimez et ce que vous aimez. Ali est parfois un peu paumé, désarticulé par son propre mythe.

Comment être nous et être moi ? Comment être chaque jour connecté au cauchemar de son peuple et en même temps à son rêve de boxeur populaire en grosse Cadillac rouge ? Et comment aimer librement Sonji, si peu adepte des préceptes de l'islam ? C'est Herbert Muhammad qui lui avait présenté Sonji Roi à l'été 1964, pour qu'il s'amuse un peu. Un soir, une nuit ou deux. Elle était belle, serveuse dans un bar à cocktails, Herbert Muhammad l'avait probablement payée. Autant contrôler aussi les filles qui tournent autour du champion. Ce qu'il n'avait pas prévu, c'est que le jeune Ali tombe fou amoureux d'elle, dévoilant sa naïveté, sa fougue, et surtout sa solitude. « Je l'ai rencontré et il m'a demandé en mariage le soir même. Il était fort mais il ne connaissait pas grand-chose. Il avait besoin d'une amie », expliquera Sonji Roi. Ils se marient un mois plus tard, civilement et religieusement. Très vite, les choses se gâtent. « Je lui ai dit : je vais porter des robes longues, je vais suivre vos prescriptions alimentaires, je ne mettrai plus de maquillage. Je trouve ça idiot, mais je le ferai si tu veux que je le fasse. Mais c'est Elijah Muhammad qui avait le dernier mot sur ce que faisait Mohamed Ali. Je ne voyais pas l'utilité d'être mariée à un homme et commandée par un autre », racontera Sonji.

C'est lui qui a intenté la procédure pour faire annuler le mariage, l'accusant d'avoir failli à sa promesse de vivre selon les préceptes islamiques. « Quand Sonji et moi nous sommes séparés, je suis devenu dingue, assis dans ma chambre, à sentir son parfum, à regarder les murs. Mais ça devait arriver, elle ne faisait pas ce qu'il fallait », dira Mohamed Ali. Tu as préféré l'enfer au paradis bébé, lui écrit-il juste avant que le divorce officiel ne soit prononcé.

Et comment effrayer l'Amérique blanche, porter le message séparatiste d'Elijah Muhammad tout en faisant rire le pays dans les shows d'Howard Cosell avec lequel il forme un grand tandem de la télévision américaine : le boxeur noir musulman et le journaliste juif né à Brooklyn. Le duo s'étire sur presque deux décennies, au bord du ring ou en studio, tissé de connivence, de blagues, de faux coups de poing et d'un immense respect mutuel.

— Je t'ai rendu celèbre, lui lance Ali en rigolant, où que j'aille tu me suis pour avoir ton nom dans les journaux !

— Tu serais encore en train de voler des vélos à Louisville si j'avais pas été là, lui réplique Cosell avec le sourire.

Il dure si longtemps, que lorsque Howard Cosell devenu chauve opta pour une perruque, on voyait encore Ali tirer dessus comme un môme à l'écran. Tout était permis entre eux. Plus question de séparer le Noir du Blanc. Mais il y a une expression aux États-Unis, qui dit que les Juifs n'ont pas toujours été blancs, que même les Irlandais n'ont pas toujours été blancs. Être blanc n'est pas seulement lié à la couleur de la peau, mais au fait que la société blanche et protestante vous accepte. Et Cosell le Juif avait suffisamment éprouvé l'antisémitisme américain pendant sa jeunesse pour entendre le message d'Ali. « La vie d'Ali est un index pointé vers la bigoterie bien cachée dans l'histoire de la création de la nation américaine et de son peuple. Je n'ai jamais cessé de me soucier d'Ali. Je l'aimais, je m'inquiétais pour lui. Même aujourd'hui je rêve encore de lui », confiera-t-il dans les années 90. Comme en écho à ce qu'écrivit Malcolm X, qui expliquait que les Juifs des États-Unis sentaient bien que sans la haine du Noir, c'est eux qui auraient été en première ligne. Il y eut même un serment de Cosell en direct de Londres, le soir de mai 1966 où Ali venait de combattre Henry Cooper. « Je suis avec Cassius Clay… » dit Cosell. Ali l'interrompt : « Ah non, tu ne vas pas me faire ça, toi aussi ! » Alors Cosell se reprend et déclare solennellement : « Non. Je ne le referai jamais plus, aussi longtemps que je vivrai, je te le jure. Ton nom est Mohamed Ali. » Pour ça, il reçut des lettres d'insultes et des menaces de mort.

Au *New York Times*, les choses n'étaient pas simples non plus pour Robert Lipsyte :

— Lorsqu'il a commencé à se faire appeler Mohamed Ali, il était évident – au moins pour moi – qu'il était désormais un musulman pratiquant et qu'il avait pris un nom islamique. Mon problème, c'était d'arriver à faire accepter ce nom au *New York Times*. À l'époque, le journal avait un rédacteur en chef bien à droite, un journaliste célèbre nommé Abe Rosenthal.

Il était directeur de la rédaction, pas de la rubrique sportive. Et il avait décidé que tant que le changement de nom de Cassius Clay ne serait pas validé par un tribunal blanc, nous continuerions à l'appeler Cassius Clay. Il refusait aussi d'employer le terme « Madame » pour les femmes non mariées. C'était un vrai dinosaure, par certains côtés. Je n'avais aucun problème à l'appeler Mohamed quand j'étais avec lui. Beaucoup de reporters sportifs blancs n'y arrivaient pas et lui donnaient du « champion ». Il trouvait ça très hypocrite et il les apostrophait : « Vous m'appelez champion parce que vous ne voulez pas employer mon véritable nom, Mohamed Ali ! » Ce n'était pas mon cas, mais la seule façon pour moi d'insérer son nom dans le *Times*, c'était d'écrire : « Cassius Clay – entre parenthèses : qui préfère qu'on l'appelle Mohamed Ali », ou encore « Mohamed Ali, plus connu sous le nom de Cassius Clay ». Ça a duré un bon moment et c'était vraiment embarrassant. On s'est engueulés plusieurs fois au journal. Je disais : « John Wayne et Rock Hudson, eux, vous les appelez par leur nom de scène ! Vous n'appelez pas Cary Grant "Archie Leach" ! » Mais ils ne voulaient pas en démordre. Un jour, dans un moment de faiblesse que je regrette beaucoup… J'ai oublié de vous dire qu'Ali lisait très peu. Il se faisait peut-être lire les journaux, mais il n'avait même pas lu le Coran jusqu'au bout. Et ce jour-là, je lui ai dit : « Je suis vraiment désolé, mais je ne peux pas toujours mettre "Mohamed Ali" dans le journal. » Il m'a tapoté la main et il a répondu : « T'en fais pas. Tu n'es qu'un petit frère de l'establishment blanc. » Ça m'a agacé ! « N'importe quoi ! » C'était vrai, bien sûr.

— *FBI, 13 décembre 1966. À Mr W. C. Sullivan. De Mr Brennan.*

Contre-espionnage. Sécurité intérieure. Nation of Islam.

Ce qui suit doit être transmis et publié par un éditorialiste diffusé dans tout le pays. Cela pourrait embarrasser l'organisation raciste noire, Nation of Islam.

« Le champion poids lourd à la langue bien pendue Cassius Clay a changé son nom en Muhammad Ali pour démontrer son indéfectible loyauté à l'organisation raciste Nation of Islam. La trace que laissera Clay sur le ring n'est pas assurée, mais il sera en revanche intéressant d'observer comme il danse sur l'air que lui impose son idole et leader, le dernier messager d'Allah.

Le leader musulman Elijah Muhammad a l'intention d'arranger un mariage entre sa prise spectaculaire (et par ailleurs leveur de fonds) et la fille pas très sexy d'un de ses subordonnés. Ali (Cassius), qui n'est pas l'homme le plus facile à maîtriser, ne devrait pas prendre très bien ce mariage arrangé, avec cette sœur musulmane qui est décrite comme "pas vraiment son type". »

Cette information est écrite tel un éditorial pour en protéger les sources. Elle est vérifiée. Elle devrait être transmise à un média approprié.

De toutes ces depêches, il ne reste qu'une langue policière, sourde et paranoïaque, qui voudrait étouffer la conscience d'Ali, ce qu'il incarne, ce qu'il peut déclencher d'un seul geste. Comme ce jour que raconte Jonathan Eig.

— J'avais presque terminé, j'avais fait des centaines d'interviews. Il me restait encore à rencontrer une femme qui avait travaillé avec Martin Luther King à Chicago, pendant l'été 66. Martin Luther King essayait d'exporter son action dans les villes industrielles du Nord et il avait organisé une grève des loyers à Chicago. Les résidents des logements les plus vétustes avaient cessé de payer leur loyer et versaient l'argent sur un compte bloqué auquel les propriétaires n'auraient accès qu'après avoir accepté de faire des travaux de rénovation. Un jour, cette femme qui travaillait comme bénévole pour le révérend King a appris qu'une de ses clientes était expulsée de chez elle. Normalement, les propriétaires n'avaient pas le droit d'expulser les gens tant qu'ils continuaient à verser leur loyer sur ces comptes bloqués. Elle s'est donc précipitée sur place, à West Garfield Park, pour voir ce qu'il en était. Il faisait très chaud, ce jour-là, et quand elle est arrivée, toutes les affaires de la femme étaient déjà sur le trottoir. Ses meubles, ses vêtements, ses photos de famille, tout était entassé sur le trottoir. Et il y avait des centaines de gens dans la rue qui observaient la scène sans savoir quoi faire. Soudain, la bénévole a senti une présence imposante derrière elle, elle s'est retournée et c'était Mohamed Ali. Il a retiré sa veste de costume bleue et la lui a tendue : « Vous pouvez me tenir ça, s'il vous plaît ? » Et sans un mot, il est allé prendre une chaise qu'il a rapportée à l'intérieur de l'appartement. Et tous les badauds, les fans de Mohamed Ali et les voisins, ont commencé à ramasser les affaires de la dame pour les remettre chez elle. Les policiers chargés de l'expulsion n'ont pas réagi, ils ont laissé faire. Ali n'a rien dit, il est remonté dans sa voiture et il est parti.

Sur le ring tout est plus simple. Tout converge : le rêve, le combat, la gloire même si les foules le huent à peine est-il entré sautillant dans son peignoir brodé de ce nouveau nom, Mohamed Ali, que la presse et ses adversaires refusent de prononcer. Sur le ring, tout est synchronisé : sa tête qui parle, insulte tout en cognant, ses jambes qui changent de garde à la vitesse de l'éclair, dansent, tournent, désarçonnent l'adversaire. « Je n'ai jamais combattu quelqu'un qui bouge aussi bien que lui. Il se déplaçait avec tant de grâce pendant les trois minutes de chacun des quinze rounds... C'est dur d'atteindre une cible en mouvement, il bougeait tout le temps », dira Floyd Patterson, sans rancune. Car personne n'a oublié le combat de novembre 1965.

— Un combat particulièrement moche, nous avait raconté Robert Lipsyte. Par une étrange ironie du sort, Floyd Patterson était ce type que la NAACP voulait empêcher d'affronter Sonny Liston pour préserver son image aux yeux des jeunes. Mais à son retour, des années plus tard, il incarnait le christianisme. Bizarrement, alors même qu'il était noir, il représentait les Blancs. Et l'idée qu'un musulman puisse être champion du monde des poids lourds le révoltait. Il refusait de l'appeler Mohamed Ali. Ça a été affreux. Floyd s'était fait mal au dos, mais c'était un vrai croyant, prêt à se battre jusqu'à la mort. Il n'aurait jamais jeté l'éponge. Mohamed Ali frappait juste assez fort pour lui faire mal sans le mettre K.-O. Et les reprises ont continué à s'enchaîner, de plus en plus pénibles. « Appelle-moi par mon nom ! » « Oui… champion. » « Attaque-moi, t'es mauvais ! » L'image qui me vient, c'est celle d'un gamin arrachant les ailes d'un papillon. Ali a montré cet autre aspect de sa personnalité. Comme quand il a pris ses distances avec Malcolm X. C'était un type compliqué. Un délicieux mélange de narcissisme avec une ombre de cruauté.

Ce jour-là, ses poings ne cherchent pas le coup fatal, il veut que ça dure, marquer les esprits, il fait mal à petit feu, sans matraquer. « Ali, mets le K.-O. pour l'amour de Dieu ! » hurle Angelo Dundee depuis son coin, lui aussi pressé d'en finir. L'entraîneur est toujours là, petit rital passionné qui ne se mêle de rien d'autre que de boxe, épaulé par Ferdie Pacheco le soigneur. Pour le reste, que des musulmans noirs autour de lui. Son frère qui a infligé la double peine à la famille Clay, puisqu'il est converti lui aussi, rebaptisé Rahman Ali et plus raide encore que Mohamed. Et Herbert qui veille, fils d'Elijah qui l'a nommé manager. Quant à Bundini son partenaire poète, l'inventeur du papillon et de l'abeille, il n'est plus là. Il aime trop la fête, l'alcool et les femmes blanches pour figurer sur la photo.

Après la victoire, le commentateur de la télévison tend son micro :

— Et voilà le champion Mohamed Ali…

Il a prononcé son nom. Il a compris la violente leçon que vient d'infliger le boxeur. Il veut une réaction. Ali répond :

— Je dois dire une chose. J'ai fait de mon mieux. Et je suis très surpris qu'il ait pu encaisser autant de coups. Et je voudrais remercier mon guide Elijah Muhammad pour la force qu'il m'a donnée, pour toutes les prières à Allah qu'il a faites afin de me protéger de cette foule qui me hue, et de me permettre de battre sans pitié un rapide et très bon boxeur.

Et l'argent change progressivement de main. Mohamed Ali a pris l'habitude de demander des avances sur ses droits pour participer aux bonnes œuvres de Nation of Islam. L'avocat Arthur Grafton du Louisville Sponsoring Group, qui gère sa carrière depuis sa médaille olympique, fait alors directement un chèque de plusieurs milliers de dollars à l'ordre d'Herbert Muhammad.

— Je me souviens qu'une fois, nous avait raconté Muhammad Siddeeq, il est venu après un match et ils ont annoncé à la salle : « Mohamed Ali est parmi nous ! » Il s'est levé et il a dit : « J'ai quelque chose pour vous ! » Il a sorti un gros rouleau de billets de cent dollars tenus par un élastique et il l'a lancé vers la scène. Et je peux vous dire qu'ils l'ont attrapé. Il a fait plusieurs contributions importantes. Mais je pense qu'il a sans doute plus reçu de nous qu'il ne nous a donné. Parce qu'on l'a vraiment beaucoup soutenu quand tout a basculé.

Difficile d'établir une comptabilité. En ce temps-là, le contrat signé par son père alors qu'il était encore mineur avec les riches blancs de Louisville arrive bientôt à échéance, et Herbert brasse des sommes de plus en plus importantes. Il a monté avec d'autres une société pour récolter une partie des droits de la retransmission des matchs. Ali refuse tout combat si la société d'Herbert Muhammad ne contrôle pas la promotion et n'empoche pas les droits de retransmission. Arthur Grafton tente de lui expliquer qu'il y gagnera peut-être moins. Ali lui rappelle qu'Herbert est le fils d'Elijah qui lui a donné la force. « Et si je peux aider les musulmans, ça me donne de la force. Ça ne me gêne pas si j'y gagne moins d'argent », dit-il tout simplement. *Muhammad Speaks* consacre de longs articles aux combats remportés par le champion. Tout ça avec l'assentiment de l'honorable Elijah, qui a toujours fustigé la perversion du sport, du spectacle et de l'argent, mais qui semble faire une exception pour Ali.

— L'argent fluctuait en fonction des managers, nous explique le biographe Jonathan Eig. Les premières années, il était géré par le Louisville Sponsoring Group et tout était spécifié par contrat. On sait combien ils prenaient et combien touchait Ali. D'un point de vue financier, ce sont sans doute ses meilleures années. Le Louisville Sponsoring Group lui versait un salaire, ils lui donnaient un pourcentage des gains, payaient ses impôts, le défrayaient, lui obtenaient des avantages fiscaux et versaient de l'argent sur un fonds de placement pour ses vieux jours. Mais quand il a rejoint la Nation of Islam, ça a changé. Herbert Muhammad a pris les commandes de ses affaires et c'est devenu très opaque. Il prélevait un gros pourcentage, peut-être 30 % de ses gains. Ali ne contrôlait plus rien, il n'a jamais eu personne pour faire ses comptes, pour lui mettre de l'argent de côté et gérer sa situation fiscale. Il était toujours fauché. Il avait divorcé plusieurs fois et il donnait beaucoup d'argent à ses ex-femmes et à ses enfants. Il passait de match en match et c'est pour ça qu'il a continué à boxer pendant si longtemps. Don King lui disait : « Je peux t'avoir cinq millions de dollars si tu vas au Zaïre. » Et Ali répondait : « OK. » Le mois suivant, il lui disait : « Je peux t'avoir deux millions de dollars si tu affrontes Joe Bugner. » « OK. » Il allait de rencontre en rencontre, sans véritable plan de carrière. Ali signait des contrats avec n'importe qui, même de parfaits inconnus. Il suffisait de lui mettre une feuille sous le nez et il la signait. Don King avait très mauvaise réputation, mais il lui faisait gagner de l'argent, alors Ali l'a embauché. Et quand Bob Arum est arrivé, il l'a embauché aussi. Vers la fin, il y avait toutes sortes de gens qui venaient le voir, des gens avec des problèmes de drogue ou des antécédents judiciaires, mais Ali s'en fichait. Ils lui disaient : « J'ai un plan qui peut te rapporter gros dans l'immobilier… » « OK, ça marche. » Il était très confiant, trop.

C'est à Chicago aussi qu'habite Salim Muwakkil. Cornell Avenue, d'élégants immeubles en briques rouges avec de grandes fenêtres blanches découpées en petits carreaux, à un quart d'heure à pied des beaux quartiers d'Obama. La bourgeoisie noire vit là, petite ou grande. Salim Muwakkil fut rédacteur en chef de *Muhammad Speaks*, voilà pourquoi nous sonnons chez lui. Il nous attend. Il ouvre la porte et laisse voir la longue silhouette osseuse d'un activiste au regard cerclé de lunettes rondes en métal. Sa femme est à côté de lui, un foulard lui barre le front, noué derrière la tête, façon Woodstock. Ici manifestement, on n'a jamais cru en Allah, on a plutôt cherché les moyens d'agir.

— Pour vous la faire courte, commence-t-il une fois installé dans le canapé, j'étais dans l'armée en Géorgie quand je me suis fait tirer dessus dans un motel. C'était une agression raciste – pas forcément politique, mais raciste. Pendant mon séjour en Géorgie, je m'étais pas mal radicalisé. On était en 68, Martin Luther King avait été abattu plus tôt la même année et ça nous avait mis en rage. Parce que même si j'étais militaire, c'est dans l'armée que j'ai rencontré certains des Américains les plus extrémistes que j'ai jamais connus. On était en pleine guerre du Vietnam, beaucoup de gens se radicalisaient. Plus tard, cette même année, je me suis donc fait tirer dessus au motel. J'étais arrivé au bout de mon contrat, mais ils avaient prolongé mon engagement de six mois, et pendant cette période, j'ai développé un militantisme noir très dur, je lisais tout ce que je pouvais... Dès que je suis sorti de l'hôpital et que l'armée m'a enfin libéré, au lieu de rentrer chez moi, je me suis présenté au siège du Black Panther Party et j'ai adhéré – le jour où j'ai quitté l'armée. Je me sentais poussé par un urgent besoin d'agir. Après ça, j'ai milité un temps chez les Black Panthers et j'ai fini par devenir un des cadres du parti dans le New Jersey. J'ai passé presque toute la fin des années 60 au Black Panther Party. Mais peu à peu, j'ai commencé à voir que le parti abordait la catharsis, la colère et la confrontation avec les forces de l'oppression, sur un plan plus symbolique que vraiment sérieux et concret. Je participais moi-même à cette agitation politique, j'essayais de déclencher des affrontements avec la police et de financer toutes sortes d'actions utiles à la communauté – des soins médicaux pour les enfants, du soutien scolaire, ce genre de choses. Mais pour ça, il fallait de l'argent. Or le Black Panther Party n'avait pas de véritable source de financement. Nous étions principalement soutenus par les commerçants locaux, et plutôt contre leur gré. Nous étions obligés d'avoir recours à des méthodes de sollicitation assez agressives. En gros, on extorquait de l'argent aux gens de la communauté pour financer des projets dont ils ne savaient rien. Et puis, il y avait les nombreuses habitudes culturelles que les Afro-Américains avaient développées à cause de leur histoire particulière dans ce pays – y compris des choix de vie débilitants. Dans toutes les communautés noires du pays, on voyait se répéter les mêmes problèmes de drogue et de délinquance... Les Panthers réagissaient, mais ils n'avaient pas de véritable plan pour lutter contre ces dysfonctionnements. J'ai commencé à voir des trous dans leur programme. Alors qu'il y avait un groupe que je croisais souvent dans le cadre de mes activités et qui semblait aborder la chose très sérieusement. Ils ne faisaient pas beaucoup parler d'eux. À l'époque, on militait contre les programmes scolaires qui faisaient l'impasse sur l'histoire afro-américaine ou amérindienne et réduisaient l'histoire de l'Amérique à celle des Européens-Américains. On se battait pour être mieux représentés dans les programmes. Mais à Nation of Islam, ils ne se sentaient pas tellement concernés, parce qu'ils construisaient leurs propres écoles et décidaient de leurs propres programmes. Ils ne dépendaient de personne. Et je trouvais ça beaucoup plus sensé que la lutte dans laquelle nous nous étions engagés. Alors j'ai rejoint Nation of Islam en 1971.

J'étais journaliste et à l'époque, j'écrivais pour l'Associated Press, qui m'avait embauché à la sortie de la fac. J'avais écrit presque toute ma vie, je savais écrire. L'AP est considérée comme le fleuron de la presse américaine, c'est la quintessence du journalisme objectif. On y apprend le métier de façon clinique. Or ils cherchaient des reporters afro-américains. Je faisais mes études à l'université de Rutgers, à Newark, dans le New Jersey. Une ville dont la population était composée à environ 63 % d'Afro-Américains. Pourtant, il n'y avait jamais eu de journaliste noir à l'AP. On était dans les années 60, l'Amérique prenait conscience de la façon dont elle traitait ses minorités raciales et il y avait donc un effort assez agressif, ce qu'on appelait la discrimination positive, pour faire entrer les Noirs dans ces différentes professions.

Il se trouve que j'étais bien placé pour en profiter, ils sont donc venus me chercher à la sortie de la fac et je suis devenu journaliste à l'AP. Il y avait quelque chose d'assez ironique à travailler dans cette institution de l'establishment juste après mon immersion chez les Black Panthers et alors même que j'étais membre de Nation of Islam. J'y ai appris que ce que les gens appellent le journalisme objectif n'est en réalité qu'une ratification du statu quo. Et je me suis rendu compte que les grands médias ne traitaient pas vraiment des problèmes de la communauté noire parce qu'ils acceptaient les choses comme elles étaient, sans jamais les remettre en question. Il y a un événement en particulier qui a accéléré mon départ. Ou qui a en tout cas accru mon désenchantement. JoAnne Chesimard, qui s'appelle désormais Assata Shakur et vit à Cuba, était membre d'un groupe radical de New York. Son arrestation sur l'autoroute du New Jersey a donné lieu à une fusillade célèbre. JoAnne

Chesimard et deux de ses compagnons ont été repérés par des officiers de la police d'État du New Jersey avec qui ils ont échangé des coups de feu. Deux policiers ont été blessés, un autre a été tué et les amis de JoAnne Chesimard sont morts aussi. Elle est devenue Assata Shakur et elle a été emprisonnée dans le New Jersey pour le meurtre de ce flic. Ses associés ont réussi à la faire évader. Une fois en cavale, elle est restée dans l'État un certain temps, ils n'arrivaient pas à lui mettre la main dessus. Je la connaissais, mais je ne pouvais pas le dire à mon rédacteur en chef. Quand j'ai couvert l'affaire pour l'AP, j'ai relevé des incohérences dans le dossier de la police scientifique, des détails qui semblaient indiquer qu'elle n'avait pas tiré. J'ai essayé de mettre ça dans mon article, au moins pour dire que ça ne collait pas, mais mon rédacteur en chef a refusé. Peu à peu, j'ai compris qu'il était structurellement difficile d'exposer notre version des faits dans les grands médias. Alors j'ai commencé à faire des piges pour *Muhammad Speaks*, tout en continuant à écrire des articles pour l'AP dans le style objectif qu'on nous imposait. On nous disait qu'il fallait écrire pour le laitier du Nebraska. Notre public, c'était l'Américain moyen. Et je comprenais : le laitier du Nebraska avait certaines certitudes qu'il ne fallait pas ébranler. Le soir, je rentrais chez moi et je changeais de perspective. Je relatais la même information, mais d'un autre point de vue, pour *Muhammad Speaks*, qui a sans doute été une des idées les plus ingénieuses de Nation of Islam. Un journal alternatif qui a servi de modèle à beaucoup d'autres dans les années 60 et après. On a vu apparaître toutes sortes de publications qui s'efforçaient de présenter l'actualité sous un autre angle, comme *Muhammad Speaks*. Il y avait toujours un message spirituel ou sectaire dans le cahier central, mais c'était aussi un journal d'information consacré à l'actualité dans le monde et en particulier dans le tiers-monde, des choses dont on n'entendait jamais parler en Amérique. C'est devenu une des principales – si ce n'est LA principale – publications noires de ce pays en termes de tirage. À un moment donné, *Muhammad Speaks* était imprimé à plus d'un million d'exemplaires. Le secret de ce succès, c'était la force de vente automatique. Tous les membres du Fruit of Islam, c'est-à-dire tous les hommes de l'organisation, étaient tenus d'écouler un certain nombre d'exemplaires. On commençait par acheter les journaux et ensuite, on allait les revendre. C'était la seule façon pour nous de rentrer dans nos fonds. Et donc, on essayait de les vendre dans la rue, à la communauté noire. Ça n'allait pas sans résistance, mais tout ça faisait partie du programme. C'était un moyen de nous mettre en contact avec les gens et de nous former à différentes méthodes de sollicitation et à un certain type d'évangélisme. On côtoyait beaucoup de monde et c'était très important. On apprenait à négocier avec des gens qui étaient presque instinctivement opposés à ce que nous représentions. La grande majorité des Noirs étaient des chrétiens convaincus. Nous avions grandi dans un milieu profondément chrétien, pour la plupart. L'islam était présenté comme une alternative au christianisme.

On opposait le christianisme, religion des esclavagistes, à l'islam, qui était celle des émancipateurs, dans ce pays.

Il y avait beaucoup d'effervescence dans l'air. Il existait toute une gamme de nuances entre le mouvement pour les droits civiques et la gauche radicale, qui avait elle-même différentes émanations, comme je vous le disais. Le Black Panther Party, d'inspiration marxiste-léniniste et maoïste, ou encore le parti Republic of New Afrika, qui voulait annexer plusieurs États du Sud pour en faire un territoire autonome et développer une économie coopérative ou un système collectiviste. Les groupes de ce type étaient très nombreux, à l'époque. Beaucoup de voix contestataires s'élevaient pour attirer une intelligentsia émergente. On avait une première cohorte de Noirs qui étaient allés à la fac à la fin des années 60, grâce aux programmes de discrimination positive. Les universités s'ouvraient à beaucoup d'Afro-Américains pour la première fois, elles nous donnaient accès à un capital intellectuel qui nous était jusqu'alors interdit. Beaucoup de gens s'en servaient pour expérimenter et façonner des idéologies nouvelles.

Il répond longuement. Mes questions se font de plus en plus rares. Le chat parfois vient frôler le canapé cerné de bibliothèques fournies. C'est l'appartement d'un intellectuel qui ne revisite le passé et n'interroge ses choix qu'à l'aune de l'efficacité politique.

— J'ai toujours dit qu'Elijah Muhammad devait être l'Élu parce qu'il faisait ce qu'il fallait et non parce que c'était un messager divin envoyé par Dieu. Pour ma part, j'étais plutôt laïc. Au moment où j'ai découvert l'existence de Nation of Islam, j'étais circonspect parce qu'elle m'apparaissait comme une sorte de secte qui posait des ultimatums à ses membres, leur faisait réciter les dogmes et n'encourageait ni la pensée individuelle ni l'esprit critique. Mais lorsque je me suis davantage impliqué dans les mouvements de libération, j'ai compris qu'un de nos problèmes en tant que peuple venait de ce que nous n'étions pas disposés à soumettre la plupart de nos élans d'imagination à une autorité plus éclairée que nous. Peut-être les formations autoritaires étaient-elles importantes pour un peuple qui n'avait pas de tradition d'autonomie, ce qui était le cas des Afro-Américains. Dans ce pays, on nous a socialisés sous contrôle pendant la plus grande partie de notre histoire. Même après la fin de l'esclavage et des lois Jim Crow, on nous a dissuadés de participer à tout ce qui avait trait au gouvernement et au bon fonctionnement de la société. Et quand nous participions, c'était généralement à un poste subordonné. Notre communauté avait donc un certain besoin de discipline, nous avions besoin de soumettre notre esprit d'initiative ou notre volonté et de nous laisser diriger. La Nation of Islam semblait être le bon vecteur pour ça, un vecteur presque thérapeutique. C'est ce qui m'a attiré vers eux. J'y ai vu des types qui étaient de vrais sociopathes… Vous pouvez demander à n'importe qui dans la communauté noire, en particulier les gens de mon âge, on a tous connu plusieurs de ces tueurs, des gros durs qui avaient pour philosophie de se servir sans jamais rien demander et qui se rangeaient du jour au lendemain pour suivre aveuglément l'honorable Elijah Muhammad. Ils se transformaient du tout au tout. C'est arrivé à beaucoup d'hommes noirs.

— Malcolm X.

— Malcolm X, exactement !

— Et sa mort, vous vous rappelez ?

— Son meurtre a été organisé à la Mosquée numéro 25, celle de Newark, dans le New Jersey. C'est aussi là que j'ai adhéré à l'organisation. À l'époque, l'hostilité à l'égard de Malcolm était encore palpable. Quand il a été tué, la Nation a évidemment été impliquée. Elle attirait pas mal de gens très pauvres qui avaient l'habitude de l'économie souterraine. Certains d'entre eux avaient peut-être des antécédents criminels. C'étaient des durs et ils étaient entièrement dévoués à Elijah Muhammad. Par ailleurs, Nation of Islam était régie par une discipline très stricte. Il y avait parmi ses membres de nombreux excentriques qui étaient prêts à se donner beaucoup de mal pour punir les éventuelles infractions à la doctrine. C'est une chose qui m'a longtemps posé problème, mais tout ça a fini par s'aplanir dans mon esprit et j'ai compris de quoi il retournait.

D'une certaine façon, Malcolm avait volé trop près du soleil et je comprenais la haine que lui vouaient ces gens. Pour certains de ses adeptes, Elijah Muhammad était une figure théologique, un genre de divinité. Alors quand Malcolm l'a désavoué, la plupart d'entre eux ont vécu ça comme une haute trahison, presque un blasphème. Il y avait beaucoup de haine contre Malcolm, dans Nation of Islam. Je me suis fait une raison. J'étais moi-même fan de Malcolm, c'est lui qui m'a ouvert les yeux, à un très jeune âge. Il m'a ouvert la voie vers le militantisme. Je n'étais encore qu'un préado la première fois que je l'ai entendu parler et il m'a beaucoup impressionné. Malcolm X m'inspirait donc des sentiments très positifs. Quand il a été assassiné, des rumeurs ont circulé accusant Nation of Islam. Pas que des rumeurs d'ailleurs, c'était effectivement des membres de Nation of Islam qui avaient tiré, même si on sait désormais qu'ils ont agi avec la complicité du programme COINTELPRO et du gouvernement américain. Il n'empêche que Malcolm restait détesté au sein de la Nation. Mais comme je le disais, je me suis fait une raison.

Robert Lipsyte :

Quand Ali a découvert qu'il était bon pour le service militaire, j'étais là. Il avait obtenu un très mauvais score aux tests de QI. C'était fou, parce qu'il apprenait vite, mais il ne lisait pas bien, il était presque analphabète. Il était donc difficile pour lui de passer un examen et il avait fait un score médiocre. Mais l'Amérique était en pleine guerre du Vietnam et elle avait besoin d'augmenter ses effectifs, si bien que les critères d'aptitude physique et mentale avaient été revus à la baisse. Et il s'est soudain retrouvé bon pour le service. Il se trouve que j'étais avec lui à ce moment-là. J'étais là pour autre chose. On était en 1965 et un général auditionné par le Sénat venait d'accuser un sénateur qui s'était prononcé contre la guerre d'être un traître. L'Amérique était affreusement divisée. Je suis donc avec Mohamed Ali, sur la pelouse d'une maison de location, à Miami. Il est en préparation pour un match. Il doit être 3 heures de l'après-midi et de l'autre côté de la rue, les lycéens sortent juste de cours. On voit passer plein de jolies filles qu'il invite à venir le voir. Le cuisinier sort alors de la maison pour lui dire qu'il y a un appel pour lui. Il va répondre et quelques minutes plus tard, il revient dans une colère noire. Il vient d'apprendre qu'il a été requalifié et qu'il est bon pour le service. On parle de Mohamed Ali, cet homme de principes, ce grand croyant… Et quelle est sa première réaction ? Sa première réaction est « Pourquoi moi ? Je suis le champion du monde des poids lourds ! Ils ne connaissent donc pas le montant de mes impôts ? Ils ne savent pas combien de chars, de fusils et de casques je paie ? Pourquoi ils ne recrutent pas des gamins pauvres qui ne payent pas d'impôts ? » Et il a continué comme ça pendant un moment. Ça a été sa première réaction. Motivée par son intérêt personnel et non par ses principes. Vous imaginez bien qu'au fil de l'après-midi et de la soirée, on a vu débarquer des camions-télé, des journalistes et toutes sortes de gens qui lui demandaient ce qu'il pensait de tout ça et s'il savait où était le Vietnam… « Bien sûr que je sais ! » Il n'en avait aucune idée. « Êtes-vous prêt à aller vous battre et à mourir au front ? » Il y avait non seulement des journalistes, mais aussi des membres locaux des Muslims. Beaucoup d'entre eux avaient fait l'armée. Et ils se marraient, ils étaient tous hilares. « Ali, tu vas partir là-bas et un sergent blanc va te balancer une grenade dans le froc. Boum ! » Ils trouvaient ça très fin. Je crois bien que c'est Captain Sam qui a dit ça. C'était un type un peu fruste. Je ne le connaissais pas très bien. Ça a continué pendant des heures, jusqu'à ce qu'à la fin de la soirée, un journaliste radio lui colle un micro sous le nez en disant : « Alors, Mohamed Ali ! Ça vous fait quoi de partir pour le Vietnam et de savoir que vous serez peut-être tué en combattant les Viet-congs ? » Et là, dans un élan de folie et d'exaspération, il a dit les mots magiques... Il a dit : « Je n'ai rien contre le Viet-cong, moi ! les Vietnamiens ne m'ont jamais traité de Nègre. » Boum ! Je pense que tout le monde a aussitôt compris que c'était le gros titre. Tout le monde sauf moi. Je ne sais même pas si j'en ai vraiment parlé dans mon article, le lendemain. Parce que j'avais passé la journée à l'écouter divaguer. Je savais d'où ça venait... Dans les médias, c'est devenu une sorte de livre blanc, une déclaration gravée dans le marbre de l'histoire. En réalité, c'était le délire d'un gamin à bout de nerfs. C'est vrai qu'à bien des égards, il est et a toujours été mal interprété. Une merveilleuse métaphore pour vendre le produit du moment, quel qu'il soit.

Ainsi sont montés les mots qui allaient devenir historiques. Un point de ralliement. Ainsi s'est fabriqué le héros. Au bout de ses doutes, de son ego, de son égoïsme, de sa peur, au bout de toutes ces contradictions tellement humaines, est venue la fulgurance. Ce jour-là, ceux qui l'entourent ne mesurent pas davantage l'onde de choc qui va suivre. Il fait les gros titres du lendemain. Le pays est outré. La presse demande l'annulation des futurs combats. Le prochain, c'est contre Ernie Terrell à Chicago. La commission athlétique de l'Illinois est saisie. Ali est sommé de se présenter et de s'expliquer. Il vient.

— Je ne suis pas là pour un plaidoyer, pour faire des excuses comme la presse l'a annoncé. J'ai reçu des appels à Miami, de gens qui ont investi dans le prochain combat, des gens en qui j'ai confiance. C'est pour eux que je suis là, parce que ces gens vont subir les conséquences financières de mes croyances et de mes déclarations. Je dois aussi m'excuser pour avoir dit à la presse des choses que j'aurais dû déclarer aux autorités et au bureau d'incorporation. Je m'excuse d'avoir ouvert la bouche, non pas devant eux, mais avec des journalistes et au téléphone. Je veux ce combat. Je suis en pleine forme. Et je veux honorer les contrats de ceux qui ont investi de l'argent.

— C'est votre déclaration ?

— Et je ne voulais pas heurter ceux qui ont des enfants, un fils là-bas au Vietnam. Voilà mes excuses. Maintenant tout ce qui relève de mon incorporation, de l'armée, sera discuté avec l'armée et non pas devant une commission sportive.

— Je répète ma question. Est-ce que vous vous excusez pour votre déclaration antipatriotique ?

— Pardon ?

— Je vous demande si vous vous excusez pour vos remarques antipatriotiques.

— Je n'ai pas à m'excuser ici de ce que j'ai dit. Je suis champion du monde. C'est une commission sportive. Je suis ici pour pouvoir défendre mon titre.

Il balance. Il ne veut pas choquer autant que l'avenir le croira, et il veut ce combat. Mais il est annulé.

Et impossible de le programmer ailleurs. Aucun État, aucune ville américaine ne veut accueillir le champion du monde déserteur. Il lui faut traverser la frontière, aller au Canada pour affronter Chuvalo. Ali est maintenant comparé à Jack Johnson, le tout premier champion de boxe noir catégorie poids lourd, qui dès 1908 brisa l'interdit des combat interraciaux et terrassa le Blanc un jour de fête nationale, le 4 juillet 1910, dans une salle qui hurlait « Tuez le Nègre ». Sa victoire entraîna une vague de meurtres contre les Noirs dans tout le pays. La société blanche ne supportait pas sa supériorité physique sur l'adversaire caucasien, et encore moins sa façon de vivre hors le ring, jeux, voitures, et femmes blanches. Il finit par en épouser une et dut fuir les États-Unis pour échapper à la prison. C'est mon modèle ! dit Ali qui l'admire, mais lorsque le cinéma lui propose d'interpréter Jack Johnson au cinéma pour un cachet de 300 000 dollars, il décline en expliquant que Johnson a vécu en opposition aux préceptes qui sont les siens. Sa religion lui interdit de fréquenter des femmes blanches. Il est pris dans d'inextricables contradictions. Il y a lui, son personnage, le public, la religion, ça s'entend quand on écoute ses interviews d'alors.

« Étant noir, étant boxeur, avec le conflit racial en cours, tous ces films, toutes ces publicités pouvaient porter atteinte à ma stricte foi religieuse. (…) Je devais satisfaire tout le monde sans distinction de race ou de croyance, je devais plaire au public mais sans en arriver à me prostituer, sans avoir à tourner des films où l'on voulait me faire tourner des scènes de nu, boire de l'alcool ou me faire prononcer des blasphèmes. Herbert Muhammad a été l'homme qui m'a maintenu en vie spirituellement et physiquement. Je devais l'avoir à mes côtés. Il connaissait son père mieux que moi, la religion musulmane mieux que toute autre personne. Il connaissait aussi le monde du sport. Je pouvais alors rester au milieu de la route, sans trop m'écarter à droite ou à gauche. Sans la religion, je ne serais ni aussi grand ni aussi puissant que je le suis aujourd'hui. Je suis musulman et mon nom est Mohamed Ali. Il y a davantage de Mohamed sur cette terre que n'importe quel autre prénom. Ce nom et ce qu'il représente ont contribué à me rendre unique et supérieur à la moyenne des vedettes et sportifs noirs qui ne sont pas suivis dans le monde entier, comme moi. »

Il finit toujours par s'en remettre à l'autorité. Homme qui ne serait supérieur que parce qu'il est docile. Paradigme aussi vieux que le monde.

— Ses coucheries sont intéressantes aussi, nous avait raconté Lipsyte d'une voix très amusée. Mohamed Ali était capable d'offrir ses services à huit, neuf, ou même dix femmes en un après-midi. C'est Ring Lardner Jr, un scénariste célèbre qui avait travaillé sur le film *The Greatest*, qui m'a raconté ça. Au moment du tournage, je crois que c'était en 1965 ou en 1966, en Floride, Ali était sur le plateau et il venait de découvrir le sexe avec sa première femme, une superbe petite créature qui passait son temps, quand il était en train de parler avec quelqu'un, à ouvrir la porte de leur chambre en appelant : « Aliiiii… » Il partait aussitôt s'enfermer avec elle pendant dix ou quinze minutes. Il était plutôt constant. Et ce scénariste m'a expliqué que si Ali pouvait se taper autant de femmes en une journée, c'était parce qu'il n'allait jamais jusqu'à l'orgasme. Ça va plaire à la radio française, ça ! Il n'allait jamais jusqu'à l'orgasme parce qu'il voulait se partager avec un maximum de gens. À ses yeux, ces quelques minutes de sexe avaient valeur d'autographe. Les femmes repartaient avec cet autographe de rêve qu'elles pouvaient garder toute leur vie. Cette histoire m'a toujours paru un peu fantaisiste. Quelques années après, j'ai pu le constater par moi-même. Il avait participé à un match amical en Floride, sur un ring artisanal, au milieu d'un champ, avec des centaines et des centaines de personnes tout autour. Il faisait des blagues, il était marrant, personne n'avait été blessé… C'était juste une petite rencontre, sans doute pour une œuvre de charité. Après le match, il est parti se rhabiller. Sa loge était un Winnebago, un petit camping-car. Il disparaît à l'intérieur, et puis il ressort, il regarde la foule et il dit : « Toi, toi et toi. » Trois jeunes femmes le suivent dans le camping-car et il referme la porte. Quelques minutes plus tard, la porte s'ouvre à nouveau et deux des filles s'en vont. La porte se referme et le Winnebago commence à tanguer d'un côté à l'autre. Genre Madame Bovary et son jeune ami dans le fiacre. Et moi je suis là, je prends des notes. La rencontre est publique et ça fait un bon papier. Angelo Dundee arrive et me dit : « T'as rien vu. » « Tu rigoles ? Ça s'est passé sous mes yeux ! » Il y avait encore des centaines de gens autour, qui se marraient en regardant le Winnebago s'agiter. « Non, tu peux pas écrire ça. » Ensuite, ses attachés de presse sont arrivés et ils m'ont longuement expliqué que je ne pouvais pas écrire ça et que si je le faisais, Ali ne m'adresserait plus jamais la parole. Je n'aurais plus mes entrées. Je suis reparti pour New York, j'étais triste. Je trouvais que c'était une fin parfaite pour ce long article que j'écrivais pour le *Times*. Ne plus avoir mes entrées après quatre ou cinq ans, c'était vraiment dommage. Mais il fallait que je le fasse. Alors j'ai écrit mon article et je l'ai conclu sur le Winnebago qui tangue. On comprenait très bien ce qui se passait. Le titre de l'article, que je n'avais pas choisi, était : « Le retour du roi des rois ». Six mois s'écoulent, je ne l'ai toujours pas revu. On m'envoie en Floride, sur un plateau de tournage, pour l'interviewer. Vous savez comment ça se passe, sur un plateau de tournage, je me dis que quelqu'un finira bien par me parler. S'il refuse de me parler, quelqu'un d'autre le fera. J'arrive sur le plateau et la première personne que je vois, c'est Ali. Il s'écrie : « Bob ! » Il se précipite vers moi, me donne une grande accolade et me murmure à l'oreille : « Le retour du roi des rois ! T'as tout compris ! » Je me suis dit : « Ce mec signe des autographes sexuels. Il veut que tout le monde sache que sa main est infatigable. »

17 mars 1966 : Ali se déplace au bureau de recensement à Louisville. Il demande à être exempté et pour la

première fois, il invoque sa foi et le statut d'objecteur de conscience. Rejeté. Il fait appel. Une audience extraordinaire est organisée devant un officier qui doit conseiller la commission d'appel.

« Votre Honneur, j'ai dit plus tôt et je voudrais le répéter à nouveau, ça ne me dérangerait pas d'aller servir l'armée en faisant des exhibitions de boxe au Vietnam, en voyageant aux frais du gouvernement et en vivant une vie tranquille sans avoir à ramper dans la boue, à combattre et à tirer. Si ça n'allait pas contre ma conscience, je le ferais facilement. Je n'aurais pas saisi le tribunal et je n'aurais pas subi tout ça et perdu les millions que j'ai abandonnés, ainsi que mon image auprès du public américain – elle est complètement ruinée à cause de cette audience. Je ne mettrais pas ma vie en danger dans les rues du Sud et dans tout le pays en marchant sans garde du corps si je n'étais pas sincèrement convaincu de ce que nous disent le saint Coran et l'enseignement de l'honorable Elijah Muhammad. Nous ne devons pas participer à une guerre aux côtés des infidèles, et ce pays est un pays chrétien et non un pays musulman. Selon le saint Coran, nous ne sommes pas à égalité, même pour donner de l'eau aux blessés. Ça, c'est le saint Coran, et je le répète, ce n'est pas moi qui essaie d'esquiver le service. Il était là avant que je naisse et il sera là après ma mort. Et nous croyons non pas à une partie du texte sacré, mais nous croyons tout et chaque ligne. »

L'officier estime que Mohamed Ali est « de bon caractère moral, intègre et sincère dans son objection de conscience ». Mais ses conclusions ne sont pas suivies. La demande est rejetée. Nouvelle procédure d'appel. Qui lui offre un sursis et quelques combats encore sur le ring. Le prochain, c'est contre Ernie Terrell qu'il devait rencontrer à Chicago, et qui fut annulé sous le choc des déclarations d'Ali. Il doit avoir lieu à Houston le 6 février 1967.

Comme c'est l'usage, une petite séquence est tournée quelques jours plus tôt pour faire la promotion du combat. Les boxeurs sont en costume cravate. Entre eux, l'incontournable Howard Cosell, qui dit face caméra : « Je suis entouré de deux hommes massifs. L'homme à ma gauche vient de me dire qu'il est le seul homme que Mohamed Ali redoute, Ernie Terrell. À ma droite, un poète et le champion du monde des poids lourds, Mohamed Ali. » Ali lit ensuite un poème qui fait rimer Terrell avec Hell, bref il promet l'enfer à son adversaire. Ernie Terrell répond en souriant que Shakespeare doit se retourner dans sa tombe, et que Cassius Clay…

— Pourquoi tu m'appelles Cassius Clay alors que Howard Cosell et tout le monde m'appellent Mohamed Ali ? l'interrompt Ali.

— C'est moi et pas Howard Cosell qui vais te combattre.

— Mais mon nom est Mohamed Ali et pourquoi tu ne m'appelles pas par mon nom ?

— Mais quel est ton nom ? Tu m'as dit que tu t'appelais Cassius Clay il y a quatre ans.

— Mon nom est Mohamed Ali et tu vas l'annoncer sur le ring après le combat si tu ne le fais pas maintenant.

Tu te comportes comme un vieil Oncle Tom, un autre Floyd Patterson. Je vais te punir !

— Ne m'appelle pas Oncle Tom.

— C'est ce que tu es ! Éloigne-toi de moi Oncle Tom !

Ils ont les poings serrés. Continuez de tourner, lance Howard Cosell. Terrell a encore le sourire, il croit à un numéro, une promo façon Ali. Il n'a jamais eu un mot contre sa religion. Il l'appelle Cassius, parce qu'il l'a toujours appelé comme ça. À Miami, lorsqu'ils s'entraînaient dans le gymnase d'Angelo Dundee, ils ont partagé des chambres d'hôtel, été des sparring-partners, ils ont fait de la route ensemble. Mais le voilà devenu l'Oncle Tom, figure d'un roman qui fit beaucoup pour l'abolition de l'esclavage, mais qui dans ces années-là symbolise la résignation de l'esclave, sa fidélité au bon maître, sa compromission avec le Blanc.

C'est une fois sur le ring que Terrell comprend qu'Ali ne riait pas. Le combat est terrible. Quatorze rounds. Ali s'acharne, cogne dans les yeux gonflés de Terrell qui perd ses moyens alors que tout le monde pensait qu'il donnerait du grain à moudre au champion du monde.

— Quel est mon nom ?! hurle Ali.

Ce n'est pas une question. C'est un ordre. Les observateurs diront qu'ils lui ont rarement vu une telle cruauté. Mais la faille sismique américaine passe par lui. Sa seule présence, son simple nom agite le pays. Et c'est lourd à porter.

— 14 février 1967. Mémorandum

À Mr W. C. Sullivan. De Mr Brennan.

Sécurité intérieure. Nation of Islam.

Ceci pour vous aviser de la possible arrestation du champion de boxe poids lourd Cassius Clay, porte-parole de Nation of Islam, par le bureau des douanes du département du Trésor. Nous avons été informés par le bureau des douanes qu'il avait reçu une lettre d'Allemagne, de source non identifiée, alléguant que Cassius Clay avait acheté là-bas pour plus de 3 000 dollars de bijoux qu'il n'a pas déclarés à son retour aux États-Unis. Le bureau des douanes pense avoir la preuve d'un trafic en violation de la loi par Cassius Clay. Le bureau des douanes a demandé à nos services de les aider à localiser Cassius Clay, pour l'interroger et peut-être l'arrêter. Il nous a également demandé de ne pas ébruiter l'information, ce qui pourrait ralentir son enquête.

Cassius Clay est déjà l'objet de l'attention du bureau d'investigation, sous le coup du Selective Service Act de 1948.

Il est objecteur de conscience et prétend être le ministre de Nation of Islam.

— 15 février 1967

À Mr W. C. Sullivan. De Mr Brennan.

Sécurité intérieure. Nation of Islam.

Ceci pour vous suggérer de nouveaux développements concernant le champion de boxe poids lourd Cassius Clay, porte-parole de Nation of Islam, concernant l'affaire de violation relevée par le département des douanes.

Comme vous le savez, Ali a acheté pour 3 000 dollars de bijouterie en Allemagne et ne les a pas déclarés à la douane à son retour aux États-Unis. Les douanes ont requis l'aide de nos services de Chicago pour localiser Ali, l'interroger et peut-être l'arrêter. Grâce à nos sources au sein de Nation of Islam, Clay a été localisé à Chicago et l'information transmise aux douanes. Clay, Herbert Muhammad, fils de Elijah Muhammad et manager de Clay, se sont présentés aux services des douanes. C'est Herbert Muhammad qui a parlé, il a exprimé le souhait de trouver un accord immédiat sans passer devant le tribunal. Il a dit que les bijoux avaient été offerts à Clay en échange de ses apparitions personnelles en Allemagne, et qu'il ne savait pas qu'il aurait dû les déclarer. La pénalité a été évaluée à 2 196 dollars, Muhammad et Clay ont dit vouloir les payer sur-le-champ. Mais en raison de la somme, le bureau fédéral des douanes de Washington doit décider s'il accepte le paiement ou pas.

— *Mémorandum. 7 mars 1967*

À Mr Deloach. De J. H. Gale.

Sujet : Cassius Marcellus Clay Jr, aussi connu comme Objecteur de conscience.

Cassius Clay a fait appel au général Hershey pour que son cas soit examiné par le bureau d'appel présidentiel. Le général Hershey a accepté sa requête.

Le colonel Daniel Omer, directeur du Selective Service, a confirmé le 6 mars 1967 que Cassius Clay a entamé une procédure d'appel. Omer a noté un point intéressant : le fait qu'un membre de ce bureau d'appel est un homme de couleur, et qu'à sa connaissance c'est la première fois qu'il y a un homme de sa race dans une instance chargée de se prononcer sur un refus de la conscription. Omer estime que ça pourrait par la suite l'empêcher d'invoquer un préjudice, de prétendre qu'il est jugé en fonction de sa race et non parce qu'il refuse de faire son devoir militaire.

La veille du 22 mars 1967, jour de son combat contre Zora Folley, écrivent les historiens Randy Roberts et John Smith, Sugar Ray Robinson frappe à la porte de la chambre d'hôtel d'Ali, qu'il trouve assis sur son lit, incapable de dormir à 2 heures du matin.

— Qu'est-ce qui ne va pas, champion ?

— L'armée, ils vont m'appeler, mais je peux pas y aller.

— Mais tu dois y aller, pourquoi t'irais pas ?

— Elijah Muhammad m'a dit que je ne pouvais pas.

Que nos principes nous empêchent de nous battre aux côtés des Blancs.

— Mais tu toucheras pas un flingue. Ce sera comme une sieste, tu feras quelques matchs d'exhibition comme Joe et moi on a fait en 1944. Alors que si tu n'y vas pas, tu iras en taule, et ils te retireront ta licence.

— Mais Elijah me l'a ordonné.

— Oublie le vieux ! C'est lui qui va aller en taule à ta place ?!

— Mais j'ai peur, j'ai vraiment peur.

— Peur de quoi ?

Ali n'a pas répondu.

Par la suite, nous a dit Randy Roberts, il aurait confié à Sugar Ray Robinson et à d'autres : « Je ne savais pas ce qui allait se passer. Mais la Nation of Islam m'avait dit : Tu ne feras pas l'armée. Parce que c'est ce que nous prêchons, c'est ce qu'a fait Elijah Muhammad pendant la Seconde Guerre mondiale. Tu ne feras pas l'armée. » Peut-être bien que Cassius Clay savait que son ennemi le plus redoutable n'était pas le gouvernement américain, mais plutôt la Nation of Islam, avance l'historien.

— *Département de la Justice des États-Unis d'Amérique. FBI. 24 avril 1967. L'édition du* Washington Post *du 23 avril 1967 en pages A1 et A6 rapporte l'intervention de Cassius Clay sur le campus de l'Université Howard le 22 avril. Il s'est adressé à environ 800 étudiants. Son discours tournait autour de la religion des Black Muslims et encourageait les étudiants à se tourner vers les enseignements de Elijah Muhammad, le leader national des Black Muslims. Après son discours, Clay a signé des autographes sur le journal musulman,* Muhammad Speaks.

Le journal de Washington, le Sunday Star *du 23 avril 1967 en page B3 remarque que Cassius Clay sur le campus de l'Université Howard a très peu parlé de son opposition à la guerre du Vietnam et la conscription. Clay a déclaré : « De quel pays sommes-nous ? Les Chinois sont de Chine, les Cubains de Cuba, mais de quel pays venez-vous ? » À un moment, il a récité un extrait de la chanson,* Le paradis de l'homme blanc est l'enfer de l'homme noir. *Pour le plus grand plaisir de la foule, Clay a dénoncé les préjudices causés par les Blancs en Amérique.*

D'après l'article, les ventes du journal Muhammad Speaks *ont nettement augmenté quand Cassius Clay a déclaré qu'il ne signerait pas d'autographes sur autre chose que le journal.*

Le Washington Post and Times Herald *dans son édition du 24 avril 1967 raconte page B1 que Clay a visité deux centres de redressement le 22 avril à Lorton en Virginie. Dans ces deux institutions, il a prêché la parole de la secte des Black Muslims. L'article rapporte que Clay a déclaré que les Noirs sont supérieurs aux Blancs et que l'islam est la seule vraie religion. L'article dit aussi que Clay est annoncé dans plusieurs universités de Washington, D.C., ainsi qu'à la prison du district de Columbia. Il doit quitter Washington pour Chicago le mardi 25 avril 1967 pour discuter avec Elijah Muhammad, le leader national de Nation of Islam. Clay s'envolera le 27 avril pour Houston, Texas.*

D'après l'une de nos sources, Clay a également parlé à la Mosquée numéro 4 dans l'après-midi du 23 avril 1967. Il a évoqué le Black Power représenté par Elijah Muhammad et a expliqué que le maître des esclaves, le démon blanc, avait causé la perte des Noirs. Clay a déclaré qu'il préférait carrément mourir ou aller en prison que rejoindre l'armée.

Notre source rapporte également que le soir du 23 avril 1967 de 23 heures à 1 heure du matin, Cassius Clay était en direct sur la radio WOL, il répondait aux questions des auditeurs.

Une seconde source nous apprend qu'à la réunion à la Mosquée numéro 4, le 23 avril 1967, Clay a dit qu'il ne savait pas encore ce qu'il ferait le 28 avril 1967, jour où il est supposé se présenter à l'armée. Il a dit que quoi qu'il fasse ce jour-là, il agira selon ce qu'Elijah Muhammad son maître et directeur lui conseillera.

Le 28 avril 1967, Mohamed Ali arrive au bureau d'incorporation des forces américaines à Houston. Il y a vingt-six appelés ce jour-là, qui partiront sur-le-champ faire leurs classes à Fort Polk en Louisiane. À l'appel de Cassius Marcellus Clay dans la salle des cérémonies, Ali reste immobile. Les officiers comprennent qu'il ne bougera pas. Ils lui expliquent qu'il est passible de cinq ans de prison et 5 000 dollars d'amende. Il répond qu'il est conscient des conséquences de son acte. Nouvel appel. Cassius Marcellus Clay. Mohamed Ali ne bouge pas. L'officier lui demande alors de faire une déclaration écrite. Ali écrit : « Je refuse d'être incorporé aux Forces armées des États-Unis car je demande à être exempté en tant que ministre du culte musulman. » Très vite, les médias sont informés. Ali distribue un texte où il explique qu'il n'y a pas que l'armée ou la prison comme alternative devant lui, il y a la justice.

Une heure plus tard, les autorités de la boxe réagissent. Sa licence lui est retirée. Il est déchu de son titre de champion du monde de boxe poids lourd.

29 avril 1967
À John Edgar Hoover
FBI. Washington, D.C.
Monsieur,

Je dois admettre que j'ai du mal à comprendre cet homme Clay. Pourquoi ne pas le dépouiller de sa richesse et sa gloire pour que tout un chacun sache ce qu'il en coûte d'insulter son pays ? J'ai entendu que cet homme va bientôt disparaître dans les pays du Moyen-Orient musulman. Je sais et vous savez que pour le faire légalement, il a besoin d'un passeport. Quoi de mieux que le mettre en prison en attendant son procès pour nous éviter qu'il ne récupère son passeport ? Anti-Américain ? Pas dans votre tête bien-aimée ? Vous Monsieur Hoover avez le pouvoir d'empêcher que cet homme ne s'échappe à la barbe de l'Oncle Sam et de nous, le peuple, qui l'avons fait riche et célèbre. S'il vous plaît, utilisez ce pouvoir pour qu'il paie pour sa conduite. Apprenez-lui qu'être américain passe avant la couleur de la peau d'un homme, sa religion et ses idées sur ce qui est bien ou pas…

L'homme de Sacramento qui écrivit cette lettre et dont le nom est désormais effacé dans les fichiers déclassifiés du FBI a reçu une réponse de Hoover lui expliquant qu'il n'était pas dans les attributions du FBI de décider de poursuivre quelqu'un mais que le FBI assumait toutes ses responsabilités. C'est-à-dire qu'il suit chaque mouvement, écoute chaque appel d'Ali, qui a pris un avion de Houston à Washington, est descendu au Washington Hilton et a appelé la petite mosquée locale pour les informer de sa présence. Les hommes de la mosquée sont venus le chercher et l'ont emmené à la station de radio WOOK pour une brève interview. Le lendemain après-midi, il est accueilli dans la Mosquée numéro 4 de Washington, D.C. Il y a quatre cents personnes à l'intérieur et autant dehors, un haut-parleur est accroché à l'extérieur. Ali parle de la surprise de la presse du démon blanc quand il a annoncé qu'il ne partirait pas pour le Vietnam. Il explique qu'il le fait pour son peuple et ajoute qu'en plus de son titre de champion poids lourd, il perd aussi l'occasion de se faire entre 10 et 20 millions de dollars.

On entend toujours chez lui le boxeur qui fait ses comptes et le héros de la cause noire. L'un brouille toujours un peu l'autre. Les lignes de front ne sont de toute façon pas celles qu'il croit. Concernant le Vietnam, la division entre Noirs et Blancs n'existe pas. Celle des générations en revanche n'a jamais été aussi forte.

— Il y avait des désaccords chez les Afro-Américains, nous avait expliqué Robert Lipsyte. Du temps de Booker

T. Washington, un des grands philosophes de l'histoire afro-américaine, il fallait s'instruire, être poli et gravir les échelons de la société à force de travail. Alors que pour la nouvelle génération... Dick Gregory disait : « Mon vieux, si t'as envie de pisser et qu'on te dit "Attends ton tour", t'y vas quand même ! Parce que t'as envie de pisser. » C'était sa façon à lui de dire : « C'est maintenant qu'on en a besoin, c'est maintenant qu'il faut se battre. » Bien sûr, c'était l'impulsion de la génération des droits civiques. Mais ce n'était pas monolithique pour autant. Je me souviens d'avoir discuté avec beaucoup de Noirs modérés de la classe moyenne à qui Mohamed Ali faisait honte. Ils trouvaient qu'il parlait trop fort, que c'était un pitre, qu'il attirait trop l'attention alors qu'eux voulaient juste aller de l'avant, changer les lois, manifester... Il irritait les gens. Et quand il s'est mis à militer... enfin, il n'a jamais vraiment milité... mais quand il est devenu le porte-parole de la lutte contre la guerre du Vietnam, ils ont été encore plus nombreux à prendre leurs distances. Parce que beaucoup d'Afro-Américains s'étaient engagés. On mesure à quel point l'Amérique blanche comprenait mal l'Amérique noire quand on sait qu'elle croyait 1/ que Malcolm X et les Black Muslims étaient capables de faire descendre des millions de gens dans la rue et de paralyser les villes, alors qu'ils n'en avaient absolument pas les moyens. Et 2/ que si Mohamed Ali refusait de faire l'armée, il deviendrait presque impossible de recruter parmi les Noirs. C'était absurde, bien entendu. Mais il y avait un décalage terrible entre Américains noirs et Américains blancs.

Salim Muwakkil se souvient lui que le message d'Ali passait bien chez les Noirs partis au front.

— J'étais en Allemagne quand il a refusé de partir. Ça peut sembler paradoxal, mais la plupart des militaires noirs que je connaissais soutenaient à fond la décision de Mohamed Ali de ne pas s'engager. Oh, moi aussi j'étais derrière lui. Je me réjouissais. On savait de quoi était capable ce pays. On avait vu ce qui se passait au Vietnam. Pas moi personnellement, mais je connaissais des gens qui y étaient allés et qui avaient vu. J'ai failli y aller, j'ai eu une affectation provisoire en Thaïlande. Mais même en Thaïlande, le retour de flammes était assez violent. À l'époque, les soldats noirs étaient plus ou moins considérés comme des membres honoraires du tiers-monde. En Thaïlande, à Bangkok, il y avait certains quartiers où les soldats blancs ne pouvaient pas aller. Ils étaient infestés de partisans des Khmers rouges et du Viet-cong qui soutenaient ouvertement ces groupes radicaux. Les Blancs ne pouvaient pas y aller, mais nous, si. Ils nous acceptaient, alors même que nous faisions partie d'une armée ennemie. Ils nous considéraient un peu comme des alliés et nous nous considérions nous-mêmes comme tels. Nous n'étions pas des traîtres, mais nous avions des sensibilités similaires. Nous comprenions ce qu'ils vivaient, ça nous rappelait beaucoup ce que nous avions traversé dans ce pays. La façon dont ils étaient traités, la façon dont les États-Unis traitaient le tiers-monde, tout ça nous apparaissait soudain clairement. Autour de moi, il y avait beaucoup de militaires noirs qui étaient plus radicaux que la plupart des civils…

Division d'enquête spéciale. 5 juin 1967. Plusieurs rapports montrent que la rencontre entre Cassius Clay et plusieurs athlètes noirs réputés à Cleveland n'avait pas pour but de le pousser à rejoindre l'armée. Après cette réunion, Cassius Clay a de nouveau déclaré qu'il ne se présenterait pas.

Le procès de Clay pour refus de se battre sous les drapeaux est prévu pour le 19 juin 1967. Les deux procédures d'appel qu'il a déposées au motif de la ségrégation raciale et de sa liberté religieuse sont débattues devant la Cour suprême le 5 juin 1967. Ce sujet est suivi de près, et il est conseillé à notre département de produire des rapports.

Le jour venu, Ali a demandé à ceux qui projettent de manifester d'y renoncer. Le jury est blanc. Le gouvernement représenté par un Noir. Ali est condamné à cinq ans de prison. Mais il a d'ores et déjà prévu de faire appel devant la Cour suprême, ce qui suspend sa peine. Son passeport lui est retiré. Il est exclu des rings.

L'affiche du championnat du monde poids lourds change. C'est Buster Mathis contre Frazier. Mais à l'extérieur du Madison Square Garden où a lieu le combat, une foule importante crie son nom, Ali ! Ali ! devant les caméras de télévision. Il ne disparaît pas. Il s'est insinué dans tous les esprits. Il est la figure du refus. Et les médias ne le lâchent pas. Il joue avec eux, il fait son footing pour les caméras, fanfaronne devant les micros, C'est moi le champion du monde, ils espèrent que je vais perdre la forme, que je suis déjà gros, vieux, je vais tous les posséder ! C'est toujours moi le plus fort !

Il leur ouvre la porte de sa maison à Chicago, au 8500 South Jeffery Boulevard, dans le périmètre de son mentor Elijah Muhammad. Il a une nouvelle épouse, Belinda Boyd, 17 ans, qui s'est instruite dans le giron des écoles de Nation of Islam. Elle est enceinte. Elle est grande, a du tempérament, mais s'efface en public. Il ouvre des lettres venues du monde entier, surtout d'Afrique. Je suis chez moi dans plus de cinquante pays du monde ! proclame-t-il.

— Êtes-vous sincère ? demande le journaliste.

— Beaucoup de gens me posent cette question : Êtes-vous sincère ? Au tribunal on me demande la même chose. Je leur réponds simplement : Qu'est-ce qu'il faut que je fasse pour être sincère ? Qu'est-ce qu'un homme doit faire pour vraiment être considéré comme sincère ? J'ai donné à ma cause dix millions de dollars de ce que j'ai gagné sur les rings ; je risque d'aller en prison pour cinq ans ; j'ai dû divorcer de ma première femme parce qu'elle ne voulait pas se conformer à l'islam, ce divorce m'a coûté 500 000 dollars, soit un demi-million. Si je ne suis pas sincère, comment appelez-vous alors un homme qui a renoncé au titre de champion du monde, à la gloire, à l'argent, qui risque de se retrouver seul dans une prison pendant cinq ans ? Qui est sincère aux États-Unis si ce n'est moi !

Les médias le suivent également sur les campus universitaires où il donne des conférences rémunérées devant un public essentiellement blanc. Le jeune Lipsyte du *New York Times* est toujours là, lui aussi :

— J'ai parfois du mal à supporter la façon dont on encense Ali sans comprendre quelle était sa véritable force. Quand on lui a retiré son titre, le seul moyen qu'il a trouvé pour gagner de l'argent a été de faire une tournée des campus américains. Il allait dans les universités, il montrait un peu son jeu de jambes, il parlait des Black Muslims et ensuite, il répondait aux questions. Les premières fois où je l'ai accompagné, il était nul, ennuyeux à mourir. Il avait des grandes fiches blanches et il disait des choses comme : « On n'a pas besoin de porc. » Il parlait de Nation of Islam et tout le monde s'en fichait. Il n'était pas attentif à son public. Il expliquait qu'il ne fallait surtout pas mélanger les races et là, il y avait vingt-cinq couples mixtes qui se levaient et partaient. Ensuite il faisait… [sniff sniff] et il se moquait de la marijuana. Une autre moitié du public quittait la salle. Il ne savait pas vraiment à qui il parlait. Il lui a fallu un peu de temps pour assimiler tout ça. Mais au moment des questions, les gens dans la salle l'interrogeaient sur le mouvement du « Black is Beautiful », l'oppression en Amérique, ce que ça faisait de vivre dans une ville marquée par la ségrégation comme Louisville, les raisons de son refus de partir se battre au Vietnam… Et petit à petit, il a commencé à mieux cerner le monde dans lequel il vivait et les principes qu'il était censé embrasser. Je crois qu'après un an ou deux de ces séances de questions-réponses, il pouvait dire : « Je refuse d'être un Noir envoyé par les Blancs pour tuer des Jaunes. » Il savait de quoi il parlait. Peu à peu, il a évolué, parce qu'il était intelligent et vif. Il manquait juste d'instruction. On pouvait trouver en lui tout ce dont on avait besoin. Je me dis parfois qu'il était comme un de ces réfrigérateurs couverts de magnets à aphorismes. Il y avait tellement de raisons de puiser de la force et du courage en lui. Avec Ali, un gamin blanc opposé à la guerre ne se sentait plus si lâche, un jeune Noir se sentait fort, les gens de gauche voyaient qu'un athlète pouvait se comporter en héros… Je crois que son ultime héritage, ça a été de rendre les gens courageux.

Il leur donnait du courage. On peut en rire et dire qu'il prêchait des convertis, mais les convertis ont besoin de courage et de principes pour croire.

Et bientôt, les reportages montrent des salles conquises. Il sait les faire rire, il sait tenir son auditoire.

De quoi parle-t-il ? dit le commentateur, des Noirs à travers le monde.

Printemps 1968. Martin Luther King vient d'être assassiné à Memphis. Au sein de la communauté noire divisée, la question monte : Est-ce déjà la fin ? La reprise en main ? Le moment du châtiment pour avoir osé lever la tête ? Elles sont finies les longues marches pacifiques du docteur King. Les villes s'enflamment, s'enflammaient déjà avant sa mort, au point de réquisitionner la garde nationale, parfois l'armée, on voit maintenant les tanks du Vietnam sur de grandes artères américaines.

À Washington, quelques heures après la mort de King, certains quartiers sont en proie au feu et au pillage. Le français Romain Gary s'y aventure à la recherche d'un ami noir qu'il appelle Red, il l'a rencontré quelques années plus tôt à Paris. Red est devenu un des leaders radicaux, il règne sur une bande de jeunes pilleurs armés. Leur rencontre est devenu un très beau passage de son roman *Chien blanc*, qui m'est revenu en écrivant ces lignes.

Red dit à Gary : « Nous allons peut-être échouer, nous autres, ceux que tu appelles : les extrémistes… Mais nous aurons travaillé pour les modérés. Sans nous, ils ne peuvent rien. Dans le cas de la révolte noire, l'extrémisme travaille pour la modération. »

Ali n'est ni l'un ni l'autre. Il est Ali.

Le très conservateur William Buckley l'invite dans son show TV « Firing Line » et lui lance : « Vous avez dit que l'homme blanc était votre ennemi, je crois savoir que ce n'est pas vrai, je crois que vous avez été empoisonné par votre guide. » Ali sursaute :

— Comment osez-vous dire qu'Elijah Muhammad nous empoisonne à nous faire croire que l'homme blanc est l'ennemi ? C'est vous qui nous l'avez appris. Ce sont des Blancs qui ont éliminé Martin Luther King, Medgar Evers, Adam Clayton Powell. Nous n'aurions jamais imaginé cela.

L'animateur ne sait quoi répondre. Ali est calme dans ce fauteuil de télévision un peu juste pour son grand corps privé de combat. Il est le visage de la lutte puisque tant d'autres sont morts. Mais un visage jamais tragique.

La Cour suprême rejette ses requêtes les unes après les autres. Il passe une semaine en prison à Miami pour avoir conduit sans permis. Je n'ai pas peur de la prison, dit-il en sortant. Mais le gouvernement n'a manifestement pas envie d'en faire un martyr. Le poing ganté que lèvent sur le podium des Jeux olympiques de Mexico les athlètes afro-américains Tommie Smith et John Carlos au mois d'octobre 1968 s'inscrit dans la continuité de ce qu'il a déclenché.

Elijah Muhammad lui a dit : Tu n'as plus besoin de

remonter sur un ring. Le monde sait que l'Amérique t'a fait du tort. Ta cause est à l'échelle du monde entier et tu peux utiliser ta célébrité pour étendre notre influence.

Plusieurs fois Mohamed Ali lui a promis qu'il ne boxerait plus. Mais il ment. À son mentor. Ou peut-être à lui-même. Il rêve d'y retourner. Le ring lui paraît plus vaste que le monde.

IV

Il chante, d'une voix douce qui n'est pas celle des podiums de la victoire. Il est vêtu d'une tunique de toile épaisse, il porte une barbe fournie. Tout est costume sur la scène du George Abbott Theater, petit music-hall de New York où se joue *Buck White*, pièce dont il est le héros. C'est là qu'il se console, là ses nouveaux feux de la rampe. Si faibles, si loin des rings qu'il n'en reste quasiment aucune trace, sinon un court reportage trouvé dans les profondeurs d'Internet, et dont le commentaire commence ainsi :

« Dans les derniers jours de la plus tragique des décennies américaines, un boxeur au chômage a fini par trouver du boulot dans un musical de Broadway… »

Le spectacle fut à l'affiche pendant cinq jours. Au fronton de la salle, son nom prit plus de place que le titre de la pièce. Il était écrit en grosses lettres : Cassius Clay. Et en tout petit juste en dessous, « aussi connu sous le nom de Mohamed Ali ». Que s'est-il passé pour qu'il reprenne le patronyme d'esclave qu'il avait banni ?

La réponse est dans *Muhammad Speaks*, édition du

4 avril 1969. Sous la signature d'Elijah Muhammad lui-même, il est écrit : « Nous tenons à dire au monde que nous sommes en désaccord avec Mohamed Ali. La fraternité des disciples de l'islam a décidé de suspendre Mohamed Ali. Il n'a plus le droit de parler ou de rendre visite à aucun Muslim. M. Mohamed Ali a le sport dans le sang. M. Mohamed Ali fait le contraire de ce que nous enseigne le Coran. M. Mohamed Ali veut une place dans le monde du sport. Il l'adore. Il ne portera plus le nom sacré de Mohamed Ali. Nous l'appellerons Cassius Clay. »

Tout est parti d'une interview quelques semaines plus tôt à la télévision. À la question de savoir s'il reprendrait la boxe quand l'interdiction serait levée, c'est un cri du cœur qui est sorti de la bouche d'Ali : Oh oui, je suis partant s'il y a pas mal d'argent à la clé ! Le grand messager est entré dans une terrible colère. Il a réalisé qu'il ne contrôlait pas les désirs profonds de son disciple. Il a convoqué Ali, lui a sèchement dit qu'il ne voulait plus avoir affaire à un individu prêt à ramper à genoux devant l'homme blanc pour de l'argent. Et il l'a révoqué. Mohamed Ali s'est confondu en excuses. Mais rien n'y fit. Et Nation of Islam qui entretenait le boxeur suspendu lui a coupé les vivres. Herbert, son manager et fils du grand messager, a tenté d'arrondir les angles, mais tous au sein de la secte se souviennent de la rupture entre le gourou et la plus célèbre de ses ouailles.

— Elijah Muhammad voulait faire de Mohamed Ali un ministre du temple, nous a raconté Michael Saahir.

Comme ce chanteur des années 50 et 60, Joe Tex qui avait fait un tube, comment s'appelait cette chanson déjà ?…

— *Skinny Legs*, intervient Siddeeq, roi du blind test.

— Et puis il a arrêté à l'apogée de sa carrière pour devenir ministre du temple. C'est ce qu'Elijah Muhammad attendait de Mohamed Ali, qu'il arrête la boxe pour l'aider à bâtir sa communauté. Mohamed Ali a fait des efforts mais il adorait la boxe. À ce moment-là, leurs chemins se sont plus ou moins séparés. Elijah Muhammad l'a publiquement critiqué. Il a rappelé que c'était lui qui lui avait donné ce nom et il a dit : « Je vais te reprendre ton nom, Mohamed Ali. »

Alors il est redevenu Cassius Clay en haut de l'affiche. Il a un enfant désormais, bientôt deux autres, des avocats à payer qui multiplient les procédures d'appel pour lui éviter les cinq années de prison auxquelles il a été condamné après avoir refusé de servir au Vietnam. Son cachet d'artiste semble exorbitant aux yeux du metteur en scène, mais si peu comparé aux sommes de la boxe. Sa ceinture de champion du monde est rangée dans une boîte, dans son salon. Elle lui appartient toujours puisque personne ne l'a battu.

Et il chante. Véritable entorse à la doctrine de son mouvement. Et il chante bien, ça lui est naturel, *We came in chains*, Nous sommes arrivés ici enchaînés, il est venu l'interpréter en costume dans le show d'Ed Sullivan qui semble vouloir le réconforter. Il joue le rôle d'un activiste noir, mais il a demandé à ce que la pièce soit expurgée de ce qui pourrait froisser sa foi musulmane. Elle reste au cœur de sa vie. Il a même explicitement prévu dans son contrat de pouvoir quitter le théâtre du jour au lendemain si Elijah Muhammad le réintègre. Il ne dit pas un mot contre son mentor, il sait ce qu'il en coûte, mais pas seulement, il sait combien sa présence l'a aidé à grandir.

Les années 60 s'achèvent. Elles ont exploré les voies de la révolte, toutes les voies, violence, marche pacifique, séparation, intégration, nouvelle religion, marxisme, retour aux origines africaines. Au final, les lois post-esclavagistes Jim Crow sont enfin abolies dans le Sud. Pour le reste, les officines gouvernementales peuvent se frotter les mains : la révolte a été tuée dans l'œuf. Malcolm X est enterré. Martin Luther King est enterré. Le Black Panther Party est en plein éclatement. Ali ne boxe plus. Seul Elijah Muhammad semble avoir le droit de vieillir en paix. À refuser la violence des armes, à ne rien exiger de la société blanche américaine sinon un État noir en forme de chimère, il ne dérangeait pas grand monde finalement.

Étrange vertige pour les Afro-Américains, comme une route dont le goudron s'arrête brutalement et ne laisse plus voir qu'un vague et hypothétique chemin. Les voix se sont éteintes alors qu'elles semblaient dessiner enfin une convergence, réaliser qu'elles étaient les différents visages d'une même cause.

Il y a, dans les archives du FBI, trace de quelques appels entre Martin Luther King et Mohamed Ali.

Martin Luther King s'est entretenu avec Cassius Clay. Ils ont échangé des salutations. Martin Luther King lui a souhaité tous ses vœux pour son récent mariage. Clay a invité Martin Luther King à son prochain match de championnat, Martin Luther King a dit qu'il aimerait beaucoup y assister. Clay a dit à Martin Luther King qu'il garderait contact, que Martin Luther King était son frère, qu'il était avec lui à 100 % mais qu'il ne pouvait prendre aucun risque, que MLK devait faire attention à lui, que MLK était connu dans le monde entier et qu'il devait se méfier des Blancs et que les gens posaient des questions sur Martin Luther King au Nigéria, en Égypte et au Ghana.

Il y a, dans les souvenirs de Muhammad Siddeeq et Michael Saahir, trace de réunions et de rencontres.

— Il faut inclure Nation of Islam dans ce qu'on appelle la lutte pour les droits civiques. Mais vous savez, nous a dit l'imam Saahir, ce sont les médias qui ont appelé ça « le mouvement des droits civiques ». Il n'était pas question de droits civiques, mais de liberté et d'émancipation. Martin Luther King lui-même ne parlait pas de droits civiques, mais les médias lui ont collé cette étiquette et c'est resté.

— Comme les « Black Muslims », ajoute le frère Siddeeq.

— Oui, comme les « Black Muslims ». On ne s'est jamais appelés les Black Muslims, mais quand les médias vous collent une étiquette, vous ne pouvez plus vous en défaire. C'est comme un tatouage…

— C'est péjoratif pour vous, Black Muslims ?

— Non, précise Muhammad Siddeeq, mais ça nous isole au lieu de nous rassembler. Ce n'est pas douloureux mais ça ne reflète pas ce que nous nous efforcions de faire. On n'a jamais voulu créer les Black Muslims, ce sont eux qui l'ont fait. Car on a eu droit à une élection communiste, vous voulez être chrétien ou chrétien, vous êtes de l'église de Dieu, de l'église de Dieu en Jésus-Christ, ou de l'église des saints en Jésus-Christ ?!! Mais ensuite le révérend King et Elijah Muhammad se sont rapprochés. Par la force des choses, ils étaient obligés de se rapprocher.

— Regardez ces photos… ajoute Saahir. Ça, c'est le révérend King et sa femme, Coretta, chez Elijah Muhammad. En voici une autre de Malcolm X avec le révérend King. Et là, c'est Mohamed Ali avec le révérend King. La méthodologie et l'approche étaient différentes, mais le but était le même : la liberté des Afro-Américains, qu'on appelait alors les Noirs. Tiens, en voilà une autre d'Elijah Muhammad avec le révérend King et son épouse. Mais j'essaye de vous retrouver une lettre qu'Elijah Muhammad a écrite à Martin Luther King, la même année, pour proposer une rencontre. Attendez, je vais vous la retrouver… Il y a beaucoup de choses qui ont été révélées plus tard… Je suppose que je pourrais vous la lire. Elle est datée du 6 juillet 1966. On l'a retrouvée sur le bureau d'Elijah Muhammad. La voilà.

« À l'attention du révérend Martin Luther King Jr,

Conférence des leaders chrétiens du Sud. Monsieur, nous sommes à un carrefour décisif dans l'existence de notre peuple, ici, en Amérique. Et puisque nous tous, qui aimons ce peuple, marchons vers un même objectif – la liberté, la justice et l'égalité face à l'ennemi commun –, admettons qu'il y a de la force dans l'unité. Organisons une rencontre pour discuter des plans et des projets futurs nécessaires pour atteindre ces objectifs. S'il y a un tant soit peu d'affection et de respect entre nous, ayons l'intelligence de présenter à l'Amérique et au monde un front noir uni. Le destin de vingt-deux millions de Noirs est trop important pour permettre à nos divergences d'empêcher la création d'un front uni des Noirs américains. La rencontre et le lieu n'ont pas besoin d'être publics. Veuillez me donnez votre réponse sous dix jours. Cordialement, votre frère, Elijah Muhammad, messager d'Allah. »

Il a envoyé copie de cette lettre à Roy Wilkins, Whitney Young, Floyd McKissick et Stokely Carmichael. Et ils se sont rencontrés. C'est un épisode de l'histoire dont on ne parle pas. Demandez-lui donc, dit Saahir en regardant Muhammad Siddeeq, demandez-lui donc de vous raconter comment Elijah Muhammad a donné entre 30 et 50 000 dollars aux Afro-Américains qui voulaient monter dans le Nord pour la convention démocrate. Il a donné de l'argent liquide aux hommes du révérend King pour les aider à voyager. Il l'a vu de ses propres yeux…

— Oui, j'étais chez Elijah Muhammad. J'enseignais alors dans l'une des plus grandes écoles de notre communauté et je participais régulièrement à des réunions chez Elijah Muhammad pour discuter de la direction que devait prendre notre enseignement. Ce jour-là, il y avait des invités chez lui. Sur le moment, je ne savais pas qui c'était. Nous nous sommes tous assis autour de la table de la salle à manger. Plus tard, j'ai appris que l'un d'entre eux était Julian Bond. Julian Bond était un homme remarquable, un militant pour les droits civiques et un élu du Congrès. Il a été élu au Congrès plus tard. Mais ça, ça se passait en 1968. Pour la première fois, ils voulaient faire venir du Sud une délégation afro-américaine pour participer à cette convention politique pendant laquelle on désignerait de facto le prochain président des États-Unis. C'était une idée formidable, mais leurs ressources étaient limitées. En réalité, ils étaient à cours d'argent avant même d'avoir commencé. Et il y avait une tradition dont tout le monde ignorait l'existence, pendant cette période de lutte, de sit-in et de manifestations : Elijah Muhammad ne manifestait pas aux côtés de Martin Luther King, mais il œuvrait souvent en coulisses pour faire sortir de prison les manifestants qui étaient arrêtés. Il les soutenait discrètement, même s'il n'était pas d'accord avec eux.

— Comment ?

— Avec de l'argent ! En Amérique, ça ouvre toutes les portes. On était donc assis autour de cette table et Elijah Muhammad a présenté ses hôtes à ceux d'entre nous qui étaient là pour discuter d'éducation. Nous étions quatre ou cinq. Ensuite, il en est venu au sujet de la réunion. Il a dit que ces gens lui avaient demandé un soutien financier pour permettre à une délégation politique d'aller d'Atlanta, en Géorgie, jusqu'à Chicago, dans l'Illinois, pour la convention démocrate de 1968. Ils n'avaient plus d'argent et ils voulaient savoir si on accepterait de les aider. Il leur a dit : « Je n'ai pas d'argent. Tout l'argent appartient à mes fidèles. C'est à eux qu'il faut demander ! » Et il a ajouté : « On va voter chacun notre tour. » Ils ont donc fait un tour de table pour demander à chacun d'entre nous s'il acceptait de leur apporter son soutien. Il y a une fille qui a répondu : « Non ! Certainement pas ! On n'a pas à leur donner un centime ! Ils ne nous ont jamais aidés, ils n'ont jamais rien fait pour nous. Ils sont toujours en train de nous débiner. » Elle était sacrément remontée. Mais quand ça a été mon tour, j'ai dit : « Bien entendu, il faut les soutenir. Ce sont nos frères et nos sœurs. Aidons-les si nous le pouvons. » Et les autres se sont rangés à mon avis. Au bout du compte, Elijah Muhammad leur a dit : « Bon, je n'ai pas ce genre de somme sous la main et je sais que vous ne voudrez pas d'un chèque signé Elijah Muhammad, parce que ça risque de s'ébruiter. Alors voilà ce que nous allons faire : revenez demain avant midi. J'enverrai quelqu'un chercher de l'argent liquide à la banque et vous pourrez le récupérer. » Le lendemain, ils sont venus chercher l'argent et ils ont pu envoyer une délégation d'Atlanta à Chicago, pour la première fois dans l'histoire des États-Unis.

Il y a aussi la certitude de Salim Muwakkil que le mouvement arrivait à maturité.

— Comme vous pouvez l'imaginer, le gouvernement américain se donnait du mal pour prévenir toute collusion entre Malcolm X et Martin Luther King. Ça n'a pas empêché Martin Luther King et Elijah Muhammad de se rencontrer. Des rumeurs ont même couru disant qu'ils essayaient de former une coalition. Ces rumeurs n'ont débouché sur rien de concret, mais tout a été fait pour l'éviter. La principale mission du programme COINTELPRO était de prévenir l'apparition d'un « messie noir », selon leurs propres termes. Et ils considéraient King et Malcolm comme deux messies potentiels. S'ils s'étaient associés, s'ils avaient réunis leurs efforts, ouh là là ! Je pense que le gouvernement américain en était conscient et qu'il n'avait pas l'intention de laisser ce genre de situation se produire.

Le meurtre de Martin Luther King est officiellement résolu puisque James Earl Ray, tireur isolé, croupit en prison. Et plus personne ne veut se souvenir des évolutions et des nouvelles directions de Malcolm X, figé dans les mémoires comme un extrémiste. Reste Ali, toujours sous le coup d'une condamnation à cinq ans de prison. Si l'Amérique ne l'aime pas, au moins ne doute-t-elle plus de sa sincérité puisqu'il a tout risqué, tout perdu. Il chante sur Broadway. Il joue aussi son propre rôle dans un film raté, *The Greatest*, comme si le temps était déjà venu des mauvaises rétrospectives.

Mais Ali a le sens de son épopée, il voit sa vie comme l'histoire en marche, il est prêt à glisser vers la décennie suivante. C'était incroyable, raconte le biographe Jonathan Eig, parce qu'il passait son temps à dire : « On en parlera dans les livres. Un jour, ce sera comme la Bible, on étudiera mes moindres faits et gestes. Je suis aussi important que Jésus. » Il parlait tout le temps comme ça et on ne savait jamais si c'était du lard ou du cochon. Mais je pense que quelque part, il y croyait. Il voulait qu'on l'aime. C'est un aspect de sa personnalité qu'il ne faut jamais oublier et que j'ai mis longtemps à comprendre : il voulait être aimé encore plus qu'il ne voulait être admiré. Il y a une interview très célèbre dans laquelle on lui demande s'il regrette certains de ses choix personnels ou professionnels et il répond : « Oui, je regrette ce que j'ai dit sur le Vietnam. » Je n'en croyais pas mes oreilles ! C'est peut-être ce qu'il a dit de plus important dans sa vie et c'est ce qui fait de lui une figure incontournable. Mais ensuite, il ajoute que ce qu'il regrette, ce n'est pas de s'être opposé à la guerre, mais d'avoir mis tant de gens en colère. Ça montre à quel point il supportait mal de ne pas être aimé. Il avait tellement besoin d'affection, qu'il lui était même difficile de défendre ses convictions si ça devait nuire à sa popularité. Il avait besoin de plaire à tout le monde. Pour plaire à Elijah Muhammad, il s'est positionné contre la guerre ; pour plaire à l'aile radicale de la faction noire, il a dit : « Je ne vais pas me battre pour un pays qui maltraite mon propre peuple. » Mais en même temps, il voulait passer à la télé et faire le clown avec Howard Cosell, il voulait plaire aussi aux médias blancs. Il marchait constamment sur la corde raide et c'était compliqué. Mais il s'en est toujours bien sorti.

Il s'entraînait encore, nous a raconté Elijah Muhammad, le fils de son manager. Il n'empêche qu'il avait beaucoup perdu, je dois l'admettre. Ces années de retraite forcée lui ont fait beaucoup de tort. Et je suis sûr qu'il le savait aussi. Il n'était plus aussi agile qu'autrefois. Ça a été une période très éprouvante, une quête incessante pour lui trouver des combats hors du pays, au Canada ou en Afrique. Il était autorisé à faire des matchs amicaux, et il en faisait souvent.

Harold Conrad, le promoteur qui avait demandé à Malcolm de quitter Miami en 1964, fait la tournée des États américains pour lui obtenir une licence. Il est sur le point d'y parvenir en Californie quand le gouverneur Ronald Reagan s'en mêle : « Ce déserteur ne boxera jamais dans mon État pendant mon mandat. » Ailleurs, quand ce n'est pas des hautes sphères que vient le blocage, c'est l'opinion qui réagit. Quant à se battre à l'étranger, le ministère de la Justice refuse de lui rendre son passeport. À défaut d'un territoire, il est même question d'un combat dans un studio de télévision, avec l'aide et la protection d'Howard Cosell. C'est l'impasse. Mais le temps joue pour lui. Le pays est moins sûr de la validité de cette guerre qui s'enlise et fauche ses fils. La décennie passée a épuisé tout le monde. *The dream is over*, chante Lennon. Ali pourrait parfaitement l'illustrer.

— Dans les années 60, Ali était radical, il était rebelle, il était dangereux, analyse Jonathan Eig. On ne pouvait jamais prévoir ce qu'il allait dire ou faire, il était prêt à renoncer à sa carrière et à des millions de dollars pour ce en quoi il croyait. C'était ça, les années 60, c'était la révolution, la vraie. C'était dangereux. On se sacrifiait pour ses convictions et Ali était prêt à aller en prison. Dans les années 70, les gens n'ont plus autant d'énergie à consacrer à ce type de révolution. Les Beatles se séparent, Bob Dylan traverse une phase mystique et cesse pendant un temps d'écrire des chansons engagées. Et Ali arrête de parler de race, de religion et de guerre, il se remet à parler de boxe. Il veut boxer et gagner de l'argent. On entre dans une ère plus capitaliste. Le mouvement noir pour les droits civiques sort de la rue pour entrer dans les tribunaux. Les grands leaders noirs essayent de se faire élire à des postes importants au lieu de combattre le système de l'extérieur. On consacre des séries télévisées à des familles noires qui quittent le ghetto pour emménager dans des quartiers blancs. Désormais, on a le droit d'en rire. Les temps changent et Ali fait partie de ce changement. Il devient une vedette de la télé et du cinéma, il incarne parfaitement la transition entre les années 60 et les années 70. Il se dit qu'il a vécu comme il en avait envie dans les années 60 et que maintenant, les choses ont changé. Elijah Muhammad vieillit et Nation of Islam est en perte de vitesse. Ali peut se consacrer à la boxe et à sa renommée.

C'est finalement en Géorgie que les choses se dénouent : il n'y a dans cet État aucune législation sur la boxe et aucune commission ayant autorité sur elle. Un retour est donc possible à Atlanta, grande ville noire. Le maire veut bien de ce coup de projecteur, mais il exige en contrepartie que l'équipe d'Ali verse 50 000 dollars à un programme municipal de lutte contre la criminalité. Après moult tractations, le gouverneur donne également son accord. Il est trop tôt pour défier le nouveau tenant du titre, Joe Frazier. L'adversaire sera Jerry Quarry, 25 ans, d'origine irlandaise, que les chroniqueurs sportifs appellent « l'espoir blanc » dans cette division poids lourds dominée par les Noirs. Ali embarque femme et enfants à Miami. Il retourne s'entraîner dans le gymnase d'Angelo Dundee. Il scotche sur le miroir une photo de lui prise cinq ans plus tôt. Il veut redevenir cet homme-là, revenir à ce corps-là. Il ne peut pas perdre. Trois ans et demi qu'il n'a pas boxé. La date est fixée au 26 octobre 1970.

Ce soir-là, pour la première fois depuis qu'il a été sacré champion du monde, plus de huées. La foule l'acclame, hurle son nom, son nom musulman Ali, une foule noire venue de tout le pays. Et parmi elle, les célèbres : Sidney Poitier, Diana Ross, la veuve de Martin Luther King, Mary Wilson, chanteuse des Supremes. Parmi elle, la pègre noire qui a envoyé une délégation de ses cadors et de ses plus belles putains. Tout le monde est sapé commes des papes. Les limousines encombrent le parking. Dépêche de l'agence américaine Associated Press : « Les grands matchs de boxe américains attirent traditionnellement une foule de spectateurs aux costumes voyants, des hommes du milieu accompagnés de leurs dames oxygénées et couvertes de bijoux, des magnats des affaires, etc. Mais les vétérans du journalisme sportif qui fréquentent les rings depuis des années disent n'avoir jamais vu une soirée comme celle-là. »

Parmi la foule, aussi, l'ami d'enfance Lawrence Montgomery qui a fait le voyage depuis Louisville. Il nous l'avait raconté, il nous l'avait joué même,

— J'ai assisté à un seul de ses matchs, à Atlanta. Et vous savez ce qui s'est passé ? Quand je suis arrivé là-bas, il y avait toute une foule de gens. C'était au moment de la pesée qui précède le match. C'était bondé, il y avait des gens partout. Je ne pouvais pas le rejoindre et il ne savait pas que j'étais là. Il était sur le ring. Il y avait tellement de monde, je ne voyais pas comment faire pour arriver jusqu'à lui. Mais je me suis souvenu que quand il était petit, on le surnommait GG, parce que comme il n'arrivait pas à dire « Golden Gloves », il disait « GG ». Alors j'ai braillé : « GG ! » et il m'a entendu. Il a regardé autour de lui en disant : « Il y a quelqu'un ici qui me connaît ! Taisez-vous tous, je veux savoir qui c'est. » J'ai levé la main. Il s'est écrié : « Lawrence Montgomery, mon voisin à Louisville, dans le Kentucky ! J'habitais au 3302 Grand Avenue et lui au 3300. Je le connais depuis toujours, c'est un vieil ami à moi. Je veux que tout le monde sache qu'il vient de Louisville. Lawrence, je suis bien content de te voir ! »

Je dois dire que j'étais fier.

Tout semble dire que la cause noire est entre les poings d'Ali. Tous semblent lui dire, Tu n'es pas la créature d'Elijah Muhammad, tu es Ali, nous sommes derrière toi. Il avance jusqu'au ring encadré par Angelo Dundee, Bundini le poète de retour dans le cercle rapproché et le révérend chrétien Jesse Jackson qui déclare aux micros tendus : « Ce combat c'est quitte ou double. S'il perd, ce sera la victoire des forces réactionnaires au patriotisme aveugle, et ce sera la défaite de la rébellion. » Ce soir-là, l'impossible fusion des combattants de la cause noire semble faite autour du boxeur.

Et c'est Curtis Mayfield qui entonne l'hymne national.

Ali toise méchamment son jeune adversaire sur le ring. Dès la première minute, il est évident que ses coups ont gardé leur puissance. Mais au troisième round, il est tout aussi évident que son jeu de jambes a perdu en vitesse. Il ne danse plus aussi bien à 28 ans. Mais bien sûr il gagne. Il salue à voix haute les Temptations, les Supremes, Sidney Poitier, Bill Cosby, mais n'invoque pas Elijah Muhammad. La musique est de retour. Une grande fête suit le combat dans un ranch cossu des abords de la ville. Il y a tant d'argent, de show-biz et de gangsters à l'intérieur, que ça fait encore rire aujourd'hui l'envoyé spécial de *Muhammad Speaks*, qui n'était autre que Salim Muwakkil,

— C'était une grande célébration, un jour de réjouissances. Mohamed Ali venait de reprendre son titre. Le roi allait récupérer son trône. Ce retour symbolique a servi de prétexte pour faire une fête à tout casser. La pègre était de sortie. Les souteneurs étaient là avec tout leur attirail… C'était le grand déballage, les cambrioleurs étaient de sortie aussi, et beaucoup de gens se sont fait faire les poches !

Il ne reste plus qu'à organiser le combat Ali/Joe Frazier. C'est Frazier qui porte la couronne du champion du monde poids lourd désormais, mais il l'a décrochée sans affronter celui qui la détenait. Le battre lui offrirait un surcroît de légitimité. Public, promoteurs, médias du monde entier réclament ce match, c'est comme si la suspension du déserteur n'était plus qu'un détail, comme s'il fallait l'oublier alors qu'elle restera une des pierres angulaires de son histoire, comme s'il fallait rattraper le temps perdu, profiter de son corps encore, de son allonge, de ses jambes, de son style et de ses poings. Ainsi, un soir où Ali affronte Oscar Bonavena, le journaliste sportif de France Inter est à deux cents kilomètres de là, dans la station de sports d'hiver de Monticello, aux basques de Frazier sanglé dans un costume blanc. Il chante sur une petite scène entouré de ses danseuses et de son orchestre, le Knock Out, il joue les vedettes de la chanson, mais dès l'annonce du combat Ali/Bonavena, il se précipite dans un fauteuil devant l'écran de télévision retransmettant le match. Et le journaliste français est là pour recueillir son commentaire et faire monter la sauce.

— Après la victoire de Mohamed Ali, j'ai demandé à Frazier de commenter un peu ce match pour les auditeurs de France Inter.

— Je pensais qu'Oscar allait gagner ce combat jusqu'à ce que Clay le gagne vraiment. Mais je pense qu'aux points, Oscar était le gagnant. Je crois que Clay faisait semblant de se battre, il fait ça pour certaines raisons, il voulait voir s'il pouvait tenir jusqu'à la limite. Il sait que s'il se bat comme ça contre moi dans les trois mois, il aura besoin de plus de rounds.

— Vous m'avez dit que ce n'était pas un combat très propre ?

— Il se comporte très pauvrement. Pour un ancien champion du monde, il pourrait se comporter mieux sur un ring. Les gens l'ont hué, il s'est conduit comme quelqu'un qui n'a jamais été sur un ring. Pourtant il y est depuis longtemps.

— Vous le rencontrerez bientôt ?

— Je ne peux dire, ni oui ni non. Mais quand il veut, ça peut aller. Vous savez, je n'ai pas besoin de Clay. Clay a besoin de moi. Donc s'il veut me défier, je mettrai mon titre en jeu.

Pendant ce temps la NAACP, organisation de défense des gens de couleur, naguère décriée par Ali, a plaidé pour lui devant une cour fédérale, elle a listé de nombreux condamnés de tout ordre qui ont gardé une licence de boxe, et ainsi démontré la discrimination de traitement dont il est l'objet. La cour lui donne raison. La commission des sports de New York se plie à l'injonction. Le Madison Square Garden propose immédiatement 1,25 million de dollars, plus 35 % de la recette brute à chaque boxeur, Ali et Frazier. Du jamais vu. Comme le prix du ticket : 150 dollars. Très vite le combat affiche complet. Et bientôt la mise est doublée. La promo commence et glisse très vite vers un scénario désormais classique : Ali l'insoumis contre Frazier le patriote. Mohamed le musulman contre Joe le baptiste.

Robert Lipsyte couvre l'événement pour le *New York Times*,

— Quand il a affronté Joe Frazier, qui était un homme intègre et un excellent boxeur, on les a opposés l'un à l'autre comme deux types d'Américains très différents. On avait d'un côté Joe, un patriote pur jus, un représentant de la classe laborieuse, et de l'autre, Ali, le héros des gauchistes et de ceux qui haïssaient l'Amérique et voulaient la voir perdre la guerre. C'était un match passionnant. Mais puisqu'on parle de sa cruauté et de ses imperfections, Ali a longtemps appelé Joe Frazier « le Gorille », il se moquait de son nez, de ses cheveux, de la noirceur de sa peau… Bien des années après, Ali a dit : « Je voulais juste faire de la publicité au match. » Si c'était vrai, ce serait encore pire. Mais je ne le pense pas. Je crois que quand il disait : « Je suis joli garçon », il le pensait vraiment.

Frazier a grandi dans une famille de treize enfants en Caroline du Sud, il a travaillé dans une usine de conditionnement de viande avant que la boxe ne lui offre une vie nouvelle, autant dire que le prolétariat noir c'est lui, pas Ali. Mais une fois de plus le verbe d'Ali brouille le tableau. Frazier finit dans le rôle de l'Oncle Tom, de champion des Blancs. Il est furieux. Il sonne à la porte de son adversaire, réclame des excuses, Je suis noir, tu ne peux pas m'enlever ça.

Ali continue de renchérir à coups de déclarations, de poèmes écrits avec son comparse Bundini,

« Quinze juges arbitres ! Je veux quinze juges à ce match car il n'existe pas un homme qui puisse suivre le rythme de mes frappes, à part moi. Aucun mec vivant ne peut me battre. Je suis trop rapide, je suis trop malin, je suis trop beau ! Cette nuit-là, le monde entier attendra. L'Angleterre, la France, l'Italie, l'Égypte et Israël qui attendent ces quarante-cinq minutes de vérité. L'Arabie Saoudite, l'Irak, l'Iran et même la Chine communiste et Formose. Depuis la nuit des temps, il n'y a pas eu une soirée comme ça. Les gens chanteront et danseront dans les allées et quand ce sera fini, Mohamed Ali récupérera sa vraie couronne de champion du monde. Et quand je l'aurai battu, je ne veux plus voir quelqu'un usurper mon titre sans qu'il me batte sur le ring ! »

Mais Ali n'est plus aussi rapide qu'il le prétend. Il le sait bien, il l'a éprouvé dans ses récents combats. Il a perdu sa ligne de défense. À l'entraînement désormais, il apprend à encaisser, alors qu'avant il ne laissait personne le frapper. Il a mal aux mains aussi, inflammation des articulations. Aussi Ferdie Pacheco, son médecin, décide-t-il de lui faire des piqûres de cortisone et de xylocaïne entre les trois doigts du milieu avant de bander la main et d'enfiler les gants. Pendant ce temps, Angelo Dundee desserre les cordes du ring, car c'est là qu'Ali prévoit d'absorber les coups. L'équipe adverse les fait resserrer aussitôt après lui.

Ce qui est vrai, c'est que ce 8 mars 1971, environ 300 millions de personnes ont les yeux rivés vers ce célèbre carré de boxe à New York. Le combat du siècle, on l'appelle déjà. Diana Ross vient l'embrasser dans les vestiaires. Frank Sinatra est dans les tribunes de presse, il fait des photos pour *Life*. Les coups pleuvent. Les deux boxeurs se font mal. Ali doit encaisser les crochets redoutables de Frazier. Ce qui ne l'empêche pas de parler encore, d'insulter et de provoquer Frazier,

— C'est tout ce que tu as dans le ventre ?!

Mais sa vieille arme de déstabilisation psychologique ne marche plus, Frazier est comme un taureau, il veut battre la légende qui le fait passer pour ce qu'il n'est pas. Et ça dure jusqu'au quinzième et dernier round. À ce stade, la voix du commentateur français à la radio préfère laisser le résultat ouvert,

— Et le quinzième round démarre comme le premier à une allure fantastique ! Clay par des séries des deux mains, Frazier par des crochets du gauche qui reste sa seule arme. Mais plus très longtemps. Ali vient de tomber. Et alors que Clay vient d'aller au tapis à la réception d'un crochet du gauche, un TERRIBLE crochet du gauche de Frazier. Et l'arbitre le concède, et il se remet en garde et Frazier envoie encore un crochet du gauche à la face de Clay, Clay qui n'en peut plus, qui n'a pratiquement plus de garde, et qui encaisse encore une série, il s'accroche mais je ne sais pas si ce combat va aller à la limite des quinze rounds finalement, car Frazier place des séries, Clay n'en peut plus ! Il est littéralement K.-O. debout alors que Frazier s'approche avec des séries. Ce combat se termine sur une note dramatique, c'est une surprise, il n'en peut plus Clay, Clay est dans les cordes, il essaie de fuir quelque peu, il essaie d'allonger son direct du gauche, son crochet du droit maintenant, mais c'est fini, Clay ne sera pas champion du monde, le come-back qu'il voulait faire, il n'a pas pu le faire, deux secondes, une seconde, (gong) c'est la fin…

À l'unanimité, les juges donnent la victoire à Joe Frazier. La radio française qui a repéré les acteurs Marcel Bozzuffi et Simone Signoret dans les gradins du Madison Square Garden tendent leurs micros.

— Vous êtes triste, Simone Signoret ?

— Très triste. Et puis parmi les gens qui étaient là, on était quoi ? 17 000, 20 000, ceux qui étaient gais et contents qu'Ali perde, eh ben ils n'avaient pas tellement des bonnes têtes.

C'est Signoret la militante qui parle, pas exactement de boxe, mais de combat, d'engagement où l'adversaire a forcément la gueule d'un réactionnaire. C'était si simple alors et pas forcément faux. Sa voix dans les archives de l'Ina, c'est mon enfance, les tracts à plier et à distribuer sur la table du salon, le parfum politique des années 70, où Signoret vieillissait avec autorité et gravité sans jamais s'épancher sur elle-même. C'est logique qu'elle soit venue supporter Ali, qu'elle l'appelle Ali quand les journalistes sportifs se sont remis à l'appeler Clay. Bozzuffi à côté d'elle enchaîne,

— Au deuxième round, raconte-t-il, Simone me demandait si c'était de la belle boxe ou pas de la belle boxe, je lui ai répondu, je pense que Clay est un meilleur boxeur que Frazier. Il est plus en ligne, il boxe mieux, les coups qu'il donne sont plus francs, plus beaux, il a du style. Mais devant le battant qu'est Frazier, le sort n'était dû qu'à son seul punch, Frazier c'est un boxeur anti-Clay.

Il a perdu. C'est la première fois. Ali ne reste pas longtemps à l'hôpital, il ne veut pas laisser ce plaisir à Frazier. Le président Nixon fait savoir qu'il se réjouit du résultat. Bien des Américains aimeraient alors le coup de grâce, voir le boxeur jeté en prison. Mais la Cour suprême, par de subtiles volte-face internes, révoque sa condamnation quelques mois plus tard, le 28 juin 1971. C'est signe que le pays, y compris son armée, amorce la sortie du bourbier vietnamien. Ali est un pion important sur le tableau. Il est un symbole, avec tout le flou et toute la force des symboles.

Il reprend donc les combats, les gagne les uns après les autres, l'argent rentre, il va s'installer dans un riche quartier blanc de Philadelphie avec femme et enfants, exactement ce qu'il reprochait à ses adversaires naguère.

Et quand on l'a interrogé à ce sujet, raconte le biographe Jonathan Eig, il a dit : « Quoi ? Vous voulez que mes enfants grandissent au milieu d'une bande de voyous et de dealers et se fassent tirer dessus ? » Il ne cherchait pas à être logique. D'un côté, il prônait l'autosuffisance et l'indépendance des Noirs et de l'autre, il ne voulait pas vivre dans un quartier noir. Il s'opposait ouvertement à l'intégration et aux mariages mixtes, mais il a emménagé dans un quartier blanc de Philadelphie. Ce genre de contradictions ne l'a jamais dérangé. Ça lui glissait dessus comme sur les plumes d'un canard, il n'y pensait même pas. C'était ce qu'il voulait, alors il le faisait. Mais il y avait pas mal d'incohérences dans son comportement. Il parlait de fierté noire, il exaltait la race, mais il se moquait des autres boxeurs noirs, il disait qu'ils étaient moches et stupides, que c'étaient des Oncles Tom. Tout ça est inconciliable. Ali estimait qu'il pouvait faire ce qu'il voulait et qu'à partir du moment où il le faisait, ça devenait juste.

Il est Ali. Les enfants malades le réclament dans les hôpitaux. Les femmes défilent dans son lit. Et il fait toujours ses cinq prières par jour.

Un portrait d'Elijah Muhammad trône encore dans son salon des quartiers blancs. Le leader vieillissant glisse vers la sénilité, ses lieutenants ont repris les rênes d'un mouvement dont l'influence et les ressources s'amenuisent.

Alors, toujours chapeauté par Herbert, Ali reprend du service, il fait quelques voyages stratégiques pour lever des fonds. Trois millions chez Kadhafi en Libye.

Salim Muwakkil le suit pour *Muhammad Speaks*,

— Je l'ai rencontré en 1974, en Jamaïque. C'était l'époque du Combat du siècle, le « Rumble in the Jungle ». Son nom était sur toutes les lèvres et Nation of Islam essayait encore d'exploiter sa renommée. Il s'était rendu en Jamaïque à l'invitation de Michael Manley, qui était alors Premier ministre de l'île, avec une délégation de Nation of Islam. En réalité, la visite avait été organisée pour Louis Farrakhan, le représentant d'Elijah Muhammad et de Nation of Islam. Mohamed Ali n'était qu'un membre de la délégation. Mais bien sûr, c'était lui la vedette. Les gens se déplaçaient en masse pour le voir et lui témoigner leur affection. Je dois dire que j'étais assez surpris par l'intensité de cette dévotion. Ils l'appréciaient énormément et ils exprimaient une sorte de respect. Ça a été une bonne expérience pour moi. J'ai eu l'occasion de discuter un peu avec lui. Il m'a expliqué qu'il voulait qu'on l'admire pour ses qualités d'homme d'État plutôt que pour ses exploits sportifs. Il adaptait sans doute ses réponses au fait que j'écrivais pour le journal. Il y avait toujours cette tension entre son métier de boxeur et son aspiration spirituelle à devenir un ministre de Nation of Islam.

Ensuite, il s'est fait fracturer la mâchoire par Ken Norton, puis il a eu sa revanche contre Frazier au Madison

Square Garden, encouragé par les Allahou akbar de son frère au bord du ring. Mais ça n'a pas refait de lui le champion du monde, puisque Frazier avait entre-temps été terrassé par le terrifiant George Foreman. Voilà le nom de son prochain adversaire.

Et à ce stade de l'histoire, la légende a besoin d'une terre plus vaste que les États-Unis, d'une fracture plus large que les plaies américaines. Elle va se poser au commencement du monde, l'Afrique.

En cet été 1974, Victor Yoka n'est qu'un gamin de 11 ans.

S'il ne finit pas toujours ses phrases aujourd'hui, c'est qu'un flot d'images et d'émotions le submergent encore.

— Avant qu'ils arrivent à Kinshasa, quand on a appris que le gouvernement de Mobutu avait installé un grand satellite qui captait le monde entier, on regardait les combats de Mohamed Ali vers 3 heures du matin à la télé. Nous en Afrique on était que pour lui. Et on nous annonce qu'il vient boxer à Kinshasa contre George Foreman, alors là…

— … c'est la fête ?

— Oui, c'était vraiment la fête.

— Vous vous souvenez de l'arrivée d'Ali ?

— Ah oui, ils sont arrivés vers le mois de septembre, parce que normalement le combat était annoncé pour le 25, pour le retour des vacances. Puis il y a eu la blessure de Foreman. Mais le jour où Ali est arrivé, c'était une grande fête. Directement la foule a commencé à crier : Ali boma yé ! Et Ali ne comprenait pas, Mais qu'est-ce qu'ils disent ? On lui a traduit, ça veut dire : Ali tue-le ! 90 % des Congolais étaient pour lui.

Le boxeur n'avait rien à faire pour les avoir avec lui, tout à lui. Depuis son premier titre de champion du monde en 1964, sa tournée au Ghana la même année, son refus de partir au Vietnam, Ali était devenu la figure du tiers-monde. Pourtant dans l'avion, il avait affûté ses mots, comme nous l'avait raconté Jonathan Eig à Chicago, car tout combat d'Ali est précédé d'une longue joute verbale.

— Ali adorait rabaisser ses adversaires. Et sa technique préférée consistait à contester leur crédibilité en tant que Noirs, à les traiter d'Oncle Tom. Dans l'avion pour Kinshasa, Gene Kilroy lui dit : « Tu ne peux pas traiter George Foreman d'Oncle Tom au Zaïre, ils ne sauront pas ce que ça veut dire. » Ali lui demande : « Qui sont leurs pires ennemis ? » « Ce sont les Belges, parce qu'ils les ont pillés, violés et torturés… » Alors à la descente de l'avion, sur le tarmac, Ali s'adresse aux milliers de personnes qui sont venues l'accueillir et il leur dit : « Je suis le plus grand de tous les temps et George Foreman est un Belge ! » Le lendemain, quand George arrive, tout le monde le déteste déjà et il ne comprend pas pourquoi. Ils veulent le voir perdre, ils scandent « Ali boma yé ! » Foreman est le méchant et Ali gagne encore. C'était un véritable génie du marketing. Il savait séduire les foules, il savait monopoliser l'attention de la presse. D'une certaine façon, je crois qu'il y prenait autant de plaisir qu'à vaincre sur le ring. Il aimait ces manœuvres psychologiques.

Et il fut servi par son adversaire. Victor Yoka rigole encore de l'arrivée de George Foreman,

— Quand il est descendu de l'avion, il avait un chien ! Un berger allemand ! Et ça, c'est un mauvais souvenir pour les Congolais au temps de la colonisation belge, ça a créé un recul envers lui. Pour nous, avoir un chien, ça signifie qu'il ne veut pas qu'on s'approche de lui. Ali, lui quand il est arrivé, sa femme était habillée comme une Africaine, il était proche, il était très ouvert, et il avait pas de chien ! Déjà on l'aimait beaucoup, et voilà qu'il montrait qu'il s'intéressait à nous, alors évidemment...

C'est le début d'une grande fête noire en terre noire. Sur l'affiche annonçant le combat, l'Afrique n'est qu'un bloc derrière les bustes musclés des deux boxeurs. Au bord des routes, la propagande est presque drôle : « Une rencontre entre deux Noirs, dans un pays noir, organisée par des Noirs, et attendue par le monde entier : voilà une victoire du mobutisme ! » Victor Yoka se souvient du grand rassemblement au stade du 24 novembre,

— Mobutu avait fait venir les vedettes américaines, les musiciens comme James Brown, B.B. King, mais aussi les grands sportifs, c'était vraiment pour montrer qu'on pouvait organiser quelque chose à nous, même si on nous aime pas trop aux USA.

Tout le monde est pris dans les filets de Mobutu qui plastronne, rayonnant et joufflu derrière ses lunettes en écaille, même les intellos démocrates blancs qui le haïssent mais ne veulent rien rater du futur combat d'Ali. William Klein est là, avec sa caméra et dix ans de plus qu'à Miami, pour terminer son film documentaire *The Greatest*,

— Ali était naïf, il n'y connaissait rien. Au Zaïre avec Mobutu, il était tout simplement épaté de voir un président noir en Afrique et personne ne pouvait le faire douter que Mobutu était un grand homme et faisait le bien de son peuple, il voyait les châteaux de Mobutu et il trouvait ça extraordinaire. C'était tragique que Malcolm X ait disparu car Ali avait besoin d'un guide, c'était l'homme le plus connu du monde, je me suis rendu compte là-bas que même dans la brousse, dans les coins les plus reculés, il était un héros. Mais ce qui me plaisait chez Ali, c'est son humour, c'est un des hommes les plus drôles que j'aie jamais rencontrés, il savait rire de tout, mais pas tellement de lui-même.

L'écrivain Norman Mailer est là lui aussi, comme à tous les temps forts de la boxe depuis une quinzaine d'années.

— La boxe a toujours attiré les grands écrivains. Je ne parle pas de moi, mais d'A. J. Liebling, Jack London, Norman Mailer et tant d'autres..., nous avait dit Jonathan Eig. Sans doute parce qu'il y a là quelque chose de très basique, un homme qui s'efforce de prouver qu'il est plus fort qu'un autre. Et sur cette base fondamentale, on peut accoler toute sorte de symbolismes. C'est ce que font certains de ces auteurs, ils dépeignent une confrontation presque cosmique. Ali et Frazier deviennent des dieux grecs qui en décousent sur le ring. Pour l'écrivain, c'est foisonnant. Parce qu'il n'y a pas que le combat lui-même, il y a aussi les personnages. Ali avait une personnalité incroyable. Ceux qui l'ont pris pour sujet en sont tous tombés amoureux parce qu'il leur rendait la tâche si facile. Il était lumineux, ses sorties étaient hilarantes, c'était une source inépuisable de divertissement.

Norman Mailer aime Ali. C'est un écrivain maintes fois récompensé aux États-Unis, un savant de la boxe, comme dit William Klein, il a donc ses entrées dans la villa du boxeur qui s'est posé à Nselé, au bord du fleuve Zaïre, quand son rival, qui fait tout de travers, préfère loger à l'InterContinental, le grand hôtel de Kinshasa, bulle riche et occidentale avec stars américaines, businessmen, presse mondiale, petit monde fortement imbibé d'alcool, d'herbe et de coke. Norman Mailer fera de ce duel en Afrique un livre qui sortira un an plus tard, *The Fight*, ou *Le Combat du siècle* en français. Je l'ai dévoré au moment où je rencontrais Victor Yoka, et je ne pouvais m'empêcher de rapprocher et d'opposer l'écrivain et le gamin, celui qui voit et celui qui rêve, celui qui entre dans la villa et celui qui reste aux abords derrière les grilles. C'est dans cet interstice qu'est la vérité et la beauté de ce moment-là. Sans le rêve du gamin, qu'importe la précision de l'écrivain.

Le gamin court derrière Ali qui cherche les bains de foule,

— Il était vraiment simple, plus même, accessible. Il discutait avec tout le monde. Pour s'entraîner, il courait le long du boulevard Lumumba, un grand boulevard de trente kilomètres et on était beaucoup à le suivre. D'autres gens le regardaient passer, il les saluait. À un moment, il est rentré dans les quartiers, il allait vers les enfants, vers tout le monde, et la foule criait Ali boma yé ! Ali boma yé ! À Nselé, c'était compliqué, j'y suis allé avec mes frères, mais il y avait beaucoup de sécurité. Alors que quand il courait, tout le monde le suivait.

L'écrivain rejoint le boxeur un matin à l'aube directement après le restaurant et le casino. Ali couché tôt se lève à 3 heures du matin pour un footing à la fraîche.

— Vous avez quel âge Norm ?

— 51, souffle péniblement l'écrivain en trottinant tant bien que mal derrière lui.

— Eh ben moi à 51 ans, je n'aurai même plus la force de courir vingt mètres ! Je me sens crevé déjà ! lance le boxeur.

Ali n'aime plus les efforts de l'entraînement depuis ses années de suspension. Ça lui coûte. Norman Mailer voit bien que sa mise en route est plus lente. Il voit beaucoup de choses. Le gamin même de loin parfois s'interroge,

— Quand on se calmait un peu, on s'inquiétait. On regardait les choses en face : Ali était le challenger, il n'était pas impressionnant physiquement devant Foreman qui descendait tout le monde en un ou deux rounds. Il avait surclassé Frazier qui avait battu Ali en deux rounds. Quand il mettait des coups, il projetait son adversaire à trois mètres. Quand il frappait sur le sac, il faisait un trou. BOUM, BOUM. Mais Ali nous rassurait, il disait, Je vais le battre. Nous on était là pour lui. Il avait 32 ans. Foreman 25 ans, jeune costaud, bon poids lourd. Ali n'était pas vraiment un poids lourd, il avait été médaillé aux Jeux olympiques en mi-lourd. Il faisait à ce moment-là 98 kilos. Foreman pesait 107, 110, un beau bébé, bien musclé. Un coup, c'était un coup. Il fallait donc qu'on se calme. Qu'est-ce qui va se passer ? Il parlait pas beaucoup. Qu'est-ce qu'il cache ? Foreman disait juste qu'il allait le descendre en deux rounds et lui fermer son clapet.

Pas facile. Ali fanfaronne encore et encore devant la presse. Norman Mailer assiste amusé à ce jour où il lance aux journalistes réunis qu'il sera libre comme l'oiseau face à Foreman. Et un oiseau s'échappe subitement de sa main, capturé une heure plus tôt par Bundini. Lequel Bundini se poste le matin dans le lobby de l'hôtel de Foreman, bunker de la richesse occidentale, il est le poète et le messager d'Ali, il harangue et prend les paris en faveur de son champion.

« Mon gars quand il gagne, il lève le poing en l'air. Le pouvoir au peuple, c'est comme ça qu'il est mon gars. Et il a des millions de bougres derrière lui !

Ma langue noire, elle marche pour dire l'infortune et le miracle. Les diamants de l'oppression brillent sur ma langue noire. »

Foreman s'entraîne de son côté, saute à la corde en écoutant Aretha Franklin chanter « Tu as un vrai ami en Jésus ». Est-ce une façon de défier le musulman d'en face ? Il travaille ses corps-à-corps. Ses sparring-partners ont ordre de mimer Ali reculant vers les cordes.

— Quand on commence à s'approcher du 25, se souvient Victor Yoka, on apprend que Foreman s'est blessé à l'entraînement. Il avait compris que tout le pays, tout le peuple congolais n'était pas pour lui, il ne se sentait pas bien. Il a commencé à se poser des questions, pourquoi est-ce qu'ils sont plus pour lui que pour moi ? à dire, regardez j'ai la peau plus foncée que lui, je suis plus africain que lui. Il ne comprenait pas que les Congolais n'étaient pas contre lui, ils étaient pour Ali, il nous représentait dans le monde, sur plusieurs plans, son combat n'était pas que de la boxe, c'était politique, il devait gagner. On lui avait injustement enlevé son titre, on l'avait injustement condamné. Alors quand Foreman s'est blessé, nous on a cru qu'il n'y aurait pas de match. Foreman n'aimait pas le pays, il voulait partir, et là, Ali s'est déchaîné, il a dit, Il savait que j'allais le frapper, il s'est blessé pour fuir ! La foule s'est emballée. On veut le match ! Et Mobutu aussi voulait le match. Donc il a mis une pression. Foreman voulait partir pour se soigner mais il a dit, Finalement je reste.

C'est vrai que depuis le report du combat, les rumeurs circulent que les boxeurs n'ont pas l'autorisation de repartir. Ils sont comme des princes en cages dorées. Il y a des soldats devant leur porte. Mobutu les tient. Il veut que le monde entier ne cesse de regarder vers son pays, encore appelé Congo trois ans auparavant. Dix millions de dollars sont en jeu en plein tiers-monde. Deux têtes d'affiche américaines. L'écrivain Mailer repart, lui, il doit soigner ses intestins mis à mal par l'Afrique. Mais il reviendra. Juste avant de prendre son avion, il passe voir Ali, visiblement très déçu de ce report, qui lui glisse « faut que je me tire d'ici ». Puis qui déclare haut et fort : « Je vais rester et travailler pour mon peuple. »

— Ça s'est déchaîné encore, se souvient Victor Yoka. L'ambiance était devenue folle, il fallait faire des musiques pour tenir le public, des promotions du combat, en parler encore et encore, pour nous ça devenait meilleur. Puis on a appris que la blessure de Foreman était cicatrisée. Que le combat était programmé pour le 30 octobre. On avait la joie, parce qu'à un moment, il avait été question, si Foreman partait, qu'Ali boxe quelqu'un d'autre. Mais nous on voulait Foreman qui descendait les montagnes, qui descendait tout le monde, qui était immense et qu'Ali nous promettait de battre. C'est ça qu'on voulait comme combat. Comment ils allaient faire ? C'était excitant.

L'écrivain revient un mois plus tard. Petit Blanc à la grande fête des Noirs. Dans son livre, il deviendra un personnage, il parlera de lui-même à la troisième personne, il sera Norm, l'écrivain blanc auquel Ali a sans le savoir tendu un miroir.

Et j'ai voulu le lire à voix haute,

« Son histoire d'amour avec l'âme noire, une orgie de sentimentalité à ses pires moments, avait été sérieusement échaudée par les accès de fièvre du Black Power. En fait, il ne savait plus très bien s'il aimait les Noirs ou s'il éprouvait une sourde antipathie envers eux, le plus honteux des secrets dissimulés dans son existence d'Américain. (…)

Mais lorsqu'un long trajet sur l'autoroute lui avait permis de voir des milliers de Zaïrois efflanqués, et sans doute sous-alimentés, courir après des autobus bondés d'habitants des nouveaux bidonvilles, et cependant de déceler dans presque chacune de ces milliers de minces silhouettes qui attendaient aux arrêts, une sorte d'esthétique absolue, de confirmation de ce que le dessin du corps humain a de sacré et de définitif, de découvrir que même dans ce contexte elles exprimaient une incorruptible solitude, une dignité muette comme la pierre, une dignité africaine qu'il n'avait jamais aperçue parmi les Sud-Américains, les Européens ou les Asiatiques, une conscience de soi au magnétisme tragique, comme si tous, seuls et ensemble, portaient leur continent telle une auréole de tristesse, alors il était impossible de ne pas ressentir la pulsation unique de l'Afrique, impossible de ne pas être pénétré par l'évidence de ce que tout le monde à commencer par "Papa" Hemingway essayait d'exprimer depuis un siècle à propos de l'Afrique : cette terre vibrait tellement, merde ! (...)

Dès lors qu'il ne pouvait plus détester les Zaïrois, ni même rester convaincu de sa condamnation de leurs oppresseurs noirs, son animosité s'est transportée sur un autre continent pour tomber sur les Noirs américains, leur arrogance, leur jargon, leur façon de s'habiller ethnique pour vous faire la nique, leur Soul braillarde, leurs orgues portatives collées au bas-ventre, et leur nouvel ego vomitoire, scories de tout le crassier d'aliénation recyclées US.

Et là, il comprenait qu'il n'était pas seulement venu ici raconter un combat, mais aussi examiner d'un peu plus près cette démesure qu'étaient ses propres pulsions d'amour et – non, était-ce possible ? – de pure haine envers la présence noire sur cette terre.

Il n'arrivait pas à applaudir sincèrement à l'émergence d'un peuple empreint de force au centre de la vie américaine : il était jaloux, en réalité. Mais même en s'abandonnant à une telle jalousie, il éprouvait un curieux soulagement, parce qu'il était parvenu à un constat plein d'utilité : quand le Noir américain avait été arraché du sol africain, il avait été spolié de sa philosophie, du même coup. Et donc toute sa violence, toute son arrogance pouvaient être à nouveau accessibles à la compréhension, désormais. Il suffisait de considérer l'épreuve subie : alors que dans la philosophie africaine, tout était racines, elle avait été elle-même déracinée. Le "nègre" américain était une greffe tronquée, soumise à une stimulation excessive. Sa conception du monde n'était pas seulement inspirée par ses terribles expériences en Amérique, mais aussi par des fragments de ses croyances africaines perdues… »

Puissance de l'écrivain.

Puissance d'Ali qui l'a mené jusqu'aux racines, jusqu'à ses tripes.

Le môme de Kinshasa, lui, regarde le ciel avec appréhension.

— Il faisait au moins 25 degrés, la nuit, se souvient Victor Yoka. À 4 heures du matin seulement, la température descend. Il y a juste un truc qu'on craignait, c'était la pluie. À partir de septembre-octobre, c'est la saison de la pluie, et quand il y a la pluie, y a vraiment la pluie, ça tombe vraiment.

— C'était où le combat ?

— Tout le monde sait où c'était ! C'était le stade du 24 Novembre, où se passaient tous les événements. Un stade où Mobutu faisait ses meetings. Mais le jour du match, Mobutu, lui, n'était pas là. Il était chez lui. Il ne blaguait pas. À 3 heures du matin, il ne se sentait pas en sécurité. Officiellement, il n'était ni pour l'un ni pour l'autre, que le meilleur gagne, il disait.

— Vous, y êtes-vous ?

— Il est 4 heures du mat ! et j'ai 11 ans… non ! On était là, mais devant la télé. On suivait tout. Dans un moment comme celui-là, on va chez quelqu'un qui a les moyens, comme on dit en Afrique. On vit en communauté là-bas, celui qui a les moyens, il sort sa télé, il la met dehors et tout le monde regarde. C'était la fête !

Ce mot revient sans cesse. La fête. La voix et le rire de Victor Yoka résonnent, ils claquent entre les murs de son pavillon de Chanteloup-les-Vignes, ils saturent les micros, encore chargés de l'excitation du gamin qu'il fut. Tous nos enregistrements sont pleins de cette excitation. Il y a un lien entre Victor Yoka, l'enfant de Kinshasa, Robert Lipsyte, le reporter du *New York Times*, frère Muhammad Siddeeq, imam d'Indianapolis, ou le photographe William Klein, c'est Ali, qui a déposé en eux une joie brute, simple, l'envers de la peur, l'instinct du combat, c'est rare, ce qu'il faut à tout un chacun pour traverser la vie tant bien que mal, c'est la force qui trop souvent nous manque et ça ne s'oublie pas. Et c'est vrai ce que dit le biographe Jonathan Eig, qu'en route, en travaillant sur Ali des décennies plus tard, on tombe amoureux de ce jeune homme effronté qui embrasa la boxe et le monde. Combien de fois en voiture, ou le soir après quelques verres aux États-Unis, Benjamin, Gaël et moi l'avons mimé, très mal, hurlant qu'il était le plus grand. Ce qui est beau chez lui, c'est l'irruption. Dire n'importe quoi quand on n'a pas droit à la parole. Rire quand on émerge du supplice. Nous étions complètement habités par sa présence. Il était le quatrième membre ou plutôt le premier de notre équipe. Nous aimions ses blagues, sa boxe, ses reparties et même sa mauvaise foi.

Alors chaque fois que je fouille les archives, je bute sur les commentaires de l'époque, mes alter ego d'hier. Lancement de France Inter dans les heures qui précèdent le match :

« À part l'enthousiasme suscité par l'affrontement qui mettra aux prises Cassius Clay dit Mohamed Ali à George Foreman, la manifestation prend par moment un côté carnavalesque et nettement en marge du sport. On joue beaucoup sur cet aspect qui n'est pas exclusivement sportif et que la présence de Mohamed Ali suscite inévitablement à chacune de ses apparitions. Chose curieuse, George Foreman est également un Américain de couleur mais ne semble pas avoir la même cote que son adversaire dans ces régions du monde dont ils sont tous deux probablement d'origine, bien que ces origines soient maintenant plus ou moins lointaines. »

Si froid. Si hautain. Si blanc. S'emparant de l'histoire de l'esclavage pour mieux la jeter aux oubliettes en une phrase. Dix ans ont passé alors depuis ce mois de février 1964 qui le sacra champion du monde : « danse du scalp », disait un commentaire de la radio française devant l'homme qui se disait le plus beau, le plus grand, et ouvrait grand la bouche, pour en laisser sortir un hurlement silencieux. Voici maintenant « le carnaval ». Tout devient vulgairement tribal. Les danses et les transes dans les rues de Kinshasa n'ont rien d'un carnaval. Les gens sont sans masques, ils crient à pleins poumons. Ils s'approprient cet événement né dans la tête du dictateur Mobutu et du promoteur véreux Don King, qui a promis à Ali en plus des cinq millions de dollars : « Liberté. Justice. C'est ce que tu offriras à ton peuple si tu reprends le titre. » Tu parles. Les habitants de Kinshasa savent bien que ni la justice ni leur liberté ne sont le sujet, mais qu'il est des moments à saisir, à faire enfler jusqu'à tout suspendre, jusqu'à garder des sensations qui dureront toute la vie.

J'ai rencontré Victor Yoka la première fois au bord d'un ring de l'INSEP (Institut national du sport, de l'expertise et de la performance) à Vincennes. Il regardait son fils aîné Tony Yoka, médaille d'or olympique française dans la catégorie poids lourd, qui faisait mine de s'échauffer devant les photographes et les caméras pour la promotion de son prochain combat diffusé sur Canal Plus. L'enfant de Kinshasa est donc devenu le père d'un champion. C'est Karim Ben Ismail, journaliste à *L'Équipe*, fin connaisseur de la boxe et de ses hommes, qui m'a menée vers lui, comme il m'a mise en contact avec Muhammad Siddeeq, rencontré dans le sillage de Mike Tyson. Je ne connaissais pas Karim mais il a bien voulu guider mes pas de novice au bord du ring, faire les présentations. L'histoire est belle, une onde de choc : Victor Yoka se mit à la boxe après la bourrasque Ali, décrocha plusieurs titres aux championnats d'Afrique, partit pour la France comme tant d'autres tenter sa chance, trouver du boulot tout en comptant poursuivre ici sa carrière. Mais on décela des lésions dans ses yeux, il dut renoncer et crut ranger les gants pour toujours. Vint le fils, Tony, qu'il ne poussa pas, laissa rêver de karaté et de basket, mais du jour où le gamin lâcha le mot boxe, il avait rallumé tous les lampions de la fête dans la tête de son père. Tony a décroché une médaille d'or aux Jeux olympiques de Rio, comme Ali à ses débuts. Tony a un fils, qu'il a baptisé Ali. L'histoire est belle…

Mais à part les mômes de Kinshasa, qui misait sérieusement sur Ali le soir du grand match ? Thierry Roland, pas encore voix des stades, est l'envoyé spécial de France Inter, il envoie son dernier papier avant le combat.

— Cette nuit, pour le dernier match de sa vie, Ali veut entrer une nouvelle fois dans la légende. George Foreman, le champion en titre, ne l'entend pas de cette oreille. Il sait qu'il risque gros. Son titre bien sûr. Mais plus encore, il sait qu'il ne sera réellement considéré comme le véritable champion du monde que lorsqu'il aura battu Mohamed Ali. La rencontre est pour cette nuit. C'est un homme motivé, en pleine possession de son art, sûr de son punch, de sa force qui montera sur le ring dressé au centre du stade. Les deux hommes se sont préparés au mieux. Hier, l'un après l'autre, ils ont été reçus par le président Mobutu qui a eu pour chacun des mots aimables. Le cœur du Zaïre semble battre pour Ali l'apôtre des Noirs opprimés à travers le monde. La raison dit Foreman. Chez les poids lourds, le punch est un tel atout. Et pour ses douze derniers combats réunis, rendez-vous compte, dont trois championnats du monde, Foreman n'a pas passé une heure sur un ring, alors faites-vous une opinion…

L'écrivain, lui, est dans le vestiaire d'Ali avant le match. Il le voit fendre l'air avec ses jabs, danser, s'encourager lui-même puisque que personne n'en a la force. Ils ont tous peur pour lui. Plus peur que lui. – Hé ! il y a quelqu'un qui m'entend là ? on va danser hein ?! insiste Ali. – Ouais, on va danser, lui répondent Bundini, Dundee et les autres sans trop de conviction. L'ego d'Ali est toujours venu d'Ali. Cette nuit-là, c'est lui qui rassure son équipe. Il fera de même avec son public.

— Le jour du combat, je crois que les Congolais étaient revenus à la raison, sourit Victor Yoka. On avait fait la fête, mais maintenant on se demandait : et si Mohamed Ali perd ? C'est comme si on perdait tous. On est tellement derrière lui, on est tellement là pour lui, s'il perd on sera comment ? On savait qu'en face, c'était pas n'importe qui. Mais Ali continuait à nous dire, Je vais le battre. Même sur le ring, il insultait Foreman, Je vais te battre, on est en Afrique, chez moi, je vais te battre, te frapper, te faire la honte, tu pourras peut-être même pas rentrer aux USA. L'arbitre lui a fait une réflexion, lui a demandé de se calmer, Foreman a dit à l'arbitre, Laisse-le parler, on est là, on va régler ça. Il était en colère. Il voulait descendre Ali en deux rounds. Ali disait, Je vais danser, tu me verras pas. Foreman répondait, Le ring est carré, tu vas danser, mais pendant combien de temps ? Dès que le combat a commencé, Ali s'est explosé. Vous avez remarqué comme il danse, comment il met des coups, nous on était aux anges, on croyait qu'il allait continuer comme ça.

Victor Yoka se souvient de tous les soubresauts de son cœur. Comme chez Robert Lipsyte, nous avons allumé l'ordinateur, et le match a surgi du miracle numérique. Victor Yoka l'a vu et revu, puis montré à ses enfants. Il en connaît chaque round.

Au premier, il dit,

— Aujourd'hui quand je regarde ça, je réalise que Foreman n'a pas boxé comme un boxeur, il a boxé comme un bagarreur, il était fâché, il était énervé, il n'était pas calme, il cherchait des gros coups pour descendre Ali. Vous allez voir Ali. Il danse, il bouge. Vous avez vu les coups qu'il envoie, Foreman ? Si vous prenez ça, c'est terrible, c'est ça que nous on craignait, houlà ! Houlà !

Au deuxième, il se rappelle son inquiétude,

— On voyait que la boxe d'Ali commençait à baisser, on s'est dit qu'est-ce qui se passe ? On commençait à se poser des questions. Il s'est mis sur des coins de ring, normalement un boxeur il est au centre, on lui criait, Bouge de là ! sors ! il va te tuer ! HOULÀ ! HOULÀ ! On savait pas qu'Ali, il avait une technique, personne savait, lui qui disait qu'il allait danser, à un moment il dansait plus. On se disait, il boxe pas comme ça Ali d'habitude. Il a peur ? Ça va mal se terminer pour lui. Mais il arrêtait pas de parler. Jamais. Il rassurait le public.

Je suis là ! Quand il retournait au coin, il se levait, il criait « Ali boma yé », il était là pour nous rassurer.

L'écrivain s'inquiète lui aussi. Il se doutait bien que la colère de Foreman allait être terrible. Ali a balancé tellement de directs du droit au premier round… Ça ne se fait pas dans la boxe, c'est comme dire à l'autre, J'ai pas peur de toi. C'est aussi trop donner dès le départ. Alors Foreman a fondu sur lui au deuxième.

Deux rounds seulement, et on dirait qu'il s'en est écoulé huit, écrit Mailer.

Au troisième round, Victor Yoka s'écrie, OH LÀ LÀ ! mais en rigolant car il n'a plus peur, il sait l'issue du combat.

— OH LÀ LÀ ça c'est des coups qui font très mal. À l'estomac. Aux côtes. Mais à aucun moment Ali ne montrait qu'il avait mal. Et si vous remarquez bien, Ali vise la tête, tandis que Foreman vise partout. OH LÀ LÀ. Celui-là est passé ! Et les coups que Foreman a donnés dans ce combat, il paraît qu'il les a jamais donnés ensuite. Un boxeur qui prend ça, il doit vaciller, il doit montrer un signe mais non, Ali était là. OH LÀ LÀ ! Il prend !

Le gamin n'a rien pu voir, mais l'écrivain a eu le privilège de suivre les entraînements d'Ali sur son ring haut perché : il encaissait déjà le dos dans les cordes. Et il voulait qu'encaisser devienne un art, comme il le fit de l'esquive, dix ans plus tôt. Au bord du danger, il veut rester le plus grand, le plus beau. Il boxe comme il vit. Et c'est ce qui se passe maintenant sur le ring. L'écrivain comprend qu'Ali ira volontairement dans les cordes.

C'est comme une chorégraphie. « Il ne s'y prendrait pas autrement s'il cherchait à conjurer une force consciente auprès des Dieux funèbres du Nord, de l'Ouest, de l'Est et du Sud, écrit-il. L'affrontement se poursuit exactement de cette manière round après round et cependant il n'a rien d'ennuyeux car Ali semble perpétuellement en danger, ce qu'il est, et n'est pas. »

Au quatrième round, Victor Yoka comprend.

— Il faisait tout pour faire une action qui réveille le public. Et nous, tous les coups que donnait Foreman, on s'en foutait, mais quand Ali donnait un coup AH ! AH ! « Ali boma yé ! » Et chaque fois qu'ils s'accrochent, vous remarquez, Ali n'arrête pas de lui parler. Qu'est-ce qu'il lui disait ? Il lui disait, Même ma fille elle frappe mieux que toi. Ça déstabilisait la boxe de Foreman, ça le rendait nerveux, il n'avait plus la maîtrise. Ali savait jouer à ça. Il savait qu'il faisait le combat de sa vie. Il ne pouvait pas nous décevoir. Et là, je pense on passe au quatrième round. Vous allez voir, les doutes vont commencer à s'installer dans la tête de Foreman. Il pensait le descendre en deux rounds et on est au quatrième. Ali lui avait dit, Tu connais pas le quatrième, le cinquième, le sixième round, c'est un autre combat qui commence. Mais c'est encore Foreman qui frappe. Il donne au corps, il frappe. Le public ne crie pas. On se dit, ça va mal finir pour Ali. Il se met sur le ring, on le frappe, on le frappe. BAM ! BAM ! BAM ! Qu'est-ce qui se passe ? Et beaucoup de gens criaient SORS DE LÀ ! C'est quoi ce combat-là ?

Voilà ! VOILÀ ! VOILÀ !!!!

Vous avez vu comment il s'est réveillé ? Il nous a dit, Non, je le fatigue !

Et là on commence à se dire, ce type il est très très intelligent, très malin, il fatigue Foreman, il le laisse frapper. Et là, petit à petit, on voit la force de Foreman qui baisse, le doute s'installe en lui.

Toujours Ali retourne à la corde. HOULÀ il a pris !

L'écrivain comme le gamin s'y connaissent dans l'art de la boxe. Ali veut gagner en beauté. La fatigue est des deux côtés. Mais Mailer se souviendra, en écrivant, d'un Ali s'allongeant sur les cordes comme le travailleur retrouve son lit après une dure journée de labeur, afin que sa travailleuse d'épouse lui dispense un peu de joie divine. Tandis qu'il ne voit plus chez Foreman que les gestes d'un somnambule.

Bundini guette chaque vibration du gong. Qui appelle cette fois à la huitième reprise. Victor Yoka rigole.

— Foreman n'est plus au combat. Il est fini, il a plus de jus. Il lance des coups comme on dit les dernières balles, des coups téléphonés quoi, ça peut faire mal, mais pas à un grand boxeur, il les voit venir. Physiquement, il est mort. On a un Mohamed Ali qui montre qu'il sait ce qu'est un combat, tandis que l'autre ne réfléchit pas, il sait juste frapper, il ne sait plus dans quel round il est. Ali, lui, ne frappe pas n'importe comment, pas n'importe quand. Foreman est fini. Voilà. Ali l'a compris. Lui s'est préservé. Voilà c'est là… Il va lui faire une action à laquelle l'autre ne s'attendait pas... il reste dix secondes ; et voilà.

Il rit.

Clameur et furie de la foule.

3, 4, 5, 6, 7, compte l'arbitre.

— T'as vu ? C'est fini, me dit-il encore sous le choc d'une très vieille information.

Alors là... Kinshasa était en ébullition... des gens qui criaient, qui pleuraient...

Mon Dieu, il est de nouveau champion, glisse l'écrivain à son voisin. Et soudain, il le voit qui s'évanouit. Peu de gens l'ont vu. Dundee l'a vu. Il a pâli. Mohamed Ali a perdu conscience pendant quelques secondes puis s'est redressé.

Bousculade ensuite pour accéder aux vestiaires. L'écrivain y a toute sa place. Il faut écrire les légendes pour qu'elles durent. Ali est assis sur la table de massage, le visage à peine rougi d'une contusion sur la pommette. Jamais peut-être n'avait-il paru aussi beau. Il avait les yeux fixes d'un enfant, écrira Mailer.

Mohamed Ali se prête ensuite aux questions des journalistes. C'est un mauvais perdant, dit-il de Foreman. Je l'ai battu à chaque round, je lui ai esquinté le visage, j'ai coupé son visage, il était tellement fatigué qu'il ne pouvait pas rester debout. S'il s'était relevé avant le compte, je l'aurais encore mis K.-O. S'il veut sa revanche, il n'a aucune chance.

— Vous avez tout. Vous pouvez vous retirer ?

— Je ne suis pas libre. J'ai beaucoup à faire pour

aider quatre millions de Noirs musulmans qui ne sont pas encore des Américains libres, qui n'ont pas réussi à avoir l'égalité, la sécurité et l'indépendance.

Personne ne fait vraiment attention à ce qu'il dit, ni ne veut entendre le long hommage qu'il rend alors à son mentor Elijah Muhammad. Michael Saahir, lui, ne l'a pas oublié,

— Ils se sont réconciliés juste avant le décès d'Elijah Muhammad. Quand il a affronté George Foreman, lors de ce fameux match… Le « Rumble in the jungle » ! Elijah Muhammad a transmis un message à Mohamed Ali par le biais de son fils Herbert que nous appelions Jabir. Il lui a dit : « Tu te bats pour ton peuple. » C'était une vraie rupture. Ça peut paraître insignifiant, mais c'était une vraie rupture. Il avait reproché à Mohamed Ali de continuer à boxer et voilà que maintenant, il lui disait qu'il se battait pour son peuple. À la fin du match, David Frost est venu interviewer Mohamed Ali. Il y avait encore beaucoup de monde autour d'eux. Il a d'abord parlé du match et de sa victoire et tout à coup, il a rendu hommage à Elijah Muhammad. Il disait : « Quand Allah est avec toi, tu peux battre n'importe qui. » Il faudrait que je vous le fasse écouter. Mais ensuite, la foule s'est dispersée et dans un silence, David Frost lui a demandé : « Mohamed Ali, ça doit être le plus beau jour de votre vie ? » Il était en sueur, il n'avait pas encore retiré son short de boxeur. Et quand Frost lui a dit ça, il a répondu : « Bien sûr que non ! Le plus beau jour de ma vie, c'est celui où j'ai rencontré Elijah Muhammad. » Encore tout transpirant du combat. Il y a donc eu une réconciliation. Il me semble que c'était en décembre 1974, Elijah Muhammad est mort environ deux mois plus tard.

Mais ça, c'est une histoire américaine.

La victoire est africaine.

— On était là, se souvient Victor Yoka dont la voix frôle maintenant le murmure. On se disait, Qu'est-ce qu'il a fait ? Quelque chose de grand. Battre Foreman. C'était la fête. Mais une heure après le combat, à Kinshasa il y avait une pluie grave. Ouais. Et nous, on dit toujours que quand il y a un grand événement, il y a une grande pluie après. Au stade, l'eau est montée jusqu'à deux mètres. Il a plu comme ça jusqu'à 7 heures du matin. C'était comme si on avait retenu le ciel à cause de l'événement, et une fois que c'était fini, les esprits lâchaient la pluie.

La pluie enregistrée à Shelter Island chez Robert Lipsyte avec qui nous avons regardé l'autre grand combat d'Ali, se mêlera ensuite parfaitement à ses mots. Elle tombera sur Kinshasa. Les éléments se déchaînent et s'emboîtent sur les ondes.

Tout Kinshasa était soulagé, répète le gamin. Ce qu'il nous avait dit, ce que nous on voulait, on l'a eu. C'était… Je sais pas… Comme si on avait battu le monde entier.

V

À peine défait par Ali dans le stade de Kinshasa, George Foreman, étendu sous des sacs de glace dans son vestiaire, s'est mis à compter à rebours, 100, 99, 98, 97, 96, 95… Jusqu'à zéro. Puis il a appelé par leur nom tous les gens qui étaient autour de lui. Il vérifiait l'état de ses neurones. Ils savent, les boxeurs. Ils savent les risques. Ali sait. Ses proches aussi. Peut-être que ça a déjà commencé, les dégâts dans son cerveau.

Mais que valent les doutes quand la victoire vous projette dans les rues de Chicago, en costume bleu, debout dans une voiture escortée d'une fanfare pour un défilé voulu par le maire lui-même ? Puis dans les rues naguère interdites de la ville où vous êtes né, Louisville, qui vient de rebaptiser l'une de ses principales artères Muhammad Ali Boulevard. Puis à la Maison Blanche où le président Gerald Ford vous reçoit et vous laisse placer l'une de vos bonnes blagues, Peut-être qu'un jour je serai président…

A-t-il changé l'Amérique qui lui interdisait ses restaurants, refusait de prononcer son nom musulman et voulait le mettre en prison quatre ans auparavant ?

Le sport est avec le Christ et le dollar l'une des trois religions américaines. Alors le pays absorbe ses victoires, les fait siennes, s'enfonce dans l'amnésie et s'absout de tout le reste… tandis qu'Ali dépose chez ses frères noirs, des instants de victoire, de confiance, de répit.

Nous passons *Strange Fruit* murmuré par Billie Holiday à ce moment de l'émission, comme si le corps puissant et célébré d'Ali pansait les mémoires, offrait aux lynchés, sinon une revanche, la fin de l'errance et le repos éternel. Ses combats s'ajoutent aux chansons, aux prières, aux discours qui sculptent dans une pierre noire et imaginaire un mont Rushmore afro-américain.

— Quand Mohamed Ali gagnait, on avait le sentiment de gagner aussi. Et quand il perdait, la journée du lendemain nous paraissait interminable, nous avait dit l'imam Michael Saahir. Parce qu'il existe une connexion de nos âmes dans cette lutte commune pour en arriver là où nous sommes aujourd'hui. Et il a clairement souligné ce lien devant le reste du monde. Quand on prend des gens comme Mohamed Ali ou le révérend King dans leurs meilleurs moments, à l'apogée de leur puissance, c'est comme si l'âme disait : « Cette victoire-là, c'est celle de Dieu. » L'âme afro-américaine est profondément enracinée dans leur histoire – leurs blessures, leurs combats, leur capacité à surmonter la douleur. Bien sûr, ce n'est pas une vision des choses très populaire, mais Ali a clairement établi qu'il ne se battait pas seulement en son nom. Il a dit : « Pourquoi ai-je gagné ? Parce qu'Allah était de mon côté. » Il a rattaché sa victoire à quelque chose de plus grand que juste Mohamed Ali et George Foreman. Il l'a inscrite dans la continuité de notre lutte pour la liberté.

Frère Siddeeq, assis à côté de lui, opinait, puis il avait ajouté,

— On peut citer toute une série d'événements historiques qui illustrent ce que l'imam Saahir vient de dire. À commencer par Jesse Owens, qui participe aux Jeux olympiques de Berlin et laisse tous ses adversaires loin derrière lui. Ensuite, on a le combat de Joe Louis contre Max Schmeling. Et entre les deux, il y a des gens comme… Comment s'appelle cette chanteuse d'opéra ?

— Leontyne Price ? demanda Saahir.

— Non, pas Leontyne… Je pensais plutôt à Marian Anderson. Et ainsi de suite, il y en a beaucoup d'autres. Ce que j'essayais de vous dire dans mon mail avant que vous ne veniez, c'est qu'il y a là un message plus vaste. Un message qui englobe la tumultueuse traite négrière ainsi que ses conséquences et le rôle ultime que Dieu lui a assigné. Nous n'avons que des petits segments sous les yeux, nous ne voyons pas le tableau dans son ensemble. Pourquoi Dieu attire-t-il l'attention du monde sur ce Noir américain qui a été vidé de tout ce qui le constituait ? Pourquoi donne-t-il à chacun de ces événements une portée universelle dans la conscience du monde ? Moi, je dis que c'est parce qu'il y a un message. C'est pour ça que le monde a reconnu Mohamed Ali. Supprimons le « Ali » un instant : ce que le monde a reconnu en lui, c'est le pouvoir de la Révélation du Coran au prophète Mohammed. C'était ça, le message. Pour ceux qui étaient assis là à manger du pop-corn en buvant un Coca, c'était juste un divertissement. Mais pour nous, c'était la réponse à quelque chose d'inscrit dans notre mémoire génétique, l'ancestrale soif de liberté issue des terribles épreuves que nous avions traversées. Et notre rêve s'accomplissait enfin dans ces succès extraordinaires qui n'étaient pas à considérer de façon individuelle, mais qui prouvaient que la main de Dieu est à l'œuvre derrière toutes nos souffrances et qu'il y a une récompense à la clé. C'est tout ce que je dis. Mais les gens ont du mal à le comprendre, ils veulent regarder un petit fragment, se divertir et passer au suivant. C'est une superproduction qui veut faire oublier l'essence du message.

C'est par et pour ce message jamais éteint que nous sommes là, sur les traces d'Ali, dont les victoires permettent aux uns de remercier Dieu, aux autres d'entonner le chant de la liberté. Ici, la foi et le rêve se rejoignent. Ce n'est pas toujours vrai, mais ça l'est avec Ali. Il offre bien plus que du divertissement, véritable chloroforme des foules. Dix ans que son corps est en pleine lumière, et ne parle que d'émancipation.

Mais le message va faiblir.

Les ravages des combats sont à l'œuvre dans son cerveau. Son médecin sur le ring, Ferdie Pacheco, crut entrevoir les premiers signes avant même Kinshasa. Début 1970, confia-t-il des décennies plus tard au biographe Jonathan Eig,

— L'une des premières interviews que j'ai faites pour le livre était celle de Ferdie Pacheco, le médecin de ring d'Ali. Et il a dit avoir constaté des signes de lésions irréversibles au cerveau après le premier match d'Ali contre Frazier. C'était un vieux monsieur et j'ai d'abord pensé que sa mémoire lui jouait des tours. En 1971, Ali n'avait que 29 ans ! Ça ne pouvait pas être ça. Il confondait certainement avec le troisième match contre Frazier. Mais il a insisté, il avait constaté des signes de lésions cérébrales chez Ali dès 1971. Quand on lit les comptes-rendus des matchs dans la presse, on voit qu'en 1976 ou 77, Ali a peur d'avoir des lésions au cerveau. Il interroge sa famille, ses amis, des reporters : « Est-ce que vous trouvez que j'articule mal, que je marmonne ? Ma femme s'inquiète pour moi. » Mais Ferdie Pacheco était médecin et il s'en est aperçu encore avant, en 1971. Au moment où j'ai écrit le livre, j'ai donc entrepris de comparer le nombre de coups qu'Ali recevait avec le nombre de coups qu'il donnait. À partir du début des années 70, il commence à en prendre beaucoup, mais il en donne davantage. Et vers la fin des années 70, le rapport s'inverse. Il en prend plus qu'il n'en donne. Tout ça indique des dommages inquiétants. J'ai aussi étudié son élocution avec des orthophonistes, en me basant sur le nombre de syllabes par seconde. À partir de 1970, ça diminue. Ferdie Pacheco avait donc raison, l'élocution d'Ali ralentit dès 1970. Et entre 1970 et 1980, sa vitesse d'élocution diminue de 26 %, c'est énorme ! Une personne normale n'a pas de problème d'élocution, à cet âge-là. Il y a une corrélation entre ces signes et les combats. On voit que quand il prend beaucoup de coups, sa vitesse d'élocution diminue. Ferdie Pacheco avait hélas raison et c'est triste de se dire que personne n'a réussi à arrêter Ali. Certains ont essayé de le faire renoncer à la boxe, mais il ne voulait pas. Il y avait trop d'argent en jeu. Ferdie est le seul à être parti, il lui a dit : « Je ne peux plus être complice, tu vas te tuer. » Les autres sont restés : « C'est sa décision. S'il veut boxer, on doit être là pour lui. » Ils n'ont pas eu la force… Je ne sais pas très bien de quoi. Ils n'ont pas pu partir. Ils n'ont pas pu l'abandonner. Ali voulait boxer. On peut faire des reproches à ses managers, mais au bout du compte, c'était son choix et il avait besoin d'argent. Il aimait la boxe, il savait que c'était le seul moyen pour lui d'être sur le devant de la scène.

Les matchs se succèdent. Il voudrait même Frazier et Foreman en un seul soir. Un choc encore. Dont il sortirait vainqueur. À Manille, le dictateur philipin Marcos a justement besoin d'un peu de publicité après avoir décrété la loi martiale. Comme Mobutu un an plus tôt, il met des millions de dollars sur la table. Affaire rapidement conclue. Ali/Frazier, pour la troisième fois. Le combat aura lieu le 1er octobre 1975. Les promoteurs lui cherchent un titre racoleur, « le combat du siècle » a trop servi, ce sera donc « le thriller de Manille ». Comme à son habitude, Ali se charge d'insulter l'adversaire, il agite un minigorille telle une effigie de Frazier, trop laid pour gagner, dit-il. Il se permet tout, même le pire, c'est sa façon de pousser l'autre à la colère qui n'est jamais bonne conseillère sur le ring, il a déjà fait le coup à Foreman. C'est sa victoire, parler, toujours parler, même pour dire n'importe quoi. À Manille, le désordre de sa vie privée s'étale en plein jour, il présente une jeune Veronica de 20 ans comme sa femme, alors qu'il est marié à Belinda, rebaptisée Khalilah par Nation of Islam, laquelle débarque pour une mise au point. Les journalistes le harcèlent de questions, sa vie sentimentale éclipse le combat, il finit par exploser : « Quand bien même tous mes enfants périraient dans un incendie aujourd'hui même, je maintiendrais ce combat. » Parler, parler jusqu'à sidérer. Il fanfaronne à la sauce Ali, mélange d'Allah, d'argent, et de belles causes,

— Mohamed Ali est le nom magique, lance-t-il au gré des interviews, la marque familiale, cela en raison de ce que je représente, des idées que je défends et de mon intelligence, beaucoup plus que la boxe proprement dite. Des gens qui n'ont jamais vu un combat viennent me voir boxer. Mes combats sont des happenings, 800 millions de personnes ont vu mon match contre Frazier, 800 millions ! Quatre fois la population des États-Unis, et sur ces 800 millions, 750 millions n'étaient pas des fanatiques de boxe. Voilà le rôle qu'a joué la religion. J'ai entendu dire un jour, Qui peut être plus grand et plus célèbre que celui qui combat pour la cause de Dieu ? C'est pourquoi je représente la religion, je représente les pauvres gens, je défends mon peuple, et je m'oppose parfois au gouvernement sans tenir compte de ce qui peut m'arriver. Dieu m'a donné la grâce d'être supérieur à tout le monde aussi bien en popularité que pour gagner de l'argent, j'ai gagné en boxant au cours des cinq dernières années 25 millions de dollars, Joe Louis avait gagné un million pendant toute sa vie et on pensait que c'était beaucoup. Et moi en 1975 seulement, j'ai gagné 10 millions de dollars. Les pays, les gouvernements se disputent mes combats, mes combats sont trop importants pour l'Amérique, les promoteurs ici ne peuvent plus rivaliser avec des pays entiers. Je boxerai peut-être un jour à nouveau aux États-Unis, car les organisateurs ici sont les plus riches, mais ils ne sont pas aussi riches que le colonel Kadhafi de Libye, pas aussi riches que l'émir d'Abou Dhabi, le roi d'Arabie Saoudite, ou le président égyptien Sadate, ou Marcos des Philippines ou encore Mustapha de Malaisie. La plupart d'entre eux gagnent des millions de dollars par jour grâce au pétrole, ils achètent mes combats, et tout cela en raison de ma religion musulmane. Allah c'est Dieu, et c'est mon nom Ali qui attire les foules du tiers-monde, qui ne me suivraient pas si je m'appelais Cassius Clay et si j'étais chrétien.

Et il finit sur la photo voulue par le despote. Lequel, d'où qu'il soit, semble vouloir se frotter à la puissance musculaire. Est-ce l'envie d'une transfusion, ou au contraire la sensation d'une rivalité, l'assurance du tyran qu'il règnera plus longtemps que le plus fort et le plus aimé des hommes ? Le dictateur Marcos en aura pour son argent. Quatorze rounds intenses. Dangereux. Une chaleur torride. Aucun des deux combattants n'est à l'abri du K.-O., ce moment où le cerveau ne peut plus envoyer aucun message aux jambes ou aux bras. Ali attaque d'entrée, gagne les premiers rounds, mais Frazier est d'une puissance rarement égalée, Ali retourne vite dans les cordes là où il a gagné contre Foreman, là où il encaisse, absorbe l'énergie de l'autre en attendant qu'elle diminue.

— Hey, vieux Frazier ! Pourquoi j'ai pensé que tu étais rincé ? lâche-t-il tout en se prenant de méchants coups.

— On t'a mal renseigné, mon joli.

Parfois, Ali a cette façon d'immobiliser l'autre en l'attrapant par le cou au creux de son coude. C'est une clé puissante, mais qui leur donne à tous deux de faux airs de danseurs fatigués tout droit sortis d'*On achève bien les chevaux*.

Il fait si chaud. Ali retrouve un peu d'énergie au onzième round. 76 punchs, dont la plupart atteignent leur but, comptent les spécialistes.

À la fin du quatorzième round, lorsqu'il vient se rasseoir, Frazier n'a plus que deux boursouflures de chair à la place des yeux. Il n'y voit plus rien.

— On arrête là, lui dit son manager.

— Non, dit-il.

— Si, tranche le manager.

Alors Ali est proclamé vainqueur. Pourtant, quelques heures après, le corps encore tremblant des coups reçus, ce n'est pas le goût de la victoire qui l'emporte. C'était comme la mort, ce qui se rapproche le plus de la mort, dit-il à ceux qui l'entourent. Mon Dieu, qu'est-ce qu'il m'a fait. Je veux plus traverser d'océans. Plus de boxe pour moi.

Il pisse du sang pendant des semaines.

Mais il continue.

Elijah Muhammad est mort quelques mois plus tôt, le 25 février 1975. Son fils aîné, Wallace, aussi appelé Warith Deen Mohammed, reprend les rênes de Nation of Islam. Le jour du décès, Ali prend un jet pour Chicago et s'en va voir Herbert, l'autre fils, son manager, pour lui demander ce qu'il doit ressentir. C'est peut-être du soulagement, il n'a plus les yeux du vieux gourou dans son dos, mais comment se l'avouer ? Le pays l'aime, et c'est exactement ce qu'il lui demandait. Il a combattu et combattra toujours le racisme de l'Amérique, mais pas ses valeurs dont il veut jouir, comme tout un chacun, voire plus que chacun. Il aime l'argent, le succès, les maisons opulentes, ce qui brille. Il a plusieurs femmes à son bras, l'officielle, la pieuse Belinda, Veronica, la prochaine, et même Lonnie qui n'a pas 20 ans et qui sera la dernière. Sans compter toutes les autres, véritable défilé, dont il ne reconnaîtra que deux enfants hors mariage. Le corps exulte. L'argent coule à flots. Les filles sont à disposition. Ce n'est pas nouveau, juste à plus grande échelle, et sans se cacher désormais. L'époque veut ça. Moins révoltée. Jouisseuse. Donna Summer feint l'orgasme à la radio, tout en gémissant, *Love to love you baby*. Ali a 33 ans. Âge christique. Mais le Christ est blanc. Et Ali qui se prétend papillon laisse partir sa chrysalide avec la dépouille d'Elijah Muhammad, dont la présence fut aussi rassurante qu'oppressante, se souvient le journaliste Robert Lipsyte,

— Je crois qu'il a en effet été un pantin pendant de nombreuses années. Il était sous l'emprise de l'honorable Elijah Muhammad. N'oubliez pas qu'on parle de quelqu'un qui avait à peine fini le lycée. On lui avait plus ou moins donné le bac en récompense de sa victoire aux Golden Gloves. Il était illettré et ignorant. Depuis l'âge de 12 ans, il ne vivait que pour la boxe. Il a mis du temps à s'ouvrir au monde et à le comprendre. Et une fois qu'il a commencé à s'épanouir, il s'est rendu compte qu'il n'avait plus tellement besoin des Black Muslims. Jusqu'ici, il disait : « Je suis boxeur et on me parle comme à un sénateur » et il pensait que c'était grâce à Nation of Islam, que c'était de là que lui venait tout son pouvoir. Mais peu à peu, Elijah est mort, Herbert et son frère ont plus ou moins repris le contrôle de l'organisation et ils ont évolué vers un islam plus classique. Ali a lui-même adopté des croyances plus classiques, sans géants de deux mètres censés venir nous sauver dans leur navette spatiale. Il s'est détaché de tout ça. Et bien des années plus tard, il m'a dit qu'il regrettait d'avoir rompu avec Malcolm et qu'il était resté trop longtemps sous l'emprise de Nation of Islam. Cependant, je crois que ça a contribué à le faire évoluer et mûrir. C'est quelque chose qui me fascinait chez lui, cette capacité à mûrir et à changer. C'était un personnage public extraordinaire, mais il continuait à évoluer. Et par une étrange ironie du sort, tout s'est arrêté lorsque cet homme tellement loquace s'est soudain transformé en masque et n'a plus pu parler.

La liberté sera effectivement de courte durée. Ses circuits sont touchés. Ses jambes sont plus lentes, ses mots aussi. Il sera bientôt captif de son corps. N'a-t-il pas toujours été captif de quelque chose ou quelqu'un, le héros de la liberté ? Étrangement, tandis que l'organisation s'assouplit et s'ouvre sous la férule du fils aîné Wallace, la boxe resserre son emprise sur le corps iconique et malade d'Ali. Parce qu'il n'arrive pas à quitter la scène. Parce que ceux qui l'entourent veulent encore vivre sur la bête. Le promoteur Don King, impitoyable affairiste entré en piste à Kinshasa, est désormais aux commandes, il paie grassement les proches d'Ali, y compris ses frères musulmans comme Captain Sam, et il s'est allié à Herbert le manager, lui aussi dégagé du jugement paternel. Lorsque nous l'avons rencontré à Chicago, Elijah Muhammad, fils d'Herbert et petit-fils du gourou, nous a raconté la nouvelle distribution des rôles alors au sein de la famille, son père en charge de la carrière d'Ali invité à combattre partout, son oncle qui faisait de Nation of Islam un affluent de l'islam.

— Mon oncle Wallace nous a guidés vers l'islam traditionnel, l'islam sunnite. Mon oncle Akbar et lui ont été très influencés par des Arabes qui leur ont enseigné leur religion. Ils se sont tous les deux rapprochés de l'islam sunnite, qui présentait de nombreuses différences avec les enseignements de mon grand-père, longtemps avant sa mort. Nous avons beaucoup de respect et d'admiration pour mon oncle Wallace. Il nous a guidés vers la véritable foi. Il ne faisait pas du tout les choses comme mon grand-père, il n'avait pas besoin de tout contrôler.

Il était prévisible que l'héritier du trône envoie tout promener. Il y a un moment qu'il avait pris ses distances avec son père qui plusieurs fois l'avait expulsé de Nation of Islam, mais qui pourtant, à la fin de sa vie, lui confia l'organisation, au nom d'une vieille et mystérieuse prédiction qui faisait de son septième fils son successeur. Ou bien, qui sait, était-il simplement lucide sur l'impossible pérennité du conte qu'il avait raconté pendant un demi-siècle. Salim Muwakkil, encore rédacteur en chef de *Muhammad Speaks*, avait vu venir les grands changements.

— Wallace était un ami et un allié de Malcolm. C'est même lui qui a mis le feu aux poudres en lui parlant des aventures d'Elijah Muhammad avec ses secrétaires. C'est une des raisons pour lesquelles Malcolm est parti. Et Wallace Muhammad, le futur leader de Nation of Islam, a été un des premiers à le mettre au courant. Il est donc devenu le leader auquel Mohamed Ali a fini par prêter allégeance. Quand il est arrivé, il a tout changé : le dogme, la perspective raciale… La doctrine n'était plus axée sur le racisme – ou la solidarité raciale, le nationalisme noir. Elle s'alignait désormais sur les principes de l'islam sunnite qui prône l'égalité entre toutes les races. Bien sûr, ça a permis à Mohamed Ali d'élargir ses opinions. Ça lui a donné accès à un public plus divers et ça lui a permis de s'ouvrir davantage à ce type de participation, même s'il était déjà très apprécié avec la doctrine raciale d'Elijah Muhammad. Il avait réussi à s'attirer des sympathies très variées, il ne se mettait pas les gens à dos comme certains Black Muslims.

L'esprit s'ouvre.

Le corps se consume.

Rien n'échappe au frère Muhammad Siddeeq, navigateur des deux mondes, l'islam et la boxe, qui en garde aujourd'hui encore de l'amertume,

— Il est devenu plus chaleureux et audible pour des gens qui s'étaient toujours montrés intimidés par ses idées. C'est là qu'intervient Wallace Muhammad. Sauf que personne n'a jamais fait le lien, tout le monde s'est dit : « Après la mort d'Elijah Muhammad, Mohamed Ali a décidé de… » Non ! Mohamed Ali a été influencé, il a été formé. J'ai accompagné Wallace Muhammad chez Mohamed Ali à plusieurs reprises. Il était pour beaucoup dans la conception chaleureuse et universelle que Mohamed Ali avait de la vie. Il s'est appuyé sur son dévouement, un dévouement démontré par sa fidélité à Elijah Muhammad, et s'en est servi pour l'aider à franchir une nouvelle étape. Mohamed Ali a appris à faire preuve de diplomatie pour toucher un public plus large. Quand on l'écoute parler avant, ça donne : « Les Noirs... et les Blancs... et les Noirs... et les Blancs... » Ensuite, il a brusquement changé de ton et personne ne s'est interrogé. « Oh, Mohamed Ali a simplement décidé de devenir... » Non ! Il n'a pas simplement décidé. Il a été influencé et formé. On l'a guidé dans la bonne direction, on lui a expliqué pourquoi notre peuple devait laisser tomber la vieille rhétorique fatiguée de Nation of Islam, qui n'était pour les Afro-Américains qu'une étape vers un niveau supérieur de civilisation. Mohamed Ali est la preuve vivante de ce que l'imam Saahir a vécu, ce que j'ai moi-même vécu, ce que nous avons tous vécu. Ce que Malcolm lui-même a vécu ! Prenez son autobiographie et cherchez W. D. Muhammad dans l'index, ça vous renverra à une page où, parmi tous les gens qu'il a rencontrés pendant qu'il était à Nation of Islam, il distingue Wallace Muhammad, l'homme qui a convaincu près d'un million de musulmans afro-américains d'échanger leurs convictions racistes contre un amour universel de l'humanité. C'est ça, la clé du mystère. La clé que personne ne veut prendre en compte. Ils veulent faire comme si, tout à coup, Malcolm avait décidé de devenir un musulman sunnite. Ils veulent faire comme si, tout à coup, Mohamed Ali avait décidé de... Non ! Wallace Muhammad leur a montré la sagesse du Coran, il leur a montré la beauté du Prophète, il leur a montré tout ça par l'exemple, il leur a montré comment en étant simplement lui-même, il était accepté parmi les catholiques, les Juifs, les presbytériens et même les athées. Wallace Muhammad, c'est le chaînon manquant, je prie pour qu'on le comprenne enfin. Mohamed Ali n'a rien décidé. Pas plus du temps de sa jeunesse qu'à ce moment-là. J'aimerais qu'on le dise. Et Wallace, après son père, a essayé de lui faire arrêter la boxe. Il s'inquiétait pour lui. Je me souviens que Wallace a fait une déclaration publique à la mosquée en disant : « Je te demande de renoncer à la boxe et je te le demande en public. Renonce à la boxe pour devenir un ministre du temple et œuvrer au développement de notre religion. Nous t'aiderons, nous te soutiendrons. N'y va pas, tu n'es plus un jeune homme. » Mais Herbert, Don King… eux, le poussaient tous pour toucher leur chèque. Herbert était un opportuniste et c'était un homme d'affaires. Il était fidèle à son père et aux objectifs de son père, mais il ne s'intéressait pas autant à l'aspect spirituel que Wallace. Il était charitable, il venait souvent en aide aux membres de la communauté et il faisait des dons généreux. Il a aussi apporté un soutien financier à son frère à chaque fois qu'il l'a pu. Après le décès de son père, il a voulu instaurer une sorte de codirection. Mais il n'en était pas question pour son frère cadet, qui avait été désigné dès la naissance comme le successeur d'Elijah Muhammad. Ça a fait quelques remous qui ne se sont pas ébruités au sein de la communauté, les choses ont fini par se résoudre d'elles-mêmes. Il est resté dans son élément, les affaires. Et d'après moi, il a fait quelques très mauvais investissements qui lui ont coûté un paquet de fric et à la communauté aussi !

À une certaine époque, il contrôlait plus ou moins Mohamed Ali, parce qu'il servait d'intermédiaire entre son père et lui. Cette position lui donnait beaucoup de pouvoir. D'autant que c'était lui qui tenait les cordons de la bourse... Ensuite il a fait monter Don King à bord, avec Mohamed Ali. Je ne sais pas si vous connaissez Don, mais mieux vaut ne pas s'en faire un ennemi. À l'heure actuelle, il me doit des millions de dollars. À moi, oui ! Quand Mike Tyson a été incarcéré, Don est venu me voir et on a passé un marché. Non pas qu'il en ait eu envie, mais il n'avait pas le choix. Il ne pouvait rendre visite à Mike Tyson qu'une fois tous les quatorze jours. Alors que moi, j'étais son conseiller spirituel et je pouvais y aller trois fois par jour ! Il y avait pas mal de gens qui lui tournaient autour dans l'espoir de signer un contrat avec lui, Mike pesait alors plusieurs millions de dollars. Don avait donc besoin de quelqu'un qui fasse tampon et empêche les pros de signer un contrat avec Mike pour la promotion de ses combats. Il en arrivait de partout. Et comme il avait besoin de moi, il m'a invité à venir le voir dans le penthouse de son hôtel. J'y suis allé et il m'a dit : « Muhammad Siddeeq, veux-tu faire partie du Team Tyson ? » Ce jour-là, j'avais témoigné en faveur de Mike au tribunal. Grâce à Dieu, je suis quelqu'un de très franc. Je crois en quelque chose ou je n'y crois pas. Mais si j'y crois, ça se sent, parce que je ne suis pas dissimulateur. Quand j'ai comparu au procès, ça se voyait que le juge était ému par mon témoignage. Ce jour-là, il est clairement apparu que si quelqu'un avait une chance de faire sortir Mike de prison un peu plus tôt, c'était moi. Quand il a vu l'influence que j'avais sur Mike et l'influence que j'avais sur le juge, juste en me montrant humain et poli, Don m'a invité à son hôtel et il m'a dit : « Veux-tu intégrer le Team Tyson ? » « C'est quoi, le Team Tyson ? » « Ça comprend Rory Holloway et John Horne, ses deux comanagers, Mike Tyson et Don King. Muhammad Siddeeq serait le cinquième membre de l'équipe. Tu aurais droit à un cinquième de tous les gains du Team Tyson. » Un cinquième ? OK. Le temps a passé, Mike est sorti de prison et on sait ce qui est arrivé ensuite, je ne veux même pas en parler. Mais plus tard, on a découvert que Don avait volé plus de 100 millions de dollars au Team Tyson. Il y a eu un règlement à l'amiable et tout le monde a eu sa part, sauf Muhammad Siddeeq. Divisez 105 millions par 5 et vous saurez combien me doit Don King. J'avais des contacts au sein du monde musulman et ils avaient besoin de moi pour entrer à la télévision câblée. Je leur ai ouvert les portes, mais je n'ai jamais touché un sou. Don est un type véreux. C'est pas contre lui, je le trouve même plutôt sympa. Mais imaginons que j'aille lui dire : « Don, tu me dois de l'argent. » Qu'est-ce qu'il me répondra ? Il m'insultera et il me traitera comme un petit garçon, Qu'est-ce que je pourrai faire ? Me battre avec lui ? Si je me bats avec lui, il va me tirer dessus. Si je le corrige, il me fera tirer dessus par quelqu'un d'autre. Autant laisser tomber. Je ne sais plus à combien s'élevait le règlement à l'amiable, mais c'était beaucoup d'argent, quelque chose comme 115 millions de dollars, et on m'en doit un cinquième !

Ali signe sans trop regarder les contrats que lui tendent ses managers. Il laisse son argent entre des mains de gestionnaires qui n'en sont pas. Il est toujours question de sommes astronomiques pour combler des déficits qui le sont tout autant. Spirale de l'argent. Ils sont nombreux à se servir sur la bête. Le voilà qui monte sur le ring face à des adversaires encore en dessous de lui, mais plus jeunes, plus vifs, qui frappent avec la foi du challenger. Robert Lispyte est toujours là, pas loin, inquiet lui aussi.

— Je me souviens qu'un jour, après s'être pris une raclée contre je ne sais plus qui, Ali a dit : « Il m'a cogné tellement fort que ça a secoué mes ancêtres africains dans leur tombe. » C'était une blague, c'était drôle. Mais il avait déjà du mal à articuler, sa démarche était un peu raide et son visage moins mobile qu'autrefois. C'était clairement les débuts de son Parkinson. Il aurait dû arrêter à ce moment-là. Il aurait dû s'arrêter trois ou quatre matchs plus tôt. En tout cas, avant le combat contre Larry Holmes, son ancien sparring-partner, qui était au bord des larmes quand il a battu Ali. Quant au dernier match – contre Trevor Berbick –, ça a été une vraie débâcle. Mais premièrement, comment dit-on à quelqu'un d'arrêter de faire la seule chose qu'il sache vraiment faire ? Et deuxièmement, il y avait trop de gens qui lui mettaient la pression pour qu'il continue à gagner de l'argent. Il avait une responsabilité vis-à-vis de son clan et de sa famille. Il avait beaucoup d'enfants et beaucoup de femmes, beaucoup de gens qui dépendaient de lui. La seule personne qui ait vraiment essayé de le convaincre d'arrêter, c'est son médecin, Ferdie Pacheco, qui est mort récemment.

Mais toujours Bundini, le poète, qui éclata en sanglots quelques années plus tôt, le jour où Ken Norton lui brisa la mâchoire, et qui l'encourage dans le coin du ring, comme si le même miracle pouvait se reproduire à l'infini.

Et toujours son frère qui crie au pied du ring, exige une autre victoire.

Angelo Dundee a un mot pour dire à un vieux boxeur qu'il n'est plus aussi agile qu'autrefois, il lui dit : Tu bégaies. Vient le moment où il l'a dit aussi à Ali. Mais Ali a fait comme s'il n'avait rien entendu. Il a même signé pour un combat contre un catcheur à Tokyo. Pourquoi ? lui demande-t-on. Six millions de dollars, répond-il.

Ali, tu ne peux pas te battre que pour l'argent, soupire Howard Cosell un soir qu'il commente un mauvais combat.

Un jour, le journaliste américain Mark Kram le rejoint au bord d'une piscine d'un hôtel de Séoul. La veille, Ali a donné un combat d'exhibition pour les soldats américains. Il lui confie avoir peur pour les circuits sanguins dans sa tête.

— Pourquoi tu continues alors ?

— Tu peux pas comprendre. Sentir son corps comme un puissant moteur. Les regards qui te suivent où que tu ailles. Je ne suis pas un poète, je suis la poésie. Je suis comme le meilleur film, le plus beau tableau qu'on ait jamais vu. Qu'est-ce que je peux faire d'autre que continuer ? Pourquoi marcher loin de moi-même, de ce que je suis. Les poissons nagent, les oiseaux volent… Tout le monde devrait choisir sa façon de mourir…

Il y a un moment que la courbe de sa popularité et celle de sa puissance, physique, verbale, politique se sont croisées, la première qui monte, l'autre qui descend inexorablement. Plus il faiblit, plus l'Amérique l'aime.

Il s'est installé avec sa nouvelle épouse Veronica, dont il a deux filles, dans une de ces villas somptuaires du *Who's Who*, loin de toute réalité, à Fremont Place à Los Angeles.

Les enfants des seventies ont leur poupée Mohamed Ali, ils fredonnent le tube *Black Superman*, ils regardent un dessin animé qui s'appelle *Les Aventures de Mohamed Ali*. On n'y croise pas Malcolm X. On n'y raconte pas la guerre du Vietnam. Un sympathique Ali y combat des alligators dans la jungle ou des vaisseaux spatiaux dans l'espace qui n'ont rien à voir avec ceux qui étaient censés venir dégommer les Blancs. La mémoire se décompose. Ou plutôt se recompose. L'argent dissout le rebelle. La maladie avance masquée.

Pour l'heure, il publie son autobiographie, *The Greatest*, sous l'autorité éditoriale de Toni Morrison. Il y raconte ses souvenirs, parfois enjolivés ou dramatisés. Un autre a écrit pour lui. Le voilà en tournée de promotion, chez Pivot. « Apostrophes ». Si loin de lui, de chez lui dans ce cercle de chaises cathodiques françaises où l'on cause d'ordinaire littérature. Le polémiste Jean Cau lui lance, Ce livre respire l'Amérique, je me demande si vous êtes noir avant d'être américain, américain avant d'être noir, il me semble que vous êtes exemplairement américain !

— Je suis né noir, donc j'étais noir avant d'être américain. Est-ce que ça répond à votre question ?

— Non pas vraiment. Vous parlez aussi d'une nation musulmane, mais il y a aussi la nation américaine et vous feriez partie des deux ?

— Tout d'abord, je suis musulman, je suis un musulman américain né en Amérique. L'Amérique c'est le seul pays que je connaisse, en outre c'est le plus grand pays au monde. J'ai vu d'autres pays, les hôtels, les restaurants, les avions des autres pays, les voitures d'autres pays, et bien en Amérique toutes les voitures sont grandes et belles, ce que l'on mange, les glaces, la télé, les maisons, les voitures, tout est beau ! Tout est grand ! Et je ne le dis pas parce que je suis américain. Il n'y a rien qui soit à la hauteur d'une ville américaine comme Chicago et Los Angeles. J'aime l'Amérique, mes ancêtres y ont travaillé il y a quatre cents ans, ils ont été lynchés, violés, châtrés, brûlés, ils n'ont jamais été payés, mais nous aimons l'Amérique, nous avons fait l'Amérique. Mais tout d'abord je suis musulman, pour moi c'est Dieu qui vient avant tout pays du monde. Partout les Noirs dans le monde ont l'impression d'être traités comme des animaux, alors c'est une revanche pour eux quand ils me voient. Vous, vous n'aimez pas beaucoup ce genre de fanfaronnade, vous vous dites, quel est ce Noir qui ouvre sa grande gueule ? Nous n'avons jamais appris à ces gens-là à se comporter de la sorte, nous avons fait des esclaves de ces gens-là. Tout était blanc, qui est ce Noir qui se permet d'ouvrir sa grande gueule, ça, ça vous gêne !

Ça se corse encore ensuite, au point que la séquence est devenu un grand classique de l'Ina, mais qu'importe, c'est le bref frottement de deux planètes opposées, un dialogue de sourds, on y sent la limite des mots, leurs pièges. Ali, centaure du XXe siècle, mi-enfant, mi-bête des rings, dont le langage tangue entre colère, chimères américaines et référence à Allah, ne se laisse pas résumer.

Son livre a des airs de conclusion. Il combat encore, pourtant. Il gagne même, mais sans mettre qui que ce soit en danger, il l'emporte au point, au style, et sûrement par un geste de l'arbitre qui veut lui rendre hommage. C'est le cas au terme de sa deuxième rencontre face à Ken Norton en 1976. Comme face à Earnie Shavers le 29 septembre 1977. Mais dans le vestiaire, sitôt le combat terminé, il s'évanouit. C'est à ce moment-là que Ferdie Pacheco son médecin démissionne. Il ne veut plus faire partie du processus d'autodestruction qui continue pourtant. Il gagne encore le 15 septembre 1978, contre Leon Spinks à La Nouvelle-Orléans. Les postes de radio vibrent, les commentateurs s'époumonent :

« Cette ovation passionnée presque hys-té-rique qui

a salué la victoire de Mohamed Ali sous le dôme de La Nouvelle-Orléans prouve que le monde de la boxe avait accueilli la victoire de Leon Spinks il y a un an à Las Vegas comme une surprise énorme. Il était donc normal pour ce public qu'Ali, le plus grand, le plus fort, reprenne ce titre mondial qui ne peut appartenir à personne d'autre. Ali est entré dans la légende. Ali est devenu un mythe d'autant plus qu'il vient d'accomplir un exploit unique, réconquérir le titre mondial pour la troisième fois. Ali a fait preuve de beaucoup d'intelligence sur le ring et en dehors du ring, il n'a pas perdu ses talents oratoires, sa manière extraordinaire de se promouvoir, son sens inné de la boxe. Il l'a encore prouvé lors de sa conférence de presse,

— J'avais bien préparé ce combat capital, c'est l'un des meilleurs de ma carrière, déclare Ali. Il faut dire que mon diététicien m'a fait absorber de nombreuses vitamines. Je conseille cette formule aux habitants du Bangladesh. J'ai gagné grâce à Allah, pour Allah afin de répandre la foi musulmane dans le monde.

Dans ces déclarations comme sur le ring, Mohamed Ali reste un maître incontesté. À près de 37 ans, et même si son jeu de jambes s'est un peu alourdi, même si ses coups deviennent plus rares mais ont gardé leur merveilleuse précision, Ali doit penser à la retraite, car un jour ou l'autre il subira des ans l'irréparable outrage. Il peut encore retrouver sans dommage Leon Spinks une troisième et dernière fois. Mais il devrait à mon avis éviter un certain Larry Holmes, le champion du monde reconnu par le Conseil mondial de la boxe. Fortune faite, Mohamed Ali peut reprendre son bâton de pèlerin, parcourir le monde et prêcher au nom d'Allah et ainsi laisser libre cours à sa seconde vocation, celle-là plus politico-sociale. En ce domaine également Mohamed Ali a du punch. Ses adversaires devraient se méfier. Reconnaissez avec moi, Ali au service d'Allah, c'est vraiment tout un programme ! »

Fin de l'archive. Quelle douceur du commentaire sur le déclin. Même les prêches musulmans trouvent grâce aux yeux des chroniqueurs sportifs. Tout a changé. Le temps a passé. Joe Frazier annonce sa retraite à 32 ans. George Foreman s'y prépare à 28 ans, il officie désormais dans une église de Houston. Ali louvoie encore. Il semble pourtant convaincu qu'il ne quittera pas la lumière même s'il ne monte plus sur le ring, qu'il peut se voir confier de grandes missions. À l'automne 1979, alors que la révolution islamique embrase l'Iran, des Américains sont pris en otages dans leur ambassade de Téhéran. Mohamed Ali offre ses services au président Jimmy Carter. En tant que musulman, dit-il, je peux faire quelque chose. Jimmy Carter préfère l'envoyer convaincre les États africains de boycotter les Jeux olympiques de Moscou. Il fait le voyage. Les dirigeants d'Afrique l'accueillent en riant, Toi Ali, laquais de l'impérialisme américain ! Il est furieux. Pris au piège de ses contradictions, de son identité afro-américaine. En 1990, en pleine guerre du Golfe, il remettra ça, partira rencontrer Saddam Hussein pour revenir avec quinze otages américains. Mais comme le remarque Jonathan Eig, ce n'est pas son meilleur rôle,

— Ça n'a pas été très concluant. Il n'était pas fait pour la diplomatie. Il voulait plaire à tout le monde. S'il allait quelque part et qu'on lui disait : « Les Américains ont tort », il faisait volte-face : « Oui, ils ont tort. » Et ensuite, le président se fâchait parce qu'il avait changé d'avis en cours de route. Il faisait tout ce qu'on lui suggérait, il était très influençable.

Alors, à son retour d'Afrique en 1979, il retourne boxer dans son camp d'entraînement de Deer Lake en Pennsylvanie. Un endroit cerné de grands arbres, de collines et de rochers sur lesquels les noms de ses adversaires ont été peints, comme s'il avait pétrifié ces hommes. Ici Larry Holmes, boxeur agressif, fut l'un de ses sparring-partners avant de s'envoler pour Kinshasa. Il est désormais son prochain adversaire. Ali a 38 ans, il s'est empâté, il pèse 109 kilos et n'a pas combattu depuis dix-huit mois. Cette fois, ses parents, sa femme, son frère même, tentent de le dissuader. Mais pas Don King ni Herbert Muhammad, qui lui font miroiter huit millions de dollars.

2 octobre 1980. Las Vegas. Il tente son regard qui tue, fait mine de trépigner avant que ça ne commence, mais il est sans moyens dès que la cloche sonne le début du combat. Dundee lui crie de lancer des coups, sinon il arrête tout. Bundini l'encourage. Ali tente quelques mouvements de jambes pour rappeler comme il dansait bien,

quelques jabs pour rappeler comme il jabait bien. Mais le talent et la puissance sont passés chez l'adversaire. Et encore, Holmes retient ses coups, car c'est Ali, l'immense Ali, qu'il a en face de lui. Au dixième round, Herbert Muhammad fait un signe à Dundee, On arrête ! Ali reste assis sans un mouvement, sans un mot sur son tabouret. Larry Holmes s'approche. Vainqueur qui pleure. Je t'aime, dit-il à Ali. Je te respecte. Je veux rester ton ami.

Il revient ensuite frapper à la porte de sa chambre d'hôtel.

— Ça va champion ? Je ne voulais pas te faire mal.

— Alors pourquoi tu l'as fait ? sourit Ali.

— Maintenant je veux que tu me promettes une chose : Que tu ne combattras plus.

— Je le veux Holmes, je le veux, chantonne Ali.

Au printemps 1981, il annonce qu'il va combattre Trevor Berbick. Qu'il peut le battre. « Le dernier hourra », brodent les promoteurs. « Drame aux Bahamas », préfère le champion, puisque c'est là-bas que ça va se passer. Drame surtout. Encore des coups dans la tête. Encore son corps impossible à bouger.

— Je ne peux pas rivaliser avec le temps, lâche-t-il dans les vestiaires.

— C'est votre dernier combat ? demandent les journalistes.

— Oui, c'est mon dernier combat.

On ne verra plus jamais ses deux bras levés en signe de victoire au centre du ring. Ses yeux vifs d'enfant né

Cassius Clay. Sa bouche décochant des poèmes, promettant le tonnerre à qui l'avait sous-estimé.

Au moment de vendre ses terres, et de quitter définitivement le camp d'entraînement de Deer Lake, tous ceux qui l'ont entouré, accompagné, veulent qu'il reste une plaque en forme de souvenir, avec leur nom à tous. C'est Bundini, l'inventeur du papillon et de l'abeille, qui est chargé d'acheter la plaque. Il opte pour une pierre tombale.

La maladie n'est pas encore officielle lorsque le journaliste Mark Kram se présente aux portes de sa villa de Fremont Place à Los Angeles, en 1984. Il est une grande plume du journalisme sportif américain. Il connaît bien Ali. Il a rendez-vous. Mais le gardien lui dit qu'Ali n'est pas disponible. Le journaliste a beau insister, il doit faire demi-tour. Ali l'appelle une heure plus tard.

— Je ne veux voir personne, dit-il.

— Mais je suis venu exprès.

— Vous avez de l'argent ?

— Pourquoi ?

— Pour moi. Je ne parle à la presse et à la télé que s'ils me paient. Je n'ai pas besoin de vous.

— Arrêtez ce vieux numéro, Ali !

— Vous allez encore dire que la boxe manque au champion, et qu'il parle moins bien. Je suis à la retraite et vous m'enterrez. Vous voulez juste me voir dans les gymnases, ou faire le clown. J'ai pas besoin de la presse. Je vais où je veux dans le monde. Je discute avec le pape, je lui demande pourquoi Jésus est blanc sur toutes les images. Boxer, c'est derrière moi maintenant.

Et puis il finit par lâcher : OK venez. Mais on ne parle pas de boxe. Je n'ai que ma religion en tête.

Un secrétaire marocain soigneusement habillé conduit le visiteur. Ali est assis derrière un bureau Louis XIV. Il y a des pages manuscrites sur son bureau, des prières qu'il a recopiées. Pour l'heure, il regarde la télé. Un programme appelé « The People's Court », où un tribunal cathodique juge un contentieux bien réel. Le journaliste se dit qu'Ali doit se voir comme un John Wayne, gâchette rapide, peu d'émotions, et un penchant pour les faibles. Alors il dit, sans trop savoir pourquoi, Vous avez regardé un John Wayne récemment ?

— John Wayne est mort. Elvis est mort. Tout le monde est mort, à part moi.

Tout ça, je le lis dans les pages jaunies d'un vieux numéro de *Playboy*, déniché aux puces à Détroit. C'est comme un cadeau du hasard qui m'est fait, puisque je ne suis plus en reportage, et qu'il n'y a aucune allusion à Ali en couverture. C'est comme un indice aussi. Car à ce stade de sa vie, le boxeur glisse doucement vers le silence, vers des années et des symptômes qui l'étouffent. Il est comme un astre qui bientôt va s'éteindre. Mais *Playboy* fête ses 30 ans, édite un numéro spécial, mélange pour l'occasion gros nichons, textes d'illustres écrivains, et de longues heures en compagnie de Mohamed Ali, boxeur dans l'ombre désormais.

Je replonge.

Ali demande ses affaires de magicien, fait des tours de magie devant le journaliste. Des cartes, des fleurs, apparaissent et disparaissent entre ses mains. « Tout est illusion », lâche-t-il. Parfois, assure-t-il, des enfants du quartier sonnent chez lui rien que pour le voir faire ses tours. Il s'exécute. Ils n'auraient jamais sonné chez John Wayne, dit Ali. Et il reprend son récit de sa rencontre avec Jean-Paul II, entamé au téléphone. « Il n'a jamais pu m'expliquer pourquoi Jésus est toujours blanc sur les images, il m'a juste dit : "Ali, c'est comme ça depuis des siècles." Et il me regardait dans les yeux, vraiment. Alors je lui ai dit : Mon père, quelque chose ne va pas avec mes yeux ? Il a ri et dit, "Non. Ça fait juste des années que j'entends parler d'Ali, et maintenant vous êtes là." Vous voyez, je ne suis pas un champion. Mais LE champion ! »

Le journaliste remarque que ses mots sont ralentis. Sa respiration difficile. Que son regard est comme une salle de bal un jour de fermeture. Mais qu'il ne manque pas d'ambition dans cette nouvelle phase de sa vie. Il veut être un saint, cette fois. Il surveille l'heure sans cesse, pour ne rater aucune des cinq prières quotidiennes. C'est vendredi. Ali l'emmène dans une mosquée d'un quartier plutôt pauvre de Los Angeles. Il n'y en a pas dans les allées opulentes où il vit. C'est Wallace Muhammad lui-même qui fait la prière.

« Regarde autour de toi, glisse Ali au journaliste, tous ces gens, avant, c'étaient des voyous, des putes, des macs, des voleurs qui dépensaient toute leur paie le vendredi soir. Regarde leurs visages maintenant, leurs regards clairs, dévoués à Allah… On n'est plus les muslims de Chicago. On appartient au monde musulman. On ne parle plus du diable blanc. Même toi tu peux rejoindre notre religion. Je pourrais même épouser une femme blanche. Et même aller à l'armée ! »

Retour chez lui, où des perroquets crient, Ali ! Ali ! Vos gueules ! répond l'ancien champion du monde qui montre au journaliste la sculpture d'un tigre offerte par Deng Xiaoping, et lui raconte l'étrange conversation qu'ils eurent : Xiaoping lui demande à quelle vitesse il frappe. Plus rapide que la langue du serpent, répond Ali, qui mime quelques jabs devant le petit dictateur qui rit et lui demande quand il va prendre sa retraite. Ali répond qu'il ne le sait pas. Alors le Chinois lui explique que vient un moment où les montagnes ne grandissent plus, et qu'on peut toujours les creuser, elles restent toujours aussi hautes…

Quelques paragraphes plus loin, Mark Kram ose la question qu'il retient depuis des heures. Ils sont devant le peignoir offert par Elvis.

— Elvis est mort parce qu'il n'avait pas de plus grande cause que lui-même, dit Ali.

— Avez-vous des dommages cérébraux ? demande le journaliste.

— Peut-être, répond Ali. Oui, je crois que oui.

Au mois de septembre de cette même année 1984, il se rend dans un centre médical de New York, pour des tests neurologiques poussés. Conclusion : Mohamed Ali est atteint de la maladie de Parkinson. La nouvelle se répand comme une traînée de poudre. La compassion est totale, qui nourrit maintenant l'adulation. La maladie agit finalement comme un point de rupture dans la transmission de l'histoire. Renfort inespéré pour l'amnésique Amérique.

— La maladie de Parkinson a privé cet individu incroyablement athlétique et disert de sa forme physique, de ses mots et de sa voix. Ça nous a presque permis de faire de lui ce qu'on souhaitait qu'il soit, explique l'historien Randy Roberts. Son silence l'empêchait de se défendre et d'exprimer ce qu'il voulait, nous n'avons plus voulu voir qu'une sorte de chantre de la fraternité et du vivre ensemble. On a en grande partie expurgé, mis de côté et oublié son passé avec Elijah Muhammad et avec Malcolm X. Personnellement, je trouve que c'est le moment le plus intéressant de sa carrière. Après la mort d'Elijah Muhammad, Nation of Islam s'est tournée vers un islam plus orthodoxe. Ils n'ont pas gardé l'idée des diables blancs ni la cosmologie du vaisseau spatial. Et Cassius Clay a pu se réinventer à nouveau. Après Cassius Clay, Cassius X et Mohamed Ali, on a Mohamed Ali II. On a essayé de lisser les aspérités de la vie de Mohamed Ali, d'oublier le début des années 60, période troublée et tumultueuse de l'histoire américaine. Les militants des droits civiques se faisaient tuer dans le Sud, l'Amérique était en proie à de violentes émeutes raciales, les dirigeants du mouvement pour les droits civiques allaient être assassinés – Medgar Evers, Martin Luther King. Le combat pour l'égalité était très violent. Et même ceux qui réclamaient l'égalité n'étaient pas tous d'accord entre eux. Malcolm X, Elijah Muhammad et Martin Luther King avaient chacun leurs objectifs.

Même son de cloche chez Jonathan Eig,

— Ali était détesté de tous. Or ce n'est pas lui qui a changé, il est toujours resté le même fauteur de troubles qui disait ce qu'il pensait et aimait provoquer les gens pour voir s'ils se mettaient en colère. C'est le pays qui a changé. Le pays a découvert qu'il avait raison au sujet du Vietnam et du racisme. Et ensuite, quand il est tombé malade, il semblait si vulnérable que les gens ont voulu effacer la colère et l'hostilité qu'il leur inspirait dans les années 60. On ne l'aime que quand il est inoffensif. Il nous fait peur quand il est dangereux. Je pense qu'on a tort. On devrait l'aimer parce qu'il était dangereux et féroce et qu'il défendait des valeurs typiquement américaines telles que la liberté et la rébellion. Nous ne l'aimons que quand il est sans danger, je trouve ça injuste. Ali a été réduit au silence par la maladie, il ne s'exprimait plus beaucoup et je crois que ça a permis aux médias de faire de lui une sorte de figure sacrée agréablement consensuelle. On a supprimé les défauts et gommé les aspérités pour en faire un ange. Mais c'était un homme compliqué et féroce. S'il est si important, c'est parce qu'il nous mettait en colère, pas parce qu'il nous réconciliait et nous donnait envie de nous donner la main en disant du bien des Noirs et des Blancs. C'est tout le contraire ! Il était contre l'intégration, il voulait bousculer nos convictions sur la race, remettre en cause le vivre ensemble prôné par Martin Luther King. Il disait : « Non ! Il faut accepter nos différences. Les Blancs ne donneront jamais leur chance aux Noirs. » N'oublions pas toutes les choses difficiles auxquelles il nous faisait penser.

Mais peut-être aurait-il de lui-même, sans l'aide de Parkinson, fait oublier le jeune insoumis qu'il fut. Il ne serait pas le premier ni le dernier des radicaux à trouver l'idéal trop lourd à porter en vieillissant. Il a parcouru un long chemin depuis Louisville, il est un acteur important du passage de l'ancien monde qui ne lui offrait rien, à l'actuel qui lui offre tout. Un mois avant l'élection présidentielle de 1984, Ali soutient publiquement la réélection de Ronald Reagan, ancien gouverneur de Californie qui avait pourtant refusé que ce déserteur, comme il l'appelait, ne combatte sur son territoire. Le premier mandat de Reagan, placé sous le signe du néolibéralisme et de la dérégulation, a durement frappé les fragiles classes moyennes noires. Le révérend Jesse Jackson, qui brigua tant de fois en vain l'investiture du parti démocrate, vient voir Ali pour éviter cette annonce, le convaincre de ne rien dire, de ne pas associer son illustre nom à ce président dont la politique repousse leur communauté vers la pauvreté. Mais Ali ne l'écoute pas. Il est populaire, riche, son soutien recherché, il l'offre au président sortant.

La dernière partie de sa vie compte un nouveau divorce et un nouveau mariage. Lonnie embrasse une maladie plus qu'une légende. Elle a grandi à Louisville, ressemble à sa mère. J'ai toujours rêvé d'épouser une femme qui ressemble à ma mère, avait-il dit à Mark Fram. Comme souvent quand la mort se rapproche, l'enfance aussi. Ali remonte même plus loin, il découvre que son arrière-grand-mère côté maternel avait épousé un Irlandais fraîchement immigré. Il évoquait souvent le viol d'un maître côté paternel pour expliquer son teint clair, il découvre une histoire d'amour. Il fait le voyage en Irlande, vers ses racines blanches. Il va où on l'invite, s'affiche encore, visite des écoles, lève des fonds, fait construire des mosquées, s'envole pour un pèlerinage à La Mecque. Le frère Saahir est dans le même avion,

— On est en juin 1991 et je pars faire le hajj à La Mecque. Il se trouve que je suis sur le même vol que Hakeem Olajuwon et Mohamed Ali, et Herbert bien sûr. Vous voyez comment c'est à l'intérieur de ces gros avions ? Il y a trois places, une allée, quatre places, une allée et trois places. Ça fait dix sièges par rangée sur une cinquantaine de rangées. On a donc quitté New York pour La Mecque. Le lendemain matin, à l'aube, Mohamed Ali est sorti de la première classe et il a serré la main de tous les passagers. Il a descendu la première allée, il a escaladé les gens et il est remonté de l'autre côté. Il a serré la main de tous les passagers de l'avion.

Mais les bains de foule sont de plus en plus rares. Ses bonnes blagues aussi.

— On avait aussi un programme à Chicago… Tu te souviens quand il est venu parler à la convention de Chicago ? demande le frère Saahir au frère Siddeeq.

— Oui, il marchait avec difficulté. On l'a déposé juste devant l'entrée des artistes. Une fois à l'intérieur, quand ils se sont préparés à le faire entrer en scène, je lui ai donné son déambulateur. Il m'a dit : « Je n'en veux pas. » Et il est entré sur scène. Il ne voulait pas qu'on le voie marcher avec ça, vous comprenez ? Il y est allé les mains dans les poches.

Robert Lipsyte continue de le voir, tant leurs parcours semblent intimement liés.

— Mon dernier véritable échange avec lui remonte à une soirée organisée par la maison d'édition Taschen à l'occasion de la publication d'un livre-hommage à 7 500 dollars, un ouvrage-fleuve auquel j'ai participé. Ça se passait dans la salle qui avait accueilli le match contre Sonny Liston, à Miami. Will Smith, qui joue son rôle dans le film *Ali*, était là. Ils étaient là tous les deux. Je crois que c'est la dernière fois qu'on a eu une vraie conversation. Après ça, quand vous lui posiez une question, il collait sa bouche contre votre oreille en faisant des bruits incompréhensibles. Et sa femme, qui était assise à l'autre bout de la pièce, disait : « Mohamed dit que… » et elle se lançait dans une tirade tout droit sortie de sa tête. Mais on ne pouvait pas lui en vouloir, parce que même là, même quand on n'entendait plus ce qu'il disait, il émanait de lui une sorte d'aura, un sentiment agréable qui vous donnait l'impression qu'il communiquait. Parfois, il murmurait quelque chose… Si vous lui disiez : « Je me souviens quand tu as fait ça… » il répondait : « Je suis qu'un négro qui veut arriver en haut. » Le truc sorti de nulle part ! Il était marrant. Dans les derniers temps, il racontait des blagues nulles. L'une de ses blagues préférées était : « Qu'a dit Abraham Lincoln en émergeant d'une cuite de dix jours ? » « Je ne sais pas Mohamed, qu'est-ce qu'il a dit ? » « Il a dit : "J'ai libéré qui ?" » Et il y avait aussi : « Quelle est la différence entre un Juif et la marine ? Aucune, les deux marchandent. » Et il y en avait une troisième que j'aimais bien : « Un Portoricain, un Mexicain et un Noir sont dans une voiture. Qui conduit ? La police ! » Si n'importe qui d'autre racontait une blague comme ça, il se ferait lyncher ! Mais je l'ai entendu raconter ces blagues non seulement à ses proches, mais aussi lors d'une collecte de fonds pour son musée, à l'époque où son musée s'appelait encore le musée de la Tolérance. Et les gens disaient : « C'est vraiment génial ! Ce type n'a pas une once d'intolérance en lui. Il se fout de la gueule de tout le monde ! »

Les années passent. De plus en plus rapides. Technologiques. Chassant les gloires d'hier. Aimant beaucoup moins la boxe. Ceux qui le voient, chaque fois plus diminué, caressent maintenant leurs lointains souvenirs.

— Il est minuit et nous sommes seuls, on voyage tous les deux, se souvient Robert Lipsyte. Je ne sais plus très bien pourquoi… On est dans un petit aéroport de Floride et on court pour attraper le vol de minuit, le dernier vol. J'ai vraiment envie de rentrer chez moi. Il me suit d'un pas nonchalant et je le tire : « Allez, allez ! Plus vite ! Je ne veux pas rater cet avion ! » Et lui : « Ils ne partiront pas sans moi. » « C'est une compagnie aérienne ! » « Ils ne partiront pas sans moi. » Tout à coup, une vieille dame nous saute dessus avec son appareil photo et lui dit : « Je peux faire une photo, champion ? » « Bien sûr. » Il s'immobilise, clic-clac, elle prend sa photo. Je suis là : « Parfait, allez… » « Non, attends ! » Il se penche : « Vous n'avez pas retiré le cache ! » Il retire le cache et lui dit de reprendre une photo. Elle le fait. Moi : « OK, on y va. » Et il me dit : « Tu ne voudrais quand même pas qu'elle passe le reste de sa vie à regretter cette photo de moi ! » Il est maintenant minuit passé de cinq minutes. Et l'avion est encore là. Il n'était pas question qu'ils partent sans lui, il avait raison. On monte à bord et il se laisse tomber en première classe. Moi, je suis en classe éco et quand il me fait signe de m'asseoir avec lui, je lui montre mon billet. Mais il me dit : « Non, non ! Tu es avec le champion. » Je me suis assis et ça n'a posé aucun problème. Et ensuite, je me suis ennuyé à mourir parce qu'il a passé le voyage à me lire un de ses sermons des Muslims. Mais tout est là. Sa gentillesse, son arrogance, son estime de lui-même et le fait qu'il savait que tant qu'il serait le champion, le monde tournerait autour de lui. C'est l'Ali que j'ai connu.

Et puis le soir du 19 juillet 1996, soirée d'ouverture des Jeux olympiques à Atlanta, le boxeur Evander Holyfield entre dans l'arène avec la flamme olympique, il la donne à la nageuse Janet Evans qui monte sur la passerelle, s'en va embraser la vasque, mais il surgit, il sort de l'ombre, il tremble, prisonnier de Parkinson. Et la foule tremble à sa manière, prise d'un frisson, mélange de souvenirs fous, de compassion, de fascination, de peur devant le temps écoulé, et elle laisse échapper une clameur inédite. Un hurlement de joie. Mohamed Ali reprend la torche. Il est le héros du stade une fois encore. Les Jeux sont ouverts.

Tout défile probablement en lui, la médaille d'or à Rome en 1960, les victoires, les titres, les rencontres, les choix, les menaces, les risques et les chutes. Trois milliards de téléspectateurs le regardent, il le sait. Parmi eux, certains le découvrent, ils sont jeunes, ils sentent passer le souffle chaud d'une émotion intense, ils n'ont d'autre choix que de remonter le temps, ils vont aduler une histoire terminée. Ali tremble. Il veut être le plus grand de tous les temps face à la maladie.

À l'issue de la cérémonie, il repart avec la torche éteinte. Il la garde entre les mains jusqu'à l'aube, assis dans sa chambre d'hôtel, incapable de dormir. Il sait bien que les villages olympiques sont en carton, sa ville natale le lui a appris trente-six ans plus tôt, sa médaille d'or ne changeait rien à son statut de citoyen de seconde zone. Il l'éprouve une fois encore. Il retourne chez lui et à la captivité de son corps.

— Il était devenu la mascotte, une sorte de saint, un héros du sport béatifié, se souvient Robert Lipsyte. C'est vrai que c'était magique, quand il a allumé la flamme olympique d'une main un peu tremblante, un moment d'une dignité formidable ! Il m'arrive encore parfois de discuter avec des lycéens qui fantasment sur lui, ils me demandent s'il n'était pas pote avec Michael Jordan ! Mohamed Ali n'est plus qu'un athlète célèbre, les gens n'ont plus conscience de sa dimension emblématique et controversée. Il a été l'esclave du Louisville Sponsoring Group quand il était gosse. Et maintenant, il est plus ou moins l'esclave de cette histoire reconstituée.

Le World Trade Center s'effondre. Les terroristes d'Al-Qaïda revendiquent leur crime au nom d'Allah. Allahou akbar, clament-ils. Des mots chers à Mohamed Ali qui publie dès le lendemain un communiqué,

« En tant que musulman américain, je ne peux qu'exprimer ma consternation et mon angoisse devant ce désastre. L'islam est une religion de paix. L'islam n'encourage pas le terrorisme ou l'assassinat.

Je ne peux pas laisser dire que l'islam est une religion homicide. Ces extrémistes prétendent agir au nom d'Allah, et cela me peine profondément. Ils font des choses que Dieu réprouve. Les musulmans ne croient pas à la violence.

Si les coupables sont musulmans, c'est qu'ils ont perverti les enseignements de l'islam. Quels que soient leurs auteurs, les attaques terroristes aux États-Unis ne sont pas représentatives de l'islam. Dieu ne soutient pas les assassins. Tous ceux qui sont impliqués dans cette monstruosité doivent payer pour leur crime. »

Puis il retourne à son silence. Se retranche du monde

contre son gré. Mieux vaut de toute façon qu'il porte son regard ailleurs. Sa belle épopée est défigurée par l'avenir. Il ne travaille plus qu'à elle, il n'en veut pas une seconde à la boxe, socle de sa légende, il ne voit aucun lien entre elle et sa maladie. Nombreux sont les parkinsoniens qui n'ont jamais enfilé de gants de boxe ni même assisté au moindre combat, a-t-il coutume de dire.

Il voit bien ses proches à la peine, même s'ils font en sorte de ne pas le montrer. Mais ils ont partagé suffisamment de choses ensemble pour s'entendre sur l'essentiel, se parler dans une économie de gestes et de mots, s'enrouler avec lui dans sa légende, s'en remémorer les grands moments. Il est trop tard pour les regrets. Il ne leur reste plus qu'à vieillir maintenant, qu'à récolter ce qu'ils ont semé. Le combat est entre d'autres mains désormais.

— Quand il est tombé malade, il a perdu en partie sa voix. Mais moi, je le comprenais, nous avait confié Victor Bender, son copain de lycée. Ça faisait tellement longtemps qu'on se connaissait. Il suffisait de l'écouter avec attention. Son père a eu la même maladie. Beaucoup de gens pensent que c'est à cause de la boxe, mais il a hérité ça de son père.

— Vous ne pensez donc pas qu'il a boxé trop longtemps ?

— Non ! Il avait arrêté au début de la trentaine. Mais ses agents lui ont dit : « Ali, est-ce que tu veux gagner un paquet de fric ? On va organiser ton come-back avec ce jeune mec qui travaillait pour toi, autrefois. On va s'en mettre plein les poches. » Il aurait dû arrêter, mais ils lui ont encore vendu deux autres matchs. Ils se sont enrichis, mais ça ne lui a pas fait de bien. Ça a accéléré la maladie.

— Je me souviens d'une fois où j'ai pris un avion pour aller le retrouver à Las Vegas, raconte le frère Siddeeq. On avait passé la journée avec Mike Tyson. Ou encore de cette fois où Warith Deen Mohammed m'a demandé de l'accompagner chez Mohamed Ali. On s'est promenés dans une voiturette de golf avec ses énormes dobermans. Je me souviens de moments formidables. Comme de ce bus plein de gamins étrangers qui étaient venus aux États-Unis avec une organisation catholique, les Focolari. Ces gosses rêvaient de rencontrer Mohamed Ali. Il y en avait trente ou quarante, on leur avait demandé ce qu'ils voulaient faire, ils voulaient rencontrer Mohamed Ali. Alors ils nous ont appelés et on s'est organisés pour qu'ils viennent le voir. Ils étaient fous de joie et nous aussi. On a passé une journée formidable au camp de Mohamed Ali, il a pris le temps de parler à chacun d'eux, sans se presser. Il leur a signé un autographe à chacun, il a fait des photos avec eux. Ils étaient enchantés.

— En quelle année c'était ?

— 2005, peut-être.

— En 2005, il pouvait encore signer des autographes ?

— Oh oui ! Environ deux ans avant sa mort, j'ai appelé Lonnie pour lui demander ce qu'elle faisait. Elle m'a dit : « J'attends la mort avec le champion. » « La mort ? Personne ne va mourir ! Je peux passer ? » « Bien sûr, viens nous voir avec ta famille, frère Siddeeq. » J'ai pris ma femme et mes deux filles, Khadija et Anika, on a sauté dans la voiture et on est partis pour Louisville. Je suis d'abord passé au Centre Mohamed Ali, mais c'était fermé. J'ai appelé Lonnie qui m'a dit : « Non, venez à la maison ! » Alors on a repris la voiture. Son état de santé s'était dégradé. Il s'affaiblissait, il n'était plus le même qu'avant. Il avait beaucoup de mal à articuler. Et il ne se déplaçait plus autant qu'avant, il passait la plus grande partie de son temps assis dans son fauteuil. Lonnie a souvent été obligée de le porter, dans les dernières années. Dieu veille à vous envoyer les gens dont vous avez besoin.

Il s'est éteint le 3 juin 2016. Une semaine plus tard, Louisville accueillait ses obsèques, la foule et les importants, venus du monde entier. Il y eut deux cérémonies, un service pour les musulmans et un autre chrétien, comme si demeuraient Mohamed Ali et Cassius Clay. Ce fut un événement comme la rue de son enfance n'en avait jamais vu passer, et dont son voisin Lawrence Montgomery est à peine remis,

— Ils ont mis son corps dans un corbillard pour l'emmener au cimetière. Le quartier était noir de monde, il y avait des gens partout. Sur le trottoir d'en face, tout le long de la rue et jusque dans mon jardin. Il y a même un reporter qui est monté sur mon toit. Il y avait beaucoup de chaînes de télé : CNN, ESPN… Elles étaient toutes là. C'était extraordinaire.

Chez lui, sur la cheminée, il y a une photo d'Obama et une d'Ali en plus de toutes les autres. Je lui avais demandé lequel du président ou du boxeur laisserait la trace la plus profonde dans l'histoire des Noirs américains.

Le vieil homme n'avait pas su quoi répondre. C'était une bien étrange question. Le lendemain, elle revint lors de notre discussion avec l'historien Randy Roberts dans son bureau de l'université Purdue. Je lui ai soumis l'hypothèse que Mohamed Ali avait fait davantage pour les Afro-Américains que l'élection d'un président noir.

— Oui, je pense, m'a-t-il répondu. Vous savez, Eldridge Cleaver, qui était un des dirigeants des Black Panthers, évoque la boxe, en particulier à l'époque de Mohamed Ali, dans son livre intitulé *Un Noir à l'ombre*. Il écrit : « Le ring est un banc d'essai musclé de la masculinité en Amérique. En tant que symbole, le champion du monde des poids lourds est le véritable Mister America. » Je trouve ça très juste. En tant que symbole, Mohamed Ali / Cassius Clay est devenu le véritable Mister America. Peut-être ce symbole de ce qu'est l'Amérique est-il plus important que la réalité de ce qu'était et est encore Obama. Les présidents laissent toujours un héritage très moderne et complexe. Celui de Mohamed Ali est un peu plus clair.

Aujourd'hui encore, je songe au silence du vieux voisin d'Ali suite à ma question, qui voulait sûrement dire qu'au fond, tout ça n'a aucune importance. Il avait raison. Tout ça, c'est une longue, trop longue addition d'hommes, de femmes et d'instants, dont le résultat reste fragile. L'histoire avance puis recule. Ajoute puis soustrait. Ali est mort. Puis Ali est revenu sous forme de punchline chez les rappeurs. Revenu quand des sportifs américains s'agenouillent au moment de l'hymne national pour dénoncer les violences policières contre les Afro-Américains. Revenu quand des slogans fleurissent à nouveau, Black Lives Matter. Revenu avec ses plus belles phrases, « Je sais que j'ai réussi alors que l'immense majorité des Noirs américains sont prisonniers de l'enfer. Mais tant qu'ils ne seront pas libres, je ne serai pas libre. » Il reviendra sans cesse avec le ressac des colères noires.

Ali repose dans un cimetière vaste, vert, ondulant, construit autour de deux lacs jumeaux. Victor Bender nous y avait emmenés après nous avoir retrouvés au McDo à l'entrée de Louisville. Il s'y était un peu perdu et avait demandé son chemin pour retrouver la pierre tombale de son ami d'enfance. Le plus célèbre du cimetière. La pierre est noire, tournée vers La Mecque. Victor a lu pour nous ce qui est gravé dessus,

« Mohamed Ali né le 17 janvier 1942, mort le 3 juin 2016. Il prit quelques doses d'amour, une cuiller à soupe de patience, une cuiller à café de générosité, un demi-litre de gentillesse, quelques grammes de rire, une pincée d'attention et il a mixé tout ça avec du bonheur. Il a ajouté une bonne dose de foi et il a lié le tout avec de la volonté. Et il en a offert une part à tous ceux qui ont croisé sa route, tout au long de sa vie. Mohamed Ali ne rencontrait jamais d'étranger. »

Je me rappelle qu'il agitait son trousseau de clés au creux de sa main, je me demandais si ça ne gênait pas l'enregistrement, mais je n'osais pas l'interrompre. Nous discutions devant la tombe d'Ali. Il m'a dit l'avoir vu pour la dernière fois un mois avant sa mort car il était venu à Louisville pour le derby du Kentucky. Ils avaient dîné tous les deux. C'était un moment très spécial. Très spécial, a insisté Victor.

— Il pouvait encore vous parler ?

— Oh oui !

Disons qu'ils se comprenaient.

— Quand avez-vous commencé à l'appeler Mohamed plutôt que Cassius ?

— Je l'ai toujours appelé Cassius ! Il ne l'acceptait pas de tout le monde, c'était un petit jeu entre nous. « Appelle-moi Mohamed ! » « Pour moi tu seras toujours Cassius Clay. » Je respectais son choix, mais j'aimais bien le taquiner. « C'est le nom de ton père ! Tu t'appelles Cassius Clay, comme lui ! » « OK, OK. »

Puis Victor m'a dit,

— Moi, je ne serai pas enterré là parce que je suis un ancien militaire. Ils m'enterreront au cimetière militaire.

Ce vieux copain d'Ali essoufflé qui le comprenait même lorsqu'il n'articulait plus, qui prenait le même bus pour aller à l'école s'est soudain vu loin de là, loin de lui. À une autre adresse dans la mort, alors qu'ils étaient si proches dans l'enfance.

L'histoire est un sabre qui avait fait de lui un soldat et d'Ali un insoumis.

Elle vibre encore.

Nous emporte à toute blinde à travers le temps, l'Amérique, l'Afrique, le monde. Mais plus que cela, à travers la peur que Mohamed Ali terrassa.

BIBLIOGRAPHIE

Mohamed Ali, sa vie, ses combats, tomes 1 et 2, Thomas Hauser, Premium, 1991.

Ali, une vie, Jonathan Eig, Marabout, 2018.

Blood Brothers. The Fatal Friendship Between Muhammad Ali and Macolm X, Randy Roberts et Johnny Smith, Basic Books, 2016.

L'Âme du papillon, Muhammad Ali et Hana Yasmeen Ali, Presses du Châtelet, 2005.

Le Combat du siècle, Norman Mailer, Denoël, 2000.

The Honorable Elijah Muhammad, the Man Behind the Men, Michael Saahir, Words Make People Publishing, Inc., 2001.

REMERCIEMENTS

Que soient ici remerciés,

Sandrine Treiner qui m'a offert l'immense privilège de faire de la radio, et qui à l'automne 2017, alors que nous réfléchissions à une nouvelle « Grande Traversée » pour l'été suivant, m'a judicieusement lancé : Mohamed Ali ?

Gaël Gillon et Benjamin Thuau dont la présence, le talent, les fous rires et l'amitié flottent pour moi sur ces pages.

Karim Ben Ismail qui m'a menée vers les bonnes personnes.

Céleste Karlin pour avoir si bien traduit les souvenirs et les pensées de ceux que nous avons rencontrés.

Composition et mise en pages
Nord Compo à Villeneuve-d'Ascq

Cet ouvrage a été achevé d'imprimer sur Roto-Page par
l'Imprimerie Floch à Mayenne
pour le compte des éditions Grasset
en octobre 2019

PAPIER À BASE DE
FIBRES CERTIFIÉES

Grasset s'engage pour
l'environnement en réduisant
l'empreinte carbone de ses livres.
Celle de cet exemplaire est de :
650 g éq. CO_2
Rendez-vous sur
www.grasset-durable.fr

N° d'édition : 21185 – N° d'impression : 95050
Dépôt légal : novembre 2019
Imprimé en France